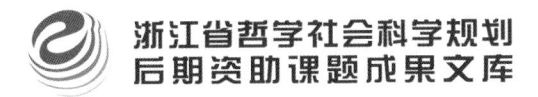

浙江省哲学社会科学规划
后期资助课题成果文库

发票功能论

Fapiao Gongneng Lun

余丹 著

中国社会科学出版社

图书在版编目(CIP)数据

发票功能论 / 余丹著 . —北京：中国社会科学出版社，2016.12
ISBN 978 – 7 – 5161 – 9061 – 6

Ⅰ.①发…　Ⅱ.①余…　Ⅲ.①发票 – 功能 – 研究　Ⅳ.①F231.3

中国版本图书馆 CIP 数据核字（2016）第 241663 号

出 版 人	赵剑英
责任编辑	宫京蕾
责任校对	秦　婵
责任印制	何　艳

出　　版	中国社会科学出版社
社　　址	北京鼓楼西大街甲 158 号
邮　　编	100720
网　　址	http：//www.csspw.cn
发 行 部	010 – 84083685
门 市 部	010 – 84029450
经　　销	新华书店及其他书店

印刷装订	北京市兴怀印刷厂
版　　次	2016 年 12 月第 1 版
印　　次	2016 年 12 月第 1 次印刷

开　　本	710×1000　1/16
印　　张	15.25
插　　页	2
字　　数	256 千字
定　　价	60.00 元

凡购买中国社会科学出版社图书，如有质量问题请与本社营销中心联系调换
电话：010 – 84083683
版权所有　侵权必究

目　录

第一章　发票的源流及其功能的层次性 …………………………（1）
　第一节　发票的源流 ………………………………………………（1）
　　一　发票的起源 …………………………………………………（1）
　　二　发票形式的历史变易 ………………………………………（3）
　　三　中西方不同发票制度的演变 ………………………………（4）
　第二节　发票功能的层次性 ………………………………………（5）
　　一　发票功能的意蕴及其层次的区分 …………………………（5）
　　二　发票的本源功能 ……………………………………………（7）
　　三　发票的衍生功能 ……………………………………………（11）
　　四　发票的延伸功能 ……………………………………………（16）
　本章小结 ……………………………………………………………（30）
第二章　现行发票制度下的发票功能冲突 ……………………（32）
　第一节　政府"全能型"发票管理体制及其立法安排 ……………（32）
　　一　现行发票法律制度的立法目的 ……………………………（32）
　　二　政府"全能型"发票管理体制对发票属性的扭曲 …………（35）
　　三　发票事实属性与法律属性在现行发票制度中的冲突 ……（37）
　第二节　交易与发票关系的现实背反 ……………………………（47）
　　一　真实交易下的假发票滋生 …………………………………（47）
　　二　交易事实虚构下的新型发票造假 …………………………（49）
　　三　发票成为偷逃税的便捷工具 ………………………………（54）
　　四　发票报销掩盖不正当资金支出 ……………………………（55）
　　五　消费者维权陷入困境 ………………………………………（56）
　第三节　发票功能冲突的理论透视 ………………………………（57）

一　法理学视域中的发票功能冲突 …………………… (57)
　　二　经济学视域中的发票功能冲突 …………………… (66)
　本章小结 …………………………………………………… (83)

第三章　交易自治型发票与政府识别型发票的功能差异 …… (85)
　第一节　西方的交易自治型发票 ………………………… (85)
　　一　市场自生自发秩序与交易自治型发票的产生 …… (85)
　　二　契约精神与交易自治型发票 ……………………… (86)
　　三　交易自治型发票的特点 …………………………… (89)
　第二节　中国的政府识别型发票 ………………………… (91)
　　一　发票识别标准与政府设定的确认规则 …………… (91)
　　二　发票法律制度对发票由政府进行识别的强化 …… (93)
　　三　政府识别型发票的特点 …………………………… (95)
　第三节　交易自治与政府识别所形成的不同发票功能秩序 … (98)
　　一　交易自治与协调性的发票功能秩序 ……………… (98)
　　二　政府识别与冲突性的发票功能秩序 ……………… (104)
　本章小结 …………………………………………………… (118)

第四章　政府利用发票控制税收对发票功能的影响 ………… (121)
　第一节　控税：政府介入发票法律关系的初衷 ………… (121)
　　一　政府介入发票关系的本质 ………………………… (121)
　　二　政府介入发票关系的后果 ………………………… (123)
　　三　政府介入发票关系的两种模式 …………………… (126)
　第二节　"管理+税控"发票制度模式中的政府角色 …… (127)
　　一　作为发票的发行者 ………………………………… (127)
　　二　作为发票的监管者 ………………………………… (131)
　　三　作为发票的利益分享者 …………………………… (143)
　第三节　政府过度介入与增值税改革中的发票税控风险 … (147)
　　一　增值税改革与发票税控的关系 …………………… (147)
　　二　增值税改革需要更加完善的发票税控机制 ……… (149)
　　三　目前的增值税改革制度设计具有发票失控风险 … (149)
　第四节　发票与税控关系的域外制度参鉴 ……………… (155)
　　一　发票与税控关系的域外考察 ……………………… (155)
　　二　域外经验及其制度参鉴 …………………………… (164)

本章小结 …………………………………………………… (173)
第五章　发票功能协调化的路径选择 …………………………… (176)
　第一节　发票功能的理念回归 ………………………………… (176)
　　一　发票功能有限理念 …………………………………… (176)
　　二　发票基本功能优于延伸功能理念 …………………… (177)
　第二节　发票法律关系的调适 ………………………………… (179)
　　一　发票是否需要管理 …………………………………… (179)
　　二　发票立法目的的调适 ………………………………… (181)
　　三　政府在发票法律关系中的定位与定向 ……………… (186)
　第三节　发票功能的制度改进 ………………………………… (188)
　　一　发票功能关系的重整 ………………………………… (188)
　　二　纳税人权利意识的培育 ……………………………… (200)
　　三　实施有效的针对交易过程的税控机制 ……………… (211)
　　四　实施违法行为的严厉惩罚措施 ……………………… (215)
　本章小结 …………………………………………………… (217)
结论 ………………………………………………………………… (220)
参考文献 …………………………………………………………… (222)

第一章

发票的源流及其功能的层次性

第一节 发票的源流

一 发票的起源

发票何时起源,迄今为止的资料考证以及学者们的看法,似乎对此难以精准确定。"有关发票历史的记载,大部分的考证者包括一些准专家级别的人物,在谈到发票的起源时也只是无奈地说,由于年代久远,加之史书记载不详,故目前尚无定论。"[①] "发票作为一种反映交易、交往、交换、交流的商业凭证,它具体是如何产生、何时定名的,其间流变,目前还没有定论。"[②] 学界公认的是,发票是一个历史范畴,因交易活动记载的需要,产生于商业与民间信用之中。从产生与发展来看,发票因交易活动的需要而产生,也因交易活动的发展而发展。如果仅仅将记载交易事项的凭证统称为发票的话,自古用以"记事"的书契当看作发票的雏形,则有关发票的历史应该十分久远。[③] 但我们这里所说的发票与自古用以"记事"的书契本质不同,更具有现代意义。这样,现代意义上的发票虽然的确源于自古以来的契约书,但在长期的民商事活动中,通过精简契约书的多余文字,仅保留交易双方的名称、品名、数量、金额、地点、时间等必要内容,并将契约书写的方法开始固化为填写的方法时,契约书的本

---

① 高献洲:《中国发票史——发票源流探考记》,中国税务出版社2010年版,第2页。
② 李胜良:《发票撷趣》,经济科学出版社2004年版,第3页。
③ 据《周易·系辞下》"上古结绳而治,后世圣人,易之以书契"的记载,据学者考证,"结绳"和"书契"均是一种记"事"的方式。这里的"书契"应该算是发票的雏形。

质就发生了变化，开始以一种特有的称谓出现，那就是现代意义上的发票。显然，一旦契约书逐渐演变成型并予以格式化，成为供人填写的印刷品时，现代意义上的发票就产生了。因此，现代意义上的发票在中国也只有一百多年的历史，大约在晚清时期成型。①

现代意义上的发票从产生时起就被赋予了特定内涵。而且该特定内涵并未随经济交易活动的日益复杂多变而改变。现代意义上的发票应当具有什么样特定的内涵，不同学者的表述是不同的：约定俗成上，发票的概念是一种通指，一般发生在交易双方的交易之后，特殊条件下也包括交易之前和之中，由其中一方，主要是收款方，有时也包括付款方，开给对方用以记载交易事项的主要内容，包括诸如交易双方的名号、交易的时间、对象、数量和金额等的商事凭证。② 发票是人类社会生产力发展到一定阶段的必然产物，它归属于一个历史范畴，随着人类经济核算行为的产生而产生，并随着经济核算的规范需要而逐步发展。当人类社会的生产力发展到一定水平，因剩余产品的出现，需要大量、复杂的交换活动时，在一次又一次的交换活动中人们就会逐渐意识到：必须借助书面性的交易记录来适应这种大量而频繁的产品交换活动，从而进行有效的核算和管理，这种记录交换结果的凭证——发票就产生了。③ 因此，"进行一项交易，留下一个书面的凭证，把这项交易的日期、数量、金额等内容记录下来，方便将来的某一个时候查阅，古人的这一个发明为我们有条不紊管理经济事务提供了极大的便利，这个凭证，我们称之为发票"。④ 除了学者对发票内涵的界定外，我国有关发票立法也做了明确的规定：1993 年、2011 年的《中华人民共和国发票管理办法》第三条："本办法所称发票，是指在购销商品，提供或者接受服务以及从事其他经营活动中，开具、收取的收付款凭证。"

显然，无论是国内学者还是法规规定，从产生看，发票均具有历史

---

① 参见肖二蓝《发票的变迁》，《广东地方税务（第 11、12 期合刊）．中国税收 60 年纪念专辑》第 77 页。转引自高献洲《中国发票史——发票源流探考记》，中国税务出版社 2010 年版，第 10 页。

② 参见李胜良《发票撷取》，经济科学出版社 2004 年 5 月版，第 2 页。

③ 参见胡云根《发票制度的改革与税控制度的创新》，http：//www.mxlt.gov.cn/html/2009-07/5741.html，2011 年 9 月 30 日访问。

④ 管云根：《论发票控税》，《现代经济》2008 年第 7 卷第 11 期。

性，因而具有客观性特点；从内容看，发票具有特定性，如交易主体、交易时间、交易数量及金额、交易对象等；从形式看，发票具有多样性；从作用看，发票具有证明性。因此，发票内涵的具体表述尽管不同，但本质都是一样的，即发票自产生始，就以其特有的书面记载方式成为证明交易活动事项的记载凭证。

二 发票形式的历史变易

发票从产生、发展至今，其作为商事交易凭证的界定始终没有改变。由于发票最初产生于民间商事信用活动的需要，民间主体的分散性、书写习惯、格式、规范等的不受约束性，发票内涵的界定更多是体现在基本内容上的，其外在表现形式并不重要。只要是交易凭证记载了交易的日期、数量、金额、交易主体等基本内容，都可称之为发票，至于凭证的具体名称并不重要。在民国时期和新中国成立初期所颁布的印花税相关史料中，我们尚能看到有关发票（发货票）的概念："凡公、私营业或事业售卖货物成交后，所开品名、数量或价目之单据皆属之。"[①] "发票概念的本身，也并不限定必须是税收法律法规或税务机关认可的发票——合法发票——才叫发票。另外，某些'收据'因为记载的是实际上发生着、发生了、发生过的交易行为，而不只是一般性的收付费行为（较纯粹的收据是某些行政收费收据），实际上也是发票。在这一点上，收据和发票等义。取得合法且内容真实的发票的过程，就是证明自己交易行为合法化的一个过程。"[②] 我国首次有关发票的立法也明确反映出了这一特点：1986年的《全国发票管理暂行办法》第三条："一切单位和个人在销售商品、产品和提供劳务服务（包括工业加工，下同）以及从事其他业务（包括对内对外业务）活动取得收入时，所提供给付款方的各种票据，均属发票的范围。"发票内涵的界定既然是从归属意义来讲的，即只要是以书面方式反映了交易活动事实的凭证都可称之为发票，而现实中这样的凭证可以是多样的，则其外延表现形式就是多样的。曾经历史上被称之为的货票、发单、送单、发货票、统一发票、统一发货票、门市发票、发货凭单、发货

---

① 《华北革命根据地工商税收史料选编》第二辑（下），河北人民出版社1987年版，第803页。转引自高献洲《漫话老发票》，中国税务出版社2007年版，第1页。

② 李胜良：《发票撷取》，经济科学出版社2004年版，第3页。

凭证、收据、账单、业务结算凭证等都可称之为发票。同样，现代社会中的电脑小票、收据等交易事项的记载凭证亦可称之为发票。在美欧等相当多的西方国家，直到今天，对于什么是发票，也只是关注交易凭证所记载内容的证明性要素，形式上并没有特别的规定。对于提供有关货物或服务详细情况描述的具体记录、证明、发货单或其他任何相似性的记录文件都可统称为发票。①

但是，在历史发展中，与西方始终坚持的多样发票形式不同，改革开放后，我国借助立法确立了政府对发票管理的垄断地位，以独尊政府识别标准、排斥民间自发交易记载形式的规定，从此改变了发票的多样商业形式。特别是自1993年发票管理办法伊始，发票内涵不仅要具有交易主体、交易时间、交易地点、交易数量及金额等特定内容，还被特别要求要有国家统一监制章的规定，更是将发票形式合法性从民间自发性推向了政府强制性。这样，当发票内涵以立法形式重新予以界定时，发票外延的多样形式也就以立法形式予以了重新界定。当立法将发票的内涵予以丰富和拓展时，也就相应减少了发票的外延，即那些不具有统一监制章的书面凭证，如电脑小票、企业自制的维修票、收据等，尽管依然具有交易证明作用，但都被立法排除在了发票范畴之外。

三 中西方不同发票制度的演变

从逻辑学上看，内涵与外延反映的是一个事物的两个方面，是一体化的统一关系，即当内涵发展变化时，外延也相应地发展变化。而且二者的发展变化又具有反变关系，即当内涵少时，外延多样；当内涵丰富时，外延则相应地减少。发票内涵与外延的历史发展变化明显体现了这一发展规律。当发票基于历史需要，确切地说基于经济发展的需要产生时，发票只是具有对经济交易活动的书面证明作用，从内涵上说，只要能起到这个作用的，即只要书面凭证记载了交易主体、交易地点、交易时间、交易数量及金额等特定内容的，都可称之为发票，所以发票内涵上的界定就决定了外延上的界定，那些具有这些特点内容的书面凭证都可归属到发票范畴，这样，发票就以形式多样性体现了其外延的多样性。

当发票不仅基于经济发展的客观需要，在此基础上，还同时基于国家

---

① Elias, Lieve, The Dematerialisation of the Invoice, *The EDI Law Review* 2: 117—124, 1995.

经济管理的主观需要发挥更多的作用时，发票的用途予以了丰富与拓展。那就是，在历史发展中，世界上很多国家都基于财政税收考虑在不同的历史发展阶段赋予发票一定的税收管理职能。

在中国，自从政府通过立法对发票形式统一管理实现税控以来，发票的内涵就与西方有着本质的不同：在西方，从形式上看，发票并不是单指"发票"这样的统一称谓，发票形式是多样化的。只要具备基本的交易要素，能够证明交易事实的凭据，不管称谓如何，都称之为发票。因此，西方所谓的发票是由交易主体的交易内容决定的，不是交易形式。但在我国，除了具备基本的交易要素，能够证明基本的交易事实外，还必须在形式上符合我国立法所规定的法定要素。因此，我国所谓的发票是单指政府立法规定的形式而言，发票形式是统一的。这样，发票内涵与外延的发展变化，演化为历史上中西方不同的发票制度：西方的交易自治型发票制度和中国的政府识别型发票制度。

第二节 发票功能的层次性

一 发票功能的意蕴及其层次的区分

（一）发票功能的意蕴

什么是发票功能？新华词典对功能一词的解释：器官或物体所发挥的有利作用。新华字典和新东方词典的解释则是：事物或方法所发挥的有利的作用或效能。显然，功能一词，从对使用者产生的正面作用这个角度，主要是指某种事物、物体或方法等满足人们某种需求的属性而言。总的来说，凡是满足使用者需求的任何一种属性都属于功能的范畴，不仅包括使用者的现实需求属性，也包括使用者的潜在需求属性。

发票作为一个历史范畴，从产生时起，就随着经济交易活动的需要而发展。经济管理需要所催生的政府利用发票意图实现的职能，因经济活动的日益复杂，使其功能由简到繁不断地发展。这样，经济交易活动的客观需要与经济管理活动的主观需要的同时作用，发票从最初的单一功能走向了多元功能。基于发票发展的历史及其满足不同使用者需求的作用，目前的发票已经形成了本源功能、衍生功能与延伸功能共存的功能体系。

何谓本源功能？关于本源的概念，新华词典指出：本源是哲学范畴，是指万物的根源或构成世界的基本的、最初的元素。当我们探讨发票的本源功能时，从哲学意义上的本源概念，可引申为根本、根由、基础等意。本源功能具有"最初""元"意义上的作用。

何谓衍生功能？在新华词典中，"衍"是指散开、延展。衍生物则是指母体化合物分子中的原子或原子团被其他原子或原子团取代所形成的化合物。当下流行的衍生金融工具，则指根据对货币利率或债务工具的价格、外汇汇率、股票价格或股票指数、商品期货价格等金融资产的价格走势的预期而定值，并从这些金融产品的价值中派生自身价值的金融产品。显然，对于衍生，无论是有形物、无形物还是信息，都是指基于原有主体或母体基础上的演变物、派生物，没有基本的原始体，是无所谓衍生的。基于现有的"衍""衍生物""衍生金融工具"的概念，我们可推知发票的衍生功能即是在其本源功能基础上的演变和派生。同时，作为原始派生物的衍生品，与原始体是同一母体的关系，是在原始母体基础上必然产生的，是客观存在的，它们是和谐共生的。

何谓延伸功能？关于延伸的概念，是指在宽度、大小、范围上向外延长、伸展。就有形产品而言，延伸是指人们购买产品时所获得的全部附加服务和利益，或消费者购买产品所得到的利益总和，它包括安装、售后服务和保险等内容。显然，对于向外延长、伸展等含义，带有范围上扩大的意思，附加的服务和利益则具有人为添加的意思。据此发票的延伸功能是指在发票基本功能上的添加，既然是添加，该添加功能只能是基本功能的附属功能，没有基本功能，该附属功能就不可能存在。添加功能既然是外在的、人为的，就不可能深化或拓展基本功能，更不可能改变甚至取消基本功能。从某种意义上，添加功能可以与基本功能独立存在、并行存在，但添加功能的主观性与基本功能的客观性表明，若添加功能添加不当，则不能与基本功能和谐共生。

（二）发票功能层次的区分

发票在历史演进中所先后承载的本源功能、衍生功能与延伸功能，需要同时满足不同使用者的需求，这就要求发票的功能体系是协调化而不是冲突运作的。如果发票对于使用者需求的满足只是经济发展的客观性使然，发票功能之间不会产生冲突。由于发票对于使用者需求的满足既有经济发展客观性使然，亦有管理需要的主观性使然，对于发票功能层次的区分就显得十分必要。因为主客观功能的共同作用，必须基于主观见之于客观的秩序安排，发票功能体系才能协调化发挥作用。这样，我们需要基于历史和现实的考察，将发票所承载的所有功用按照本源功能、衍生功能与延伸功能这样的体系予以归属，然后根据发票历史演进中所形成的层次性功能来阐释现行发票的应然功能秩序。

二 发票的本源功能

（一）本源功能的产生与发展

从发票内涵与外延的产生、发展和变化可诠释发票功能的产生、发展和变化。在发票无论形式如何都表明只是经济交易活动记载的书面凭证时，发票初始的功能也就只有一个，即证明功能。由于这是发票最初产生时唯一的一个功能，因而也称之为发票的本源功能。因此，探讨发票的本源功能必须基于其起源的考察。

发票何时起源的，虽然难以确定，但从现有史料及专家学者考证看，发票是因何起源的，却是可以考证的。从现有专家学者的研究考证看，发票最初因商事交易而产生，是作为商事交易凭证而存在的。只要有交易，就会有发票的存在，并且需要记录交易过程。正因如此，商事交易行为产生的年代久远，最初是因民间商品交换的需要而产生，发票作为其交易行为产生的载体难以考证其起源的具体时间也就必然，因为我们不能判断发票是否是与交易行为同时发生的，也不能判断发票的产生是发生在交易行为的哪一阶段，只能判断发票是因商事交易而产生这一事实。因此，有学者在诸多史料中思考后推定："发票产生于商业或民间信用的需要；作为一种可资证明物权（或所有权、使用权）转移的契约，发票应该产生于交易较为频繁和广泛的社会形态中；发票作为一种用于记载资金收支、货物进出活动的记载，产生于委托与代理交易较为普遍的市场形态中。发票这种即使在陌生客户之间也能证明其诚信的商事凭证，便应运而生。"[1]当经济交易活动在交易主体之间不再是偶然的、一次性的，而是频繁地、经常性发生的时候，基于双方利益的考虑，交易双方需要建立起一种持续性、长期性合作伙伴关系。此时，对交易活动的每一次书面记载从足够长的一段时间看，反映着特定交易主体之间的交易质量，这种交易质量决定着交易关系的稳定性程度。稳定性的交易关系对双方的好处是显而易见

---

[1] 李胜良：《发票撷趣》，经济科学出版社2004年版，第3—6页。

的，对经营者来说，大大减少了寻找不确定的消费者，不断证明其产品及服务质量的成本，从而能够保证一定的交易量，交易变得简便易行，交易利润具有稳定的保障；对消费者来说，在产品及服务质量有了一定保障的情况下，减少了不断搜寻合适产品及服务的成本。即使是一次性交易行为，书面记载凭证体现出对经营者产品及服务质量的保证作用，也更容易促使消费行为的发生。因此，无论是经营者基于长期合作的考虑，精明的经营者总是有此意愿，还是从一次性合作关系考虑，书面记载证明易于在交易双方建立起一种互信关系，从而推动交易活动的发展。当记载经济交易活动的书面证明开始以发票这样一种名称称谓的时候，交易的证明性功能就必然成为发票的本源功能。

　　历史地看，发票最初就是承载了商事交易的证明功能，是发票产生时的唯一功能。而且这一证明功能最初是由发票所记载的内容来决定的，形式并不重要。现代意义上的我们称之为发票的经济交易活动的书面记载证明最初发生在晚清时期，从晚清时期发票所表现出的形式看，当时的称谓有很多种，并不统一。如货票、发单、送单、发货票、统一发票、统一发货票、门市发票、发货凭单、发货凭证、收据、账单、业务结算凭证，等等。从其制作、使用上看，还带有一定的地域、行业色彩，这是由当时的商业习惯所决定的。因此，晚清时期的发票还只是一种纯粹的民间商用文书，具有较大程度的自发性和随意性。虽然发票产生之初形式有所不同，因其用途的相对比较单一，却有着实质性内容。有学者对当时发票所承载的内容描述如下："'单据'是发票的基本形式；'品名、数量和价目'是发票应开具的基本内容；'售卖货物'是发票开具的基本成因；'成交后'是发票开具的时机；而'公私营业或事业'则规定了应当或者可以使用、开具发票的主体和范围。其中发票的开具成因（售卖货物）最为直观地体现在其称谓中。什么时间应当或可以开票？当然是发出货物时。为什么要发出货物？自然是这些货物已经成交售出。这里可以看出发票（发货票）这一称谓与货物的密切关系。在正常情况下，发货（当然是由于售卖原因发货）则开票，未发货则不开票；开票证明了货物交易行为的存在，而货物则证明了开票行为的真实。"① 这段描述中，我们发现，无论发票外在表现形式如何，发票所承载的基本内容具有一致性：品名、数量

---

① 高献洲：《漫话老发票》，中国税务出版社2007年版，第1页。

和价目；售卖货物；开具时机等，这些均表明了真实的交易记载是发票承载的根本的、唯一的功能。"有必要说明，我所称的'发票'系指实际具有发票功能的商事凭证。它不是与商品交易无关的仅仅名为'发票'的其他实物，初期也不一定非以'发票'而名之。如果一定要给我所考证的'发票'下一个定义的话，它应是一种人们广泛认可并在社会经济生活中通用的商品交易凭证，是一种在商品交易中具有'证明'功能的民间文书。"①

在西方，发票很早就开始有了交易证明的作用，在商事交易中发挥着证明的功能，发票以特有的书面记载方式在某种意义上表明了买卖双方的权利、义务，这种功能因而能够成为西方在买卖纠纷中划分双方当事人责任的判案依据。如，在一起货物买卖纠纷中，当被告主张按照交易习惯确定货物数量及支付价格时，阿肯色州最高法院则认为，双方当事人之间所达成的交易意愿，其效力在时间上并不优先于发票所被接受的时间。也就是说，根据调查，在买卖双方没有书面合同的情况下，尽管被告认为双方是按照长期的交易习惯通过电话达成了交易意向，但是，由于发票左下角记载了货物的数量及支付价格，一旦货物及发票被被告所接受，就只能根据发票上记载的相关事项确定双方的权利义务。在本案中，由于被告接受了货物及发票，并将接受的货物予以了出售，因此，法院认为被告有义务按照发票上所记载的条款支付相应的价款，发票上所记载事项是对被告有约束力的。② 发票只不过是基于双方当事人事先达成的协议，由一方当事人就商品供应或服务的数量通知另一方当事人的书面证明。发票可以证明双方或多方当事人之间达成的协议（包括口头协议）。如果一方当事人接受并毫无疑义地保存了发票，那就可以认为是对发送的商品或者提供的服务的价格、数量和品质予以接受。③

因此，在中西方，发票最初都是以其记载内容的特定性，即交易的时间、地点、对象、数额及金额等；真实性，即如实地进行经济交易活动事项记载，表明了双方交易的一种约定记载凭证。这种约定性不需要外力的

---

① 高献洲：《中国发票史——发票源流探考记》，中国税务出版社2010年版，第18页。

② Bus. L. J. Buyer Accepting Goods Bound by Terms of Invoice, *Business Law Journal*, Vol. 7, pp. 457—461, 1926.

③ Van Overbeek, Walter B. J. Electronic Invoicing in Europe, *EDI Law Review*, Vol. 1, Issue 4 (1994), pp. 263—276.

介入，只要经济交易活动确实发生，就决定了发票这种书面记载凭证的需要；只要能够证明交易主体之间特定的真实交易事实，这种书面凭证就是有效的；只要这种书面记载形式能够为交易主体所接受就具有了对双方的证明力与约束力。发票的这种交易证明功能表明了商事交易行为是发生在平等的，通常是双方交易主体之间的交易活动，仅仅起着证明交易事实发生的作用，不需要也不存在交易主体以外力量的介入。发票的证明功能表明了发票从产生初始就是一种通指：发票制作、记载形式是自愿的、随意的，只要记载的内容具有真实性、特定性，具有特定交易活动的证明力即可，因而发票的本源功能是原始、质朴、简单的。

随着经济管理的需要，尽管发票在不同的历史阶段又被人为拓展、延伸了若干功能，但发票证明功能的本源性始终存在而不可能改变。因为本源功能是发票产生的根源，是其他功能拓展、延伸的基础，如果本源功能发生变化，也就不称其为本源了。所以，直到今天，发票的本源功能依然存在，并且不可能不存在，如果有一天这一功能不存在了，则发票也就消失了，其他功能也必然随着这一功能的消失而不复存在。而且直到今天，无论其他功能如何发展变化，本源功能的证明性都没有随着经济管理需要的变化而变化，即使交易形式如何复杂多样也都如此。可见，发票的本源功能是决定发票能否存在的唯一功能，从全世界看，发票的本源功能至今都是各国发票承载的唯一共同的功能。

（二）本源功能的第一性地位

1. 历史起源

商事交易的证明性功能是发票的本源功能，也当然是其基本功能。发票起源的考证，显然是作为交易凭证的发票历史最为久远。从发票因何起源的历史考察来看，发票作为商事交易凭证的证明功能是最早的，在当时是其唯一的功能。[1] 虽然此后发票衍生出了会计核算功能、维权功能，延伸了税控功能、报账功能、彩票功能等，但都无法淡化，更不可能替代这一最基本的功能，因为一旦这一功能不存在，其他功能都将消失。所以，即使到了高度现代化的今天，发票作为一种商事凭证，所表现出的最为原始的证明功能仍然在高度支撑着发票的存在，昭示着它的重要性。[2] 从总

---

[1] 参见高献洲《中国发票史——发票源流探考记》，中国税务出版社2010年版，第4页。

[2] 同上书，第22页。

体归类上说，所谓凭证，其原意即是"凭以证之"，而发票就是一种商事凭证，证明功能当然就是其最为原始、最为直观、最为简单而又"寿命"最长的功能，成为发票产生、存在和发展的必要条件。这一功能不仅在发票出现之初表现出一种唯一性，而且在以后的数十年间，即使发票的功能有了相当范围的扩展，但证明功能仍然是发票最为重要的基本功能。[①] 因此，无论过去、现在还是将来，这一功能都将是最重要的最基本的功能。如果这一功能不存在了，则发票的历史使命也就终结了。

2. 市场交易的客观需要

从最初商事交易产生于民间交易活动的需要看，交易凭证的需求主体是真正参与交易活动的双方当事人，即货物的买者和卖者，或服务的提供者和接受者，交易活动之外的主体，比如政府或官方是不需要介入其中的。既然是商事交易凭证，其产生就是为了证明交易事实的存在，就是具有凭此能够证明真实交易的功能。证明的作用在于：交易是真实发生的，即交易的主体、时间、地点、货物、金额、数量等特定交易信息都是真实存在的。之所以需要发票作为商事交易的凭证来承载交易事实证明的功能，是基于买者与卖者之间的交易信用。卖者要向买者保证其货物或服务质量，需要该凭证来证明其先前的承诺，而买者接受卖者开出的凭证也恰恰是为了证明其承诺的可信，并为以后的可能维权提供双方事先达成的承诺证明。因此，交易凭证对交易主体的证明作用是显而易见的、唯一的功能。

三 发票的衍生功能

发票最初的、本源的商事交易证明功能随着经济的发展、交易活动的频繁、交易规模的扩大、人们需要发票承载更多的功能而开始了其演变历程。发票作为商事交易活动的记载凭证，承担着证明的功能，证明着交易活动事项发生的时间、地点，交易事项的内容、数量、价格，交易主体等基本元素。就商事凭证所体现的交易主体来说，发票所承载的交易事项的时间、地点、内容、数量、价格等证明因素对双方来说衍生出了两种基本的功能：会计核算功能和维权功能。

---

① 参见高献洲《中国发票史——发票源流探考记》，中国税务出版社 2010 年版，第 71 页。

（一）衍生功能的产生与发展

1. 会计核算功能的产生与发展

会计核算功能是相对于发票记载主体中的经营者而言的。就交易活动主体中的经营者来说，经济活动的日益复杂多变、交易规模的扩大等，需要一套将大量的复杂交易活动简单化、规范化的计量手段，便于款项与财物科学有效地管理。现代会计①恰恰承担了这一历史职能，因此，会计的基础是商事交易活动，是对交易活动内容的真实再现。随着商业社会下交易的广度、深度、精度、复杂度等的发展，会计能够以专业的语言集中、规范反映一定时期的交易活动，以便商事主体更有效地经营、监督和管理，这种经济活动核算方式符合了日益复杂的经济发展趋势。发票所承载的交易主体、品名、价格、时间、地点等交易信息的证明价值，客观上契合了会计资料的真实性与会计凭证的标准性要求。作为一种因密切跟踪交易全过程而具有信使价值的原始资料，发票必然成为会计的记账凭证，从而必然使发票的会计核算功能起源在交易凭证之后。"民国时期，随着西方会计思想的传入、普及和相对科学的会计核算体系的建立，发票的核算凭证功能在越来越大的范围内得到一定程度的发挥。可以说，民国时期这一功能的拓展为后世发票的发展起到了至关重要的作用。"②

经济活动的复杂、交易规模的不断扩大，作为有效的经济管理手段，发票的证明功能必然衍生出了会计核算功能。会计核算是适应日益复杂经济管理活动的需要，将经济交易活动通过一定的核算原则、核算方法，予以确认、计量，便于整理、总结、分析核算单位一定时期的财物收支情况，反映核算单位一定时期的资产负债与经济成果。因此，从核算单位方便管理，具体来说，便于寻找经济活动中财物收支与利润之间的内在联系，改进内部人、财、物制度，预测未来经济发展趋势等角度看，会计核算只是一种经济交易活动的计量原则、计量方法，其核算的依据只能是真实的交易活动事实。发票，作为经济交易活动事项记载的书面凭证，在首先承担证明功能的基础上，又进一步承担了会计核算这一功能。二者的区

---

① 现代会计源自于借贷复式记账法的产生和发展，是西方资本主义经济关系产生和发展的必然产物。借贷复式记账最初源自意大利数学家、会计学家卢卡·帕乔利的《数学大全》一书的系统介绍，其中以日记账、分录账和总账三种账簿为基础的会计制度，以后相继传至世界各国，为现代会计的发展奠定了基础。而发票则是日记账、分录账和总账登账必不可少的原始凭证。

② 高献洲：《中国发票史——发票源流探考记》，中国税务出版社2010年版，第75页。

别在于，作为发票的本源功能，证明功能在产生之初，如果没有基于一定的计量原则和计量方法来确认经济交易事实，则发票并不当然具有会计核算功能；只有基于核算单位内部经济管理的需要，采用了规定的计量原则和计量方法来确认经济交易事实的时候，发票在具有证明功能的同时，也就具有了会计核算功能，此时二者功能是统一的。

会计核算功能是发票证明功能的衍生功能，一是表现在产生的客观性上，即经济发展的客观需要而产生。虽然会计核算是经济管理活动的需要，但这个经济管理是核算单位内部经济管理的客观需要。从整个社会经济交易活动来看，有效的内部经济管理是市场交易秩序良好的必要保证，经济交易主体之间的有序竞争与合作都离不开经济交易信息的互通有无，都需要一套旨在了解自己及对方的交易信息的制度和规则，通用的经济交易活动的计量原则和方法正好满足了这种需要。通过计量原则与方法来实现一种更有效的内部经济管理是以已经存在的交易事实为前提，是对经济交易活动事实确认基础上的计量原则和方法的运用，而不是对经济交易事实本身的改变。二是表现在产生的依附性上，即会计核算功能依附于证明功能而产生。会计核算既然不是对经济交易事实的改变，而是确认，而且只能依据记载了交易主体、交易对象、交易地点、交易时间、交易数量及金额的特定书面凭证，而这恰恰首先是发票证明功能的要求，只不过在会计核算过程中，将具有证明功能的发票事先按照规定的计量原则与计量方法进行了整理和归类，从而实现发票的会计核算功能。因此，会计核算功能产生于证明功能之后，而且只能依附其上才产生。

2. 维权功能的产生与发展

维权功能是相对于发票记载主体中的消费者而言的。就消费者来说，所购买的货物或者享有的服务在日后发生了当初经营者所承诺的质量问题，消费者可向经营者出示当初经营者开具的记载着交易事项的有关时间、地点、数量、价格等真实信息的凭证，从而向经营者主张应有的权利。交易凭证因为固化了当时双方交易活动的具体信息，任何时候只要出具交易凭证，就能够真实再现当时的交易场景和交易事实，经营者可据此向消费者作出一定时期的质量承诺从而建立自己的长久信誉，进而开拓更大的市场；消费者也可据此与经营者建立一种长期信任关系，并最大限度实现自己的权益。商业活动长久可持续的发展与扩大，需要经营者良好信誉的维护、与消费者长久信任关系的建立，发票记载信息对交易事实的特有证明力,从经营者开具这种书面凭证给消费者始,就具有了对消费者承诺产品或服务质量的功能,也就必然衍生出了消费者的维权功能。

因此,发票维权功能亦是证明功能的衍生功能。发票的本源在于交易活动主体之间特定的交易事实的证明,但正是双方的互信推动了交易的发生,因此作为交易事实证明的发票只是固化了这种互信。在交易发生时,同时就假定了经营者提供的产品或服务质量达到了其对消费者承诺的要求,这也就同时隐含了必须为其承诺对消费者承担可能的违约责任。消费者维权必须以持有与经营者完全一致的发票(从形式到内容都完全一致)为前提,在发票只具有证明功能,并在此基础上衍生了维权功能时,对消费者而言,发票功能依然是简单的,原始的,作为信息提供价值的证明功能与作为信息使用价值的维权功能,二者具有不同的功能级别,是先后而不是并行运作关系,因而证明功能与衍生出的消费者维权功能是协调的。一旦消费者持有发票不仅是为了维权,同时还具有其他功能实现的作用,而发票对同一交易主体又不能同时实现两种以上功能时,可能会出现发票功能之间的冲突。当出现发票功能之间的冲突,而优先满足其他功能的首要实现时,发票的维权功能可能难以实现。现行发票功能之间关系的发展就明显反映出了这个问题。

总之,作为发票证明功能衍生物的会计核算功能,是对经营者而言的。从经营者角度,会计核算功能作为证明功能的衍生物所具有的依附性,表明了两种功能不是在同一层级上的运作,因而不会发生冲突;从消费者角度,维权功能作为证明功能的衍生物所具有的依附性,也同样表明了两种功能不是在同一层级上的运作,因而也不会发生冲突;从经营者与消费者角度,证明功能对二者的作用是同样的,会计核算功能作为经营者经济管理客观需要的功能,维权功能作为消费者质量和服务保障的功能,是分别作为经营者与消费者的两极发挥作用,不是在同一交易主体体系内的运作,因而证明功能、会计核算功能与维权功能能够同时协调运作,没有发生冲突的可能。

(二) 衍生功能的第二性地位

1. 产生的历史序位

会计核算功能应该说是发票在经济活动发展中的一个自然的衍生过程中产生的,是在商事交易凭证基础上,而且也只能在商事交易凭证的基础上衍生。从这个意义上,我们说会计核算也是发票的一个基本功能。但是从本源功能第一性这个角度，衍生功能作为基本功能，只具有第二性地位。

会计核算功能必须以真实交易信息为基础，而这恰恰是发票的证明功能。历史考证看，自民国时期始，我国会计核算开始受到西方会计思想传入的影响，发票的会计核算功能开始受到关注。此后，随着会计核算思想的日益普及和相对科学的会计核算体系的建立，发票的会计核算功能在越来越大的范围内得到认可，在越来越广阔的交易领域发挥作用。但无论如何，会计核算功能作为证明功能的衍生功能这一事实始终无法改变。

维权功能也是发票证明功能的当然衍生。就货物的经营者或服务的提供者来说，开具发票的意图之一就是希望通过保证其产品或服务的质量，使消费者建立对其产品或服务质量长久的信任关系。发票的证明功能即是经营者作出质量承诺的依据，经营者一旦开出了发票，就是作出了承诺，承诺的作出即是维权的开始。虽然说维权功能往往表现为潜在的或隐性的，一般情况下不发挥作用，除非发生了买卖双方都不希望的产品或服务质量问题，消费者对经营者出现了信任危机，该功能才会由潜在性转为现实性，但是该功能的存在却是买卖双方信用关系维系必不可少的。

发票的证明功能衍生出的维权功能是应经济发展中经营者与消费者双方信用关系发展的需要而出现，该功能所体现出的经营者对消费者的信用，不仅全面保障了消费者的利益，同时因为消费者利益的全面保障而建立起消费者对经营者更持久的信任从而推动买卖双方交易活动的持续发展，因此，该功能适应了更加复杂多变的经济活动的发展，是发票证明功能衍生的历史必然。

显然，商事交易的证明性功能在于对交易"真实性"的证明，会计核算功能与维权功能都是以商事交易的证明功能为前提衍生而来，从这个意义上，尽管二者也是经济发展的客观需要，但只具有第二性地位。

2.《会计法》等相关立法规定

1985年、1993年《会计法》明确规定了原始凭证是会计核算、报销的法定依据。如第十一条："对于款项、有价证券、财物等经济事项的收付，必须填制或者取得原始凭证，并及时送交会计机构。会计机构必须对原始凭证进行审核，并根据经过审核的原始凭证编制记账凭证。"第十二条:"会计机构根据经过审核的原始凭证和记账凭证,按照会计制度关于记账规则的规定记账。"第十七条:"会计机构、会计人员对不真实、不合法的原始凭证,不予受理;对记载不准确、不完整的原始凭证,予以退回,要求更正、补充。"

1999年《会计法》更明确并具体化了原始凭证的会计核算和报账的法定依据地位。如第十四条:"对于款项、有价证券、财物等经济业务事项,必须填制或者取得原始凭证并及时送交会计机构。会计机构、会计人员必须按照国家统一的会计制度的规定对原始凭证进行审核,对不真实、不合法的原始凭证有权不予接受,并向单位负责人报告;对记载不准确、不完整的原始凭证予以退回,并要求按照国家统一的会计制度的规定更正、补充。原始凭证记载的各项内容均不得涂改;原始凭证有错误的,应当由出具单位重开或者更正,更正处应当加盖出具单位印章。"

原始凭证的"原始性"在于其记载信息真实性的本质,这恰恰是交易凭证——发票的本质属性,因此,《会计法》中所指的原始凭证,从外部性来源上看,就是指的发票。发票以其真实交易信息记载的证明性本质成为会计核算和报账的原始凭证,从立法规定的另一角度,也同样证明了会计核算功能的衍生性功能本质。

同样,我国1993年的《消费者权益保护法》第二十一条规定:"经营者提供商品或者服务,应当按照国家有关规定或者商业惯例向消费者出具购货凭证或者服务单据;消费者索要购货凭证或者服务单据的,经营者必须出具。"现实情况看,具有对消费者维权作用的购货凭证或服务单据,从我国发票的法律属性看,一般指的是发票。这也从立法规定的角度表明了消费者维权功能的衍生性功能本质。

四 发票的延伸功能

从发票功能的历史演变看,发票在承载基本功能的同时,随着政府借助发票意图实现税控的需要,特别是我国政府通过管理发票,满足不同经济职能的主观需要,还使发票逐渐承载了税控功能、报账功能、彩票功能等延伸功能。目前看,现行发票已形成了商事交易证明的本源功能、经营者的会计核算功能、消费者的维权功能等基本功能与政府管理需要所设定的税控功能、报账功能、彩票功能并存的功能秩序。

(一) 延伸功能的产生与发展

1. 税控功能的产生与发展

(1) 普通税控功能的产生

以票控税始于晚清时期印花税的征收。由于发票从一产生就成为商事交易记载的当然凭证,而基于所得、收入、行为等实行的税收也首先基于经济交易活动,因此,晚清时期,政府开始考虑将发票作为应税凭证来实现税收的目的。1902 年,清政府第一次试办印花税。1907 年 12 月 8 日,清政府第二次批准试办印花税。民国时期,发票成为政府征收印花税的主要应税凭证。但发票从最初作为印花税的应税凭证开始的很长一段时间内,政府并未强制介入发票管理。由于发票一直首先作为民间商事交易凭证,凭证的制作、使用、开具等行为都是双方约定的,表现为任意性、松散性、自愿性等特点,所以将发票作为印花税的应税凭证在很长一段时期也具有任意性、自愿性,政府并不强制发票的制作、使用、开具等行为。"这样一种印花税的应税凭证在以后的几十年间一直处于一种任意的状态下,国家并不曾为了增加收入而使人们开具发票变成一种必需的行为,即使后来的北洋国民政府和南京国民政府也在很长的时期内承认或默许这种状况。"①

随着印花税越来越不能满足政府财政税收的需要,将发票作为印花税的应税凭证也确实取得了一定成效,政府在不断开征新的税种的同时,将发票作为应税凭证也开始逐渐从最初的印花税向其他多个税种发展。从研究资料看,凡历史上政府所陆续开征的税种,基本都将发票作为其应税凭证,发票的控税功能从最初的印花税不断扩展到销售税、营业税、所得税等多个税种。这样发票承载税控功能的地位与作用越来越强大,尽管如此,发票的税控功能在相当长的时期,即在我国 1986 年发票管理办法出台之前,政府对发票的管理还是相对松散的,发票的印制、使用、开具等行为依然是交易主体之间的自愿行为,政府及税务机关并不过多地利用发票履行管理职能。

(2) 增值税控功能的产生

以票控税功能的日益凸显特别体现在发票的增值税控功能上。增值税,自 1954 年首先从法国开始采用,此后短短二三十年中,迅速蔓延到

---

① 高献洲:《中国发票史——发票源流探考记》,中国税务出版社 2010 年版,第 22 页。

全欧洲乃至全球。目前，采用增值税的国家数量已经从 1990 年的 50 个增长到 100 多个。有两种计算增值税的方法：发票抵扣型增值税法和减除型增值税法。减除型增值税法目前只有少数国家，比如日本在采用。① 增值税在世界上是最广泛运用的一个税种，在增值税首次被应用的 40 年里，世界上就有超过 120 个国家采用该税。② 因此，从根本上说，有独创性的欧洲发票型增值税是属于全世界的模式。中国于 1993 年从西方引进增值税，自 1994 年 1 月 1 日税收体制改革以来，增值税成为中国财政税收最大的来源，到 2001 年，增值税占到中国财政税收的 35%。由于增值税特有的发票抵扣功能，以及政府对增值税的特别重视和管理，使得发票型增值税控功能日益取得主体税种的地位。

增值税的主体税种地位，以及增值税控功能中特有的发票抵扣制度，使得不法分子对实现增值税控的"发票"产生了特别浓厚的兴趣，也因此推动着政府及税务机关对增值税控"发票"的特别关注。发票是增值税借以运转的工具，特别是对于抵扣型增值税机制的适用。因为对于增值税发票的接受者来说，意味着一种对于政府的现金支票，对这些发票的需求必定要由政府来规定。③ 在我国，这种特别关注首先表现在政府开始以唯一监管主体地位介入到发票管理，以重点管理发票实现税控职能，将发票内涵及外延予以重新立法上的界定，发票的印制、开具、使用等不再是交易主体双方自愿性的约定，统一纳入到政府监管体制中，成为一种不由分说的强制。不仅如此，对发票的特别关注还表现在利用防伪加密等手段，并以不断改进的方式防止不法分子利用假发票的偷逃税行为。增值税实施的是进项税金扣除制度，进项税扣除是否正确和合法，关键在于进项增值税发票。为了获得购买商品的进项增值税，买者必须从卖者那里获得

---

① Cheung, Bolivia S. W.; Chui, Alice P. L. Comparison of the International Monetary Fund and the People's Republic of China VAT Policies, *International Tax Journal*, Vol. 30, Issue 2 (Spring 2004), pp. 10—16.

② Varga, Katalin, VAT-Is It Really so Simple, *Studia Iuridica Auctoritate Universitatis Pecs Publicata*, Vol. 144, pp. 311—332.

③ Lindholm, Richard W. VAT Lessons from Overseas, *Tax Executive*, Vol. 32, Issue 2 (January 1980), pp. 132—151.

增值税发票。① 进项税扣除的执行和管理是借助增值税发票,由增值税发票决定扣除额的多少。② 但是,在中国,法律禁止作为增值税纳税人的卖者自行印制发票,他们必须从税务部门取得发票。然而,这一制度的实施在现实中却遭受到了违反增值税发票问题的挑战。进一步说,当政府存在着强烈的发票意图,满足政府税控、报账等职能的需要,就意味着同时会有一种反意图的存在。这样,当发票开始履行政府管理职能时,发票就从税控的依附性地位取得了主导性地位;当政府刻意拔高发票的制作难度,提高发票的造假成本,则就同时拔高了假发票的识别与查处成本;当政府将"管票"视同"控税"的实现时,围绕"发票"造假与反造假的斗争就从来不会停止,斗争的激烈程度也前所未有。

(3) 税控功能的发展

以票控税从普通税控功能始到增值税控功能为主、普通税控功能为辅的历史发展,体现了政府对发票管理从宽松、随意到严格、强制的发展趋势。从政府介入发票管理的深度上看,有学者将发票税控功能地位的发展脉络界定如下:非税控状态、半税控状态、归口管理状态、强化管理状态。当发票的税控功能发展到强化管理状态,"增值税进项税金抵扣制度和增值税专用发票的启用,使税务当局对发票的管理进入到一个崭新阶段。在这一阶段,全国发票统一印制、防伪技术、交叉稽核等措施接连推出,发票与税票合龙的趋势越来越明显,而发票重于钞票的局面也从此形成"。③

显然,发票的税控功能从无到有,从单一到多元的产生、变化与发展,是应政府财政税收管理的需要,在历史发展中被添加并被逐渐强化的。"作为商事凭证的发票,在最基本的功能和最起始的运用上,并不是天然地与税务机关相联系。从全世界的情况来看,加上增值税的因素,由税务机关管理发票的情况也并不是普遍现象。"④ 反观我国,不仅是以票控税,更是以票管税。税务机关通过发票的统一监制和管理强行介入到商

---

① Tikku, Kaushal; Li, Chun, China's Tax Reforms Fall Short, *International Tax Review*, Vol. 5, pp. 13—16.

② Yang, James G. S.; Zheshi, Robert, Problems Implementing the VAT in China, *International Tax Journal*, Vol. 30, Issue 1 (Winter 2004), pp. 46—64.

③ 李胜良:《发票撷趣》,经济科学出版社2004年版,第8—16页。

④ 同上书,第138页。

事交易活动中，打破了买卖间的衡平权义关系，制造了更大的逃税空间，极大增加了税务机关的征管成本，或者说正是因为税务机关对发票的统一监制和管理，使税务机关难以承受高昂管理成本之重，为机会主义逃税行为打开了方便之门。

从发票税控功能的历史发展看，随着政府对发票管理强度的加深，尽管发票作为本源意义上的商事交易证明功能没有消失，也不可能消失，作为衍生意义上的维权功能与会计核算功能依然存在，却日益被强大的政府主导的税控功能所压制，以至于人们经常忘记了其本源功能与衍生功能，而将税控功能当然地视为其最基本、最主要的功能。"在新中国严厉的发票管理措施下，人们所熟悉的那种民间商事凭证正在渐行渐远，而大家所面对的发票却最终改变为一种带有一定强制色彩的、不得不接受的治税工具。"①

在我国，政府基于税控的需要，对发票的管理从随意性、宽松性向强制性、严格性的发展，体现了政府从"控税"到"控票"的发展历程。以"控票"试图实现"控税"的思维将发票控税的功能刻意拔高到前所未有的地位。"控票"的强化将政府管理的触角深入到市场交易主体之间的交易活动行为，并以立法形式强行改变发票特有的内涵与外延，发票从平等市场经济主体的客观经济发展的需要从此走向了政府经济管理的主观需求，这也是世界上中国的发票控税特色。也从此，将所有围绕交易活动的关注点转向了对发票的关注，使得发票对交易活动的依附性转变为交易活动对发票的依附性，围绕发票需求进行的交易，与当初经济交易活动的结果之间，产生了根本的背离。

自发票承载税控功能始，对经营者来说，发票不仅具有证明功能，还同时具有会计核算功能与控税功能；对消费者来说，发票不仅具有证明功能，还同时具有维权功能与控税功能。发票对每一交易主体都同时承载着多元功能，而且多元功能同时作用时，所服务的主体却不相同。对于经营者来说，发票同时具有会计核算功能与税控功能，但会计核算功能是服务于经营者的，而税控功能是服务于政府的；同理，发票对于消费者来说虽然同时具有维权功能与税控功能，但维权功能是服务于消费者的，而税控功能是服务于政府的。当发票对于同一交易主体同时具有多种功能，多种

---

① 高献洲：《中国发票史——发票源流探考记》，中国税务出版社2010年版，第151页。

功能同时作用，但服务的主体不同时，如果各主体追求的目的不同，则两种功能的同时运作就产生冲突的可能；当其中一主体依据其强势地位过于强调某种功能时，可能由此对其他功能的发挥带来冲击；当过于强调某种功能由此对其他功能冲击时，如果对该功能的冲击带来了对某种交易主体利益的损害，或者是交易主体不遵从该功能由此会带来额外的利益时，则不服从该功能是必然的选择。目前来看，我国以票控税功能由弱到强的发展，政府出于税收利益的考虑对发票税控功能的过于加强，客观上造成了对经营者会计核算功能与消费者维权功能的弱化，冲击了发票的应然层次性功能秩序，为功能之间的不协调性运作从此埋下了不可调和的隐患。

2. 报账功能的产生与发展

从现有研究资料看，鲜有关于发票报账功能的研究，发票的报账功能是从现实发票所承载的用途中推断出来的。因此，报账功能是何时产生的难以考证。在目前国家各级政府部门、机关、企事业单位项目拨款使用的制度设计中，拨款单位为了监督款尽其用，实现拨款单位的款项使用意图，推行了以票报账制度。以票报账制度依然是从"管票""控票"的管理思想出发的一种制度设计理念。所以，报账功能是因项目管理的需要而产生，从现实发展看，产生于税控功能之后；从管理的主观需要看，属于发票的延伸功能；从产生的根源看，属于发票延伸功能的又一独立功能，即不依附于税控功能而产生，是与税控功能并列的延伸功能。

从报账功能的现有发展趋势看，以票报账从最初对科研、计划项目等款项拨付后的监管使用的领域逐渐扩展到其他领域，如单位年终奖金、福利发放开始实施以票报账的方式，交易的便捷性需要催生的社会上各种购物卡的风行，更是使以票报账花样变化达到极致，发票的报账功能至今盛行不衰，成为仅次于税控功能的又一种强大的管理功能。

3. 彩票功能的产生与发展

发票有奖制度的颁布与推行，表明了发票开始具有了彩票功能。有奖发票制度在我国经历了从无到有，从点到面的发展过程。早在二十多年前，台湾地区就开始实行"有奖发票"制度。1990年，台湾地区制定出《统一发票给奖办法》，将"有奖发票"引向了制度化、规范化的发展。鉴于有奖发票制度在台湾地区取得的成就，我国大陆于1989年3月在《关于经济体制改革要点的通知》中，首次涉及了有关试用"有奖发票"办法的问题。据此，1990年前后，我国开始在福建省的福州市和河北省的唐山市进行有奖发票试点。1998年4月1日,海南省海口市地税局率先实行有奖发票奖励制度,这是我国实施"有奖发票"制度的正式开端。有奖发票制度经过试点行业的试行后,对于税收的增加确有成效。在"榜样"的示范带动下,此后,多家地方税务局纷纷效仿,都陆续地推行了有奖发票制度,并在不同程度上获得了成功。随着有奖发票制度所涉及的行业和地区不断增加,有奖发票制度从最初的试点走向正式,由地方走向全国,引起社会各界对其关注度也不断上升。2002年8月1日,北京市地方税务局开始试行的新版中奖发票,采取了中奖实现全市通兑的原则;同年10月1日,上海市地方税务局正式试行普通发票有奖管理办法,开始将装饰业,包括各类从事含有家庭装饰经营业务内容的装潢、装饰企业都纳入到有奖发票范围,将更多行业纳入到中奖制度范围,以体现中奖制度的普及率;2003年初,上海又扩大了有奖发票的试点范围,增加了服务业、娱乐业和文化体育业中的部分行业;2004年1月1日,天津市在饮食行业推行有奖发票制度;从2005年1月1日起,成都市所有饮食、娱乐、旅馆、茶坊、洗浴、洗染、洗车、理发、美容、照相十大行业都开始使用有奖发票……不仅如此,各地税务机关在不断的探索实践中,又不断地进行制度上的改进。以北京市地方税务局为例,为了进一步调动消费者索取发票的积极性,北京市地方税务局从2007年1月1日起,取消二次开奖活动,采用即开即兑型有奖发票,使中奖方式更加直观、透明,更加简便;从2008年起,北京地税拟取消有奖发票的5万元大奖,代之以5元的小奖,以提高有奖发票的中奖率,提高市民参与其中的趣味性、广泛性。[①]

显然,从我国发票性彩票的产生与发展的历史轨迹看,彩票功能的产生与发展具有典型的政府政策推动性特点,因而体现了很强的政府管理职能。有奖发票制度通过"中奖"的诱惑提高消费者索取发票的积极性,从而助推发票税控功能的实现。有奖发票制度由点及面、由地方向全国的推行,表明了政府试图通过运用社会监督手段,进一步强化和实现以票控税的目的,从这个意义上,发票的彩票功能是税控功能的进一步拓展和延伸。

---

① 参见肖文《我国有奖发票制度的政策效应研究》,西南财经大学硕士学位论文2009年,第23—25页。

4. 其他功能的产生与发展

发票是商事交易凭证，这是不容置疑的事实。但在经济交易活动中，发票有时又同时承担着合同的作用，此时，发票又具有了合同功能。"发票本身是合同履行中债权债务的确认商事凭证，但在现实消费领域及即时清结的经营活动中，根据交易习惯，由于没有书面合同，发票就集交易合同和了结商事凭证于一身了。"① 但从交易活动的习惯以及发票承载合同功能的现实地位看，显然，发票的合同功能与其他功能相比，地位低得多，作用轻微，所以我们在探讨发票功能之间的冲突或协调运作时，往往对该功能忽略考虑。

(二) 延伸功能的依附性地位

1. 从产生的主观需要看

发票的延伸功能是指在发票基本功能上的添加，既然是添加，该添加功能只能是基本功能的附属功能，没有基本功能，该附属功能就不可能存在。添加功能既然是外在的、人为的，就带有很强的主观设定性，会随着主观需要不断变化。就主观见之于客观活动而言，主观设定性功能不可能深化或拓展基本功能，更不可能改变甚至取消基本功能。从某种意义上，主观性添加功能可以与基本功能并行存在，但添加功能的主观性与基本功能的客观性表明，若添加功能添加不当，则不能与基本功能和谐共生，需要重新改进设计或予以解除。

（1）税控功能

从发票税控功能的历史演变看，发票所承载的税控功能是人为添加的，是国家基于税收管理的考虑而主观设定的。既然是基于管理的考虑，这一功能只能是偶然因素使然（管理的方式和手段有多种，以票控税并非自有税收始就天然存在的，只是历史的发展让发票偶然地介入到税控实现中）。税控因为是政府税收管理职能的需要，就天然具有很强的人为因素，而非经济发展的客观需要。正因为非经济发展的客观需要，这种税控功能才会应管理需要的变化而不断地变化发展。这种人为的添加性用途表明税控并非发票基本的、必然的功能。如发票型增值税控虽然是世界上大多数国家以票控税的手段，但日本并未采用。即便是以票控税，中西方也有很大不同。西方的交易自治型发票制度，以票控税是因为税收的基础是

---

① 范伟红：《商事凭证证明力问题探析》，《人民司法》2006 年第 7 期。

商事交易，而发票天然是商事交易的凭证，以票控税具有很强的直观性和客观性。但西方仅仅是以票控税，税务机关没有因此介入发票的管理中，发票中所体现的商事交易活动的主体依然是买卖双方。发票的印制、管理、记载、开出等依然是开票方的权利和义务，无须政府税务机关的统一监制。

历史地看税控功能，其主观设定性具有以下几个特点：

一是作为发票的一种延伸功能，即作为商事交易证明功能的一种延伸，税控功能是依附于商事交易的证明性功能的。如果没有商事交易的证明性凭证存在，发票的税控功能就不可能存在。

二是发票与国家税收管理没有必然的联系，不仅是国家税收管理的历史远远长于发票控税的历史，而且发票作为交易信息的载体，以真实交易的发生为前提，交易是否发生是由市场交易主体，即经营者与消费者共同决定的，而不取决于国家的管理需要。只是因为国家税收的设定基础在于交易过程的财、物流转，及其所得等，故此，借助于发票这个交易记载凭证来帮助国家实现税收的职能。显然，国家利用其权威性、强制性、公共利益性主观地设定了发票的税控功能，因此，税控只是发票的一种延伸功能。作为发票的一种延伸功能，即作为商事交易证明功能的一种延伸，该功能如果被解除，是丝毫不会影响发票的基本功能的。

三是自发票承载税控功能始，随着国家赋予这一功能的日益强大，发票功能变得更加复杂、纷乱，日益出现主观性功能冲击客观性功能的现象。表现为，发票税控这一延伸功能的地位和作用的强化，稀释了发票作为商事交易证明、会计核算和维权这些基本功能的作用。发票税控这一功能延伸的最根本就是发票的管理主体向市场交易的延伸导致的证明性作用的失灵。当国家开始介入发票管理的时候，使得商事交易活动中与交易活动无关的主体开始介入其中，使得买卖主体间的双方平面型的证明关系演变为买卖主体与国家三方主体之间的证明与管理的立体交错型关系。也正因为国家管理的介入，发票的商事交易证明性功能、会计核算功能、维权功能开始在税控功能、报账功能等延伸功能的不适当冲击下，其层次性功能秩序可能遭到破坏。

（2）报账功能

报账功能作为发票的一种延伸功能，历史上看，这一功能比税控功能的历史要短得多，应该说主要是新中国成立后出现的，而在近些年这一功能在现实中表现得特别突出。该功能很难说是不是受到了国家税控管理思想的影响,但我们的确可以说该功能渗透着国家、企业很强的管理思想。当国家、政府进行财政拨款,需要某一项目建设的时候;机关、企事业单位进行项目资助,需要某一项目研究的时候,款尽其用的最好办法就是了解款项使用的来龙去脉,则从拨款单位、项目资助单位对款项使用的管理角度看,发票首先作为商事交易凭证,当然能够承载款项是否合法、合规使用的监督功能。从这个意义上说,报账功能也是发票商事交易证明功能的一个延伸功能,而从报账功能近些年的迅速发展和变化来看,报账功能更是商事交易证明功能的一个变种。"报账功能则是发票在一个新时代里所产生的证物功能的变种。在规范的报账制度下,发票已是一种能从多个环节来证明和检验经手人员和管理人员的工作质量和成果的证明性文件。"① 对于发票的报账功能,其主观设定性的地位和作用表现在如下几个方面:

一是报账功能作为商事交易证明功能的变种,说明该功能的存在是依附于商事交易凭证而存在的,没有商事交易的存在,便没有该功能的存在。解除该功能丝毫不影响发票商事交易的证明功能。

二是报账功能与税控功能的相同点都在于:都使商事交易主体之外的主体介入其中。因为要监督款尽其用,使本来没有参加商事交易活动的主体,即国家、政府拨款单位,机关、企事业等项目资助单位开始介入其中参与管理,使原本简单的商事交易关系演变为复杂的交易监督管理关系,也由此在步税控功能之后,进一步增加了主观性功能的数量和比重。

三是报账功能的有效性在于真实的交易凭证,即发票上所体现的真实的交易活动与真实的交易记载。报账所依凭的真实发票能够很好地完成管理方款尽其用的使命,一旦发票不真实,如无交易内容的发票虚开,或者是交易内容与实际不符的假开,则报账功能不能有效实现。从发票的层级性功能秩序上看,会计核算功能是先于报账功能实现的功能,会计核算功能的有效实现决定了报账功能的有效实现。因为会计核算是报账实现的最终归口,报账是会计核算的一个重要组成部分。因此,当发票被赋予报账功能时,就与会计核算的基本功能密不可分,如果这种功能实现的秩序被主观颠倒,则报账功能的实现必然给会计核算功能带来一定的冲击。一旦

---

① 高献洲:《中国发票史——发票源流探考记》,中国税务出版社2010年版,第167页。

报账功能出现问题，则会计核算功能难以幸免。

（3）彩票功能

所谓发票的彩票功能是指政府为了鼓励消费者在交易活动中主动向经营者索取发票，更好地实现发票的税控功能，在一定历史时期推出的有奖发票制度。有奖发票的推行因而使发票开始具备了彩票功能。如果消费者与经营者配合，则逃税就是十分容易的。经营者为了逃税，在销售商品或提供服务时不向消费者开具发票，作为交换条件，经营者将商品按不含税价格出售给消费者。为了制止这种现象，政府一方面号召消费者购买商品时主动积极索取发票，对这种积极索取行为的激励就是推出了统一发票的中奖活动。

最初推出有奖发票的是我国台湾地区，早在20世纪50年代台湾就开始实行有奖发票制度。20世纪末我国大陆引进这一制度，1990年前后开始在福州市和唐山市进行有奖发票试点。北京、上海、广东等省市从2001年开始，推行有奖发票制度，即以中奖的形式来诱使消费者索要发票，使消费者养成索要发票的习惯，从而迫使经营者诚实地纳税。"有奖发票是税务机关通过在经营者开具的发票中设立激励性的奖金制度，刺激消费者向经营者或提供服务者索要发票，从而消费者成为税务机关税收征收管理工作的协助者。"[①] 显然，有奖发票是税务机关实现税控目的的手段，从现实情况看，确实增强了发票的税控能力。但有奖发票是基于人们博彩的心理，刺激人们将自己可能的运气转化为金钱的努力，在有奖发票的巨额奖金的诱使下，加上税务机关一味地宣传有奖发票的刮奖、摇奖、兑奖，广大消费者索要发票的积极性虽然得到了空前高涨，但这些行为的背后靠的是博彩心理的作用，不是自觉自愿的行为，其合法合理性颇受学界质疑。"税收行为是一个国家的行政行为，采取有奖发票，利用消费者的博彩心理去增加税收这种带有商业促销性质的方法是不合适的，在一定程度上偏离了有奖发票的护税本意，损害了国家税收的庄严性。"[②]

发票的有奖制度带来至少四个方面的副作用：首先，违背了我国税收法定主义原则。有奖发票的奖金来源于税收收入，这种税收支出需要得到纳税人的同意。现实中，各级地方税务机关决定"有奖发票"的设立、

---

① 李燕：《"有奖发票"法律性质之探析》，《行政法学研究》2008年第3期。
② 宋霄、蒋正：《对有奖发票制度的几点思考》，《法制与社会》2007年第5期。

奖金数额，甚至有奖发票的立法，显然剥夺了人民的税收支出决定权，这与《宪法》是相违背的。其次，奖金的激励作用是有限的。税务机关以有奖发票的奖金作为信息租金促使消费者索取发票，这样税务机关以票治税的初衷得到了很好的实现。但是，该激励制度是以税务机关假定消费者索取发票将获得比与经营者相配合更大的收益为前提，如果经营者也采取一些优惠措施来应对有奖发票，那么这种激励作用还有效吗？再次，有奖发票转嫁了税务机关应负担的控税责任，增加了纳税人的负担。税务部门以奖金来鼓励消费者参与控税，从而将其自身部分应负之责隐性地转移给了消费者。最后，有奖发票无助于纳税人意识的培养，因而不可能产生长久的、良好的实施效果。有奖发票假定纳税人是不诚实的，并以可能中巨奖的博彩心理诱使消费者索取发票，将可能与经营者相配合的消费者最终成为税务机关的控税助手，无论对于经营者还是消费者，都是一种隐性强制手段，不是自觉自愿的纳税意识的培养，一旦经营者通过如不开发票可以打折等手段对消费者提供信息租金时，仍可能使消费者配合经营者不开发票或少开发票。

关于有奖发票，从其辅助税控功能的主观设定性上，我们可以得出以下几点结论：

一是有奖发票从产生时起就是基于税务机关加强税控的需要，既然发票的税控功能是发票的延伸功能，则基于加强税控功能需要而产生的彩票功能则更是当然的发票延伸功能。

二是有奖发票利用人们的博彩心理使可能在交易活动中成为助推经营者逃税的消费者最终在奖金的诱惑下成为税务机关的协助者，虽然有加强税控功能的作用，但这种博彩心理带有的偶然性、短期性、纯粹利益性，使得纳税所要求的必然性、长期稳定性、纳税意识的自觉自愿性等合法合理性都存在很大的问题。

三是发票的延伸功能表明，基本功能是客观的、主要的、决定性的，延伸功能是主观的、次要的、辅助性的，当人为添加的不合理功能与基本功能冲突时，或是改变或是取消其功能都不会影响到基本功能的发挥，因此，发票的彩票功能取消不会影响基本功能的发挥。

2. 从相关法律法规等主观设定上看

发票延伸功能的最初设计，从立法上看，处处体现出主观设计色彩。从《税收征收管理法》《发票管理办法》等法律法规规定来看，以税控功能为例，在围绕税收征管工作中，在发票印制主体资格方面，就进行了区别对待：内资与外资、国有与私营的不同。具体表现为：对内资企业实行政府管理、外资企业自主管理；对国有单位实行放任管理、私营企业实行严格管理的方式。

在内外资的区别上，如1986年的《中华人民共和国税收征收管理暂行条例》第四十二条："中外合资经营企业所得税、外国企业所得税、个人所得税、关税、农业税的征收管理，都不适用本条例。"这就表明了为其服务的发票管理办法也不适用。1986年的《全国发票管理暂行办法》第十条："对中外合资经营企业、中外合作经营企业、外资企业以及在中国境内的华侨和外籍、港澳人员有关发票的管理事项，均不适用本办法。"1992年的《国家税务局关于对外商投资企业和外国企业发票管理的暂行规定》第一条："凡设立在中国境内和中外合资经营企业、中外合作经营企业、外资企业（以下简称'外商投资企业'）以及外国公司企业在华从事生产经营的机构、场所或营业代理人（以下简称'外国企业'），在销售商品、产品和提供劳务服务以及从事其他业务活动取得收入时，均应向付款方开具发票或与发票具有同等效力的营业收款凭证，并加盖企业印章。"第三条："外商投资企业和外国企业使用的发票，可以向税务机关购买，也可以自行设计印制。"显然，内资企业的印制权由税务机关核准授予，外资企业的印制权自主决定。

在国有私营的区别上，实行了信国有、疑私营的歧视性立法，从而在发票管理上，对国有单位放任管理，对私营单位实行严格管理的区别对待。如1986年的《全国发票管理暂行办法》第二条："发票由税务机关统一管理。税务机关负责发票管理制度的制定和组织实施，并负责对一切印制、使用发票的单位和个人进行监督和管理。"第九条："对全民所有制的银行、保险、邮政、电讯、铁路、公路、水运、航空等单位使用的专业票据（如车船票、飞机票、门票等，具体范围由省、自治区、直辖市税务局确定），可暂由用票单位自行确定式样、自行印制，可不套印税务机关发票监制章。"1993年的《中华人民共和国发票管理办法》第四十二条："对国有金融、邮电、铁路、民用航空、公路和水上运输等单位的专业发票，经国家税务总局或者国家税务总局省、自治区、直辖市分局批准，可以由国务院有关主管部门或者省、自治区、直辖市人民政府有关主管部门自行管理。"1993年《中华人民共和国发票管理办法实施细则》第五十七条："《办法》第四十二条'专业发票'是指国有金融、保险企业的存贷、汇兑、转账凭证、保险凭证；国有邮政、电信企业的邮票、邮单、话务、电报收据；国有铁路、民用航空企业和交通部门国有公路、水上运输企业的客票、货票等。"

发票延伸功能的主观设计还表现在其变化的动态性特点上。仍以税控功能为例，发票监制章的印制主体、授权印制主体、归口管理主体、发票版式决定权主体都体现出变化趋势。以监制章为例，1986 年的《全国发票管理暂行办法》第七条："发票一般应由税务机关统一设计式样，指定印刷厂印制，并套印县（市）以上税务机关发票监制章。"1993 年的《中华人民共和国发票管理办法》第十条："发票应当套印全国统一发票监制章。全国统一发票监制章的式样和发票版面印刷的要求，由国家税务总局规定。"2011 年的《中华人民共和国发票管理办法》第十条："发票应当套印全国统一发票监制章。全国统一发票监制章的式样和发票版面印刷的要求，由国务院税务主管部门规定。发票监制章由省、自治区、直辖市税务机关制作。"

总之，发票由最初的商事交易的证明性功能衍生出了会计核算功能与维权功能，又由于政府的管理需要，延伸出了税控功能、报账功能与彩票功能。当发票除经济发展的客观需要所赋予的基本功能之外，在历史的发展中不断被添加新的功能时，每一功能的添加都交织着新的社会关系，尤其是发票税控功能的添加，税务机关通过发票管理方式的介入，发票所承载的社会关系变得日益错综复杂。"社会是由人和人之间的关系组成的，发票则是特定社会关系比如商品交易关系、产权转移关系、服务关系、供求关系、基于特定产品的权利义务关系、委托代理关系、税收征纳关系、资源支配关系的映照和折射。"[①] 对于任一使用主体来说，持有发票都意味着发票所承载的多元功能的同时运作，这就要求发票的多元功能必须按照历史上所形成的层次性应然功能秩序运作。

但是，透过发票功能的历史演变，有学者总结道："在中国，发票的历史是一个从天然状态到受管制状态、从自由行使的权利到经许可方可享有的权利、从商业文化到税收文化、从企业信用到国家信用、从百花齐放到一枝独秀、从自由散漫到循规蹈矩的过程。对发票实行以税务机关为主

[①] 李胜良：《发票撷趣》，经济科学出版社 2004 年版，"自序"第 2 页。

权机关的统一管理，构成着中国税收文化的一个基本方面。"[①] 在这样一个发票从自发到管制过渡的发展中，由于政府经济管理的需要，发票不仅被逐步添加了繁多的功能，而且由于政府管理上的日益强势需要，将发票延伸功能的地位与作用刻意拔高到本源功能与衍生功能之上，并以立法形式固化成为一个既定事实。自此，发票日益成为一种多功能的经济文书，而且其税控功能、报账功能等延伸功能的势头日益超越了其最初商事交易证明的本源功能及其衍生功能，由此带来发票功能秩序的层次性混乱。

本章小结

　　发票是一个历史范畴，因交易活动记载的需要，发票产生于商业和民间信用的需要。现代意义上的发票从产生时起就被赋予了特定内涵。国内外学者普遍认为：交易主体、交易金额、交易数量、交易的时间、交易地点等是发票的特定内涵。发票内涵的特定性表明了其真实交易信息的证明价值。因此，发票内涵的具体表述尽管不同，但本质都是一样的，即发票自产生始，就以其特有的书面记载方式成为证明交易活动事项的记载凭证。由于发票最初产生于民间商事信用活动的需要，民间主体的分散性、书写习惯、格式、规范等的不受约束性，发票的内涵更多体现于基本内容，外在表现形式并不重要。从这个意义上来说，曾经历史上被称之为的货票、发单、发货票、统一发货票、门市发票、发货凭单、发货凭证、收据、账单、业务结算凭证等都可称之为发票；而现代社会中的收据、维修票据、电脑小票等交易事项的记载凭证亦可称之为发票。在西方，直到今天，对于什么是发票，也只是关注交易凭证所记载内容的证明性，形式上并没有特别的规定。

　　发票从产生时起，就随着经济交易活动的发展而发展。发票内涵在历史演进发展中，基于政府税控实现的需要，产生了截然不同的两类发票制度：西方的交易自治型发票制度与中国的政府识别型发票制度。最初看，发票对于交易者使用的客观需要，所承载的功能是少量而简单的。经济管理需要所催生的政府利用发票意图实现的职能，因经济活动的日益复杂，使其功能由简到繁不断地拓展。经济交易活动的客观需要与经济管理活动

[①] 李胜良：《发票撷趣》，经济科学出版社 2004 年版，第 149 页。

的主观需要的同时作用,发票从最初的单一功能走向了多元功能。基于发票发展的历史及其满足不同使用者需求的作用,目前的发票已经形成了本源功能、衍生功能与延伸功能共存的功能体系。

从哲学意义上说,本源功能与衍生功能作为发票的基本功能,与延伸功能是客观与主观、必然与偶然、根本与从属的关系。基本功能决定着延伸功能的产生和发展、存在和消亡。延伸功能可以与基本功能并行存在,独立发展。当延伸功能的发挥不与基本功能冲突和矛盾时,两者可以和谐共生,当延伸功能的发挥影响甚至破坏了基本功能时,应当改变甚至取消延伸功能以保障基本功能的作用。基本功能也有层次性,就功能产生的客观性而言,发票的本源功能与衍生功能是同样的,没有层次性;但就功能产生的根源来看,衍生功能是本源功能的派生体,没有本源功能就没有衍生功能,因而本源功能是更高级别的功能。这样,我们可将发票功能按层次性划分级别为:第一级别是证明功能;第二级别是维权功能与会计核算功能;第三级别是税控功能、财务报账功能、彩票功能等。基于主观见之于客观的需要,发票功能间的应然关系表现为:发票本源功能决定着衍生功能、衍生功能决定着延伸功能、本源功能当然决定着延伸功能这样的功能秩序,而绝不能将这样的功能秩序颠倒。

第二章

现行发票制度下的发票功能冲突

第一节 政府"全能型"发票管理体制及其立法安排

一 现行发票法律制度的立法目的

(一) 发票立法及历次修订主旨

发票的立法目的体现在历次的《发票管理办法》及其修订中。财政部1986年颁布的《全国发票管理暂行办法》第一条:"为了加强税收管理和财务监督,有利于税收法规、政策的贯彻实施,保护合法经营,根据《中华人民共和国税收征收管理暂行条例》(以下简称《税收征管条例》)第二十八条、第二十九条的规定,制定本办法。"1993年的《发票管理办法》第一条:"为了加强发票管理和财务监督,保障国家税收收入,维护经济秩序,根据《中华人民共和国税收征收管理法》,制定本办法。"2007年的《发票管理办法》(修订草案)(征求意见稿)第一条:"为了加强发票管理和财务监督,保障国家税收收入,维护经济秩序,保护消费者合法权益,根据《中华人民共和国税收征收管理法》,制定本办法。"2011年的《发票管理办法》第一条:"为了加强发票管理和财务监督,保障国家税收收入,维护经济秩序,根据《中华人民共和国税收征收管理法》,制定本办法。"因此,从发票立法及历次修订看,发票立法体现了保障国家财政税收的目的。

(二) 政府"全能型"发票管理体制

事实上,我国发票管理是基于政府税控的需要进行立法设计的。除1986年的《发票管理暂行办法》外,其余都开宗明义点明了要旨:为了加强发票管理和财务监督,保障国家税收收入。其实1986年的暂行办法尽管表述有所不同，但也体现了明确的国家管理思想：为了加强税收管理和财务监督，有利于税收法规、政策的贯彻实施。从发票立法及其历次修订看，以国家税收实现为首要目标，发票的立法制度设计必然体现为国家与交易当事人之间的一种纵向管控关系，而非交易当事人之间的一种利益均衡关系。

我国首次发票立法是1986年的《全国发票管理暂行办法》，此时国家开始介入发票管理，但从介入的深度看，国家对发票的管理当初并不严格，主要表现为第2条规定："发票由税务机关统一管理。税务机关负责发票管理制度的制定和组织实施，并负责对一切印制、使用发票的单位和个人进行监督和管理。"虽然对发票印制主体有一定要求，但规定的较为宽松，给印制企业较大的自主选择性，没有特别强调发票形式上的统一性。这一点也可从对发票的界定上看出来。第三条："一切单位和个人在销售商品、产品和提供劳务服务（包括工业加工，下同）以及从事其它业务（包括对内对外业务）活动取得收入时，所提供给付款方的各种票据，均属发票的范围。"由于此时在形式的印制要求上并未统一，给印制企业较大的自主选择权，表明此时的发票更是从内涵意义而言，主要还是交易主体之间的交易内容决定的，国家的税收实现并非唯一目的，因此，此时的立法还较为全面体现了国家和交易当事人之间的双向利益关系，既要保障国家税收，又要保护交易当事人的合法经营。

然而，1993年的《发票管理办法》开始强化国家税收实现的目的。国家税收的实现必须借助政府对发票的管理，这一理念贯穿在整部立法设计之中。相较1986年立法，1993年立法表现出的管理领域及强度主要体现在条款数量的增加和条款内容的分类细化方面。在六大部分立法内容中，发票管理贯穿于印制、申请、领购、开具、保管、缴销等各个环节之中。国家管理的强制性体现在发票形式上的法定要素。如第3条："本办法所称发票，是指在购销商品，提供或者接受服务以及从事其他经营活动中，开具、收取的收付款凭证。"这里的收付款凭证仅仅是从交易主体的层面而言，如果仅仅如此，政府不予介入，则此时的发票就与1986年的收付款凭证没有本质的不同，因为这款规定表明了企业自制发票的权利，依然体现了发票形式的多样性。如1986年立法的第7条第二款规定："有的用票单位由于业务上的特殊需要，也可自行设计发票的式样，向税务机关提出印制发票的书面报告，经批准后，到指定的印刷厂按规定印制，并套印县（市）以上税务机关发票监制章。"但实际情况并非如此，1993 立法关于发票的界定不仅仅体现在第 3 条有关交易主体之间的交易内容上的规定，更体现出政府对发票形式上的统一规定。如第 7 条："发票由省、自治区、直辖市税务机关指定的企业印制；增值税专用发票由国家税务总局统一印制。"第 10 条："发票应当套印全国统一发票监制章。全国统一发票监制章的式样和发票版面印刷的要求，由国家税务总局规定。发票监制章由省、自治区、直辖市税务机关制作。"显然，此时的发票已经不是由交易主体之间的交易内容决定了，由于国家对发票形式上的法定要求，发票成为一种专指形式上符合立法规定的交易凭证，发票形式从多样化走向统一，发票立法从既保障国家税收的实现，又保护合法经营的双向目的开始走向仅仅保障国家税收实现的单一目的。

2011 年的《发票管理办法》对 1993 年立法进行了修订，对发票管理强度的深化主要从发票的管理级别和范围方面表现出来。特别加强了国家借助发票管理对主要税种及发票形式真实性的保护，即增值税专用发票的印制、发票印制防伪专用品等管理工作由之前的国家税务总局升级为国务院税务主管部门负责。同时特别增加了统一发票专用章的印模样式的规定：必须按照国务院税务主管部门规定式样制作的发票专用章的印模，向主管税务机关办理发票领购手续。而且，随着计算机技术及网络的发展，适时增加了关于网络发票的管理规定：国家推广使用网络发票管理系统开具发票，具体管理办法由国务院税务主管部门制定。为了保障发票的集中统一管理，2011 年的立法修订对印制发票的企业资格进行了补充规定。①对发票的领购、开具、保管等，也进行了许多补充规定。如补充了发票的领购数量、种类、领购方式及发放期限；② 补充了禁止虚开发票的三类行为；③ 补充了禁止不当使用发票的系列行为。④ 等等。这些全方位的细致的补充规定，表明了国家的管理触角已深入到发票的方方面面，对发票管

---

① 参见 2011 年《发票管理办法》第 8 条：印制发票的企业应当具备下列条件：取得印刷经营许可证和营业执照；设备、技术水平能够满足印制发票的需要；有健全的财务制度和严格的质量监督、安全管理、保密制度。税务机关应当以招标方式确定印制发票的企业，并发给发票准印证。

② 参见 2011 年《发票管理办法》第 15 条规定。

③ 参见 2011 年《发票管理办法》第 22 条规定。

④ 参见 2011 年《发票管理办法》第 24 条规定。

理的强度进一步加深，管控发票实现税收的目的更加单一。如果说 1986 年的《发票管理暂行办法》中立法目的除了具有国家管理的目的外，还具有保护合法经营，即经营者的目的，2007 年《发票管理办法》（修订草案）（征求意见稿）中除了具有国家管理的立法目的，还具有保护消费者合法权益的目的的话，而 2011 年的《发票管理办法》的立法目的就显得十分单一了，只明确了国家管理的立法目的。

表 2.1　　　　　立法变迁中有关国家发票管理的强度趋势

立法要素	1986 年《全国发票管理暂行办法》	1993 年《发票管理办法》	2007 年《发票管理办法》（修订草案）（征求意见稿）	2011 年《发票管理办法》
目的	1. 保障国家税收 2. 保护合法经营	保障国家税收	1. 保障国家税收 2. 保护消费者合法权益	保障国家税收
数量	20 条	45 条	68 条	45 条
地方税务机关作为管理主体	9 条	27 条	41 条	30 条
国家税务总局作为管理主体	无	7 条	无	无
国务院税务主管部门作为管理主体	无	无	14 条	11 条
国家对发票的管理强度	弱	较强	强	很强

二　政府"全能型"发票管理体制对发票属性的扭曲

（一）政府对发票的选择性识别

发票的政府选择性识别，表现在发票的印制、领购、开具、保管和检查等政府规范性行为上。发票的合法性就限定在政府对这些发票行为的一系列法定性的具体要求方面，进而将发票的真实性予以了选择性锁定。如关于发票的印制，禁止私自印制、伪造和变造。对于增值税专用发票，规定由国务院税务主管部门指定的企业印制，其他发票由省、自治区、直辖市税务机关指定的企业印制。① 关于发票的领购，必须持有税务登记证，规定的发票专用章印模，且按规定的用途使用等。② 关于发票的开具，不仅规定了开具的时限、顺序、栏目，税控装置开具的要求，还规定了登记簿设置、发票变更、注销等要求。③ 关于发票的保管，要求必须按照税务部门的要求存放和保管。④ 关于发票的检查，要求发票的印制人、使用人必须接受税务机关的检查。⑤

（二）发票形式合法性与实质合法性相分离

从早期发票的内涵上看，它只是具有证明作用的商品交易凭证，形式并不重要。据学者考证，在民国时期和新中国成立初期，凡商事交易中产生的诸如货票、发货票、发单、送单、发货凭单、收据、账单、业务结算凭证等证明性的民间文书都可称之为我们今天意义上的发票。⑥ 而在这一点上，就合法性，以至真实性而言，美欧日等许多西方国家自始至终都保持着交易凭证形式上的多样性，没有政府专门指称意义上的发票。显然，在国家没有专门管理发票时，只要是记载了真实交易信息的凭证都称之为发票，这样，发票的形式合法性与实质合法性是统一的。一旦国家介入发票管理，发票的形式合法性与实质合法性即分离。发票的实质合法性是指

---

① 参见《发票管理办法》第七条：增值税专用发票由国务院税务主管部门确定的企业印制；其他发票，按照国务院税务主管部门的规定，由省、自治区、直辖市税务机关确定的企业印制。禁止私自印制、伪造、变造发票。

② 参见《发票管理办法》第十五条：需要领购发票的单位和个人，应当持税务登记证件、经办人身份证明，按照国务院税务主管部门规定式样制作的发票专用章的印模，向主管税务机关办理发票领购手续。单位和个人领购发票时，应当按照税务机关的规定报告发票使用情况，税务机关应当按照规定进行查验。

③ 参见《发票管理办法》第二十二条：开具发票应当按照规定的时限、顺序、栏目，全部联次一次性如实开具，并加盖发票专用章。第二十三条：安装税控装置的单位和个人，应当按照规定使用税控装置开具发票，并按期向主管税务机关报送开具发票的数据。第二十七条：开具发票的单位和个人应当建立发票使用登记制度，设置发票登记簿，并定期向主管税务机关报告发票使用情况。第二十八条：开具发票的单位和个人应当在办理变更或者注销税务登记的同时，办理发票和发票领购簿的变更、缴销手续。

④ 参见《发票管理办法》第二十九条：开具发票的单位和个人应当按照税务机关的规定存放和保管发票，不得擅自损毁。

⑤ 参见《发票管理办法》第三十一条：印制、使用发票的单位和个人，必须接受税务机关依法检查，如实反映情况，提供有关资料，不得拒绝、隐瞒。

⑥ 参见高献洲《漫话老发票》，中国税务出版社2007年版。

发票应当体现真实的交易记载，如第三条："本办法所称发票，是指在购销商品、提供或者接受服务以及从事其他经营活动中，开具、收取的收付款凭证。"仅有实质合法性还不足以体现国家管理的主体地位。形式合法性的规定以国家对发票的强制管理方式排除了虽然具有真实的交易记载，却没有国家介入管理的收付款凭证，缩小了发票的外延。如第五条："发票的种类、联次、内容以及使用范围由国务院税务主管部门规定。"第九条："印制发票应当使用国务院税务主管部门确定的全国统一的发票防伪专用品。禁止非法制造发票防伪专用品。"第十条："发票应当套印全国统一发票监制章。全国统一发票监制章的式样和发票版面印刷的要求，由国务院税务主管部门规定。发票监制章由省、自治区、直辖市税务机关制作。禁止伪造发票监制章。"以上规定表明，仅有真实交易事实记载的所谓实质合法性的凭证不能被纳入到发票范畴，还必须同时具备国家规定的形式合法性特征。发票以国家规定的形式合法性，排除了早期发票只要具备实质合法性，就同时具备了形式合法性的内涵与外延相统一的特点，将形式合法性与实质合法性强制性分离。因此，形式合法性的独立存在及特别注重，体现了国家对发票各环节实行统一管理的强制性色彩，体现了发票形式更重于实质的原则。

三 发票事实属性与法律属性在现行发票制度中的冲突

交易自治型发票是以交易内容为唯一判断标准，其法律属性是由交易的事实属性决定的，因而保证了发票事实属性与法律属性的一致性。政府识别型发票不仅由交易内容，更是由交易形式决定的，政府对市场交易自治型发票的选择性识别，使其法律属性与事实属性发生偏离，二者冲突不可避免。因此，无论是交易自治型发票，还是政府识别型发票，其事实属性都没有区别，本质区别在于它们的法律属性。正是政府识别型发票，其法律属性与事实属性发生了冲突。

（一）发票的事实属性

1. 原始性

发票一定是原始的交易物证，不能变造、涂改，是原初的记录、忠实的记录。从发票的历史起源看，其产生于商事交易的需要，真实交易的记载首先在于信息的原始性特点。交易信息的原始性也是单位会计核算的依据，单位进行会计核算所依据的原始凭证有自制原始凭证和外来原始凭证，发票则是外来原始凭证，《会计法》明确规定：原始凭证记载的各项内容均不得涂改；原始凭证有错误的，应当由出具单位重开或者更正，更正处应当加盖出具单位印章。原始凭证金额有错误的，应当由出具单位重开，不得在原始凭证上更正。之所以这么规定就是基于发票的原始性特点，以最大限度保证交易信息记载的真实性，从而保证会计核算的真实性。因此，发票的原始性就在于，交易内容一旦填写完成，就不得在原有凭证基础上涂改、刮擦、挖补。如果原始凭证有错误，应当由出具单位重开或更正，更正处应当加盖出具单位印章。如果填写的金额有错误，也应当由出具单位重开，不得在原始凭证上更正。

2. 真实性

必须证明交易事项是真实的，交易信息是真实的，是确实发生过的，即真实的、原始的记载交易场景。没有真实交易信息记载的发票或虚假交易信息记载的发票都违背了发票应有的真实性，违背了发票产生的初衷，违背了发票存在的价值。违反发票的真实性记载既表现为交易的数量、品种、金额等内容的虚假，也表现为根本没有任何交易事实发生的虚假交易记载。如现实中大量的没有发生任何真实交易的虚开发票行为或者此交易彼记载或者是多交易少记载等行为都使发票丧失了最基本的真实属性。

3. 特定性

商事交易一定是特定主体间的交易，发票既然是交易事实的原始的、真实的记载，就只能反映特定主体间交易的基本信息。这样，任何发票都是特定的，不可能有两张完全相同的发票。因为如果是相同的发票，那记载的就是完全相同的交易信息，而完全相同的交易信息是不存在的，因为交易主体、交易时间、交易地点、交易品种等，无论是哪一个要素，对每一笔交易事实的发生所记载的发票，总是特定的、唯一的，因为总有一个要素是特定的、唯一的。如，对于交易主体、地点、品种都相同的每一次重复性交易活动，也重复性地产生每一次交易信息记载的同样属性的发票。从表面上看，这些发票具有同种类性，因而具有同质性、无差异性，但由于每次交易时间的不同，因而每一张记载重复性交易活动信息的发票依然具有特定性、唯一性。正因为每一张发票的特定性，才使得发票具有特定事项的证明功能。发票具有特定性这一点恰恰在我们现在的发票研究中没有出现，现在的发票都不强调经济活动信息的特定性交易。有些发票为什么一定要写双方的名称甚至身份证号码，还要留电话，都是为了固定这个特定，锁定这个特定，就是特定交易的信息被锁定。正因为有了这一点，发票才具有对特定交易场景、交易时间、交易主体等信息的证明性价值。

(二) 发票的法律属性

1. 合法性

即形式合法性与实质合法性。形式合法性，是指发票上要体现特定或法定主体因子。如发票上要记载交易主体、交易金额、数量、时间、地点等，这些为特定主体因子。而发票应当套印全国统一发票监制章；由国务院、省、自治区、直辖市所指定的印制发票的企业必须具备法定的印制资格等以凸显国家管理职能的主体要素的立法规定则体现了发票的法定主体因子。早期的发票，即交易自治型发票，政府并未以立法形式正式介入发票管理，发票形式上只要具备特定主体因子即可。而在政府以立法形式正式介入发票管理后，发票形式上不仅要具有特定主体因子，同时还要具备法定主体因子，这样，交易的记载凭证在形式上就分为两类：一是只具有特定主体因子的记载凭证，虽然在西方许多国家始终被认可为发票，而在我国不再被认可为发票；一是既具有特定主体因子，又具有法定主体因子的记载凭证，在我国才被认可为发票，这就是中国特有的政府识别型发票。发票的实质合法性，是指有关交易内容的记载信息要真实。如发票必须是指在购销商品、提供或者接受服务以及从事其他经营活动中，开具、收取的收付款凭证。但在政府识别型发票制度下，如果从发票形式与实质必须统一这个方面看，问题就出现了：只具备特定主体因子的记载凭证，尽管是真实的交易信息记载，却被排除在系统之外，即只有真实交易，没有套印全国统一发票监制章的收付款凭证都不具有税控、报账意义上的合法性，不能称为立法层面上的发票。因此，我国相关发票立法实质上是将发票形式合法性与实质合法性进行了分离，体现了形式合法性更重于实质合法性的特点。

2. 真实性

发票是应经济交易活动记载的需要而产生，因此，真实性是发票记载交易信息的首要前提。就交易自治型发票而言，交易内容的真实性是唯一判断标准。就政府识别型发票而言，真实性不仅在于交易内容，更在于交易形式。国家通过立法加强对发票的管理，实质是想借助规范的手段保证经济交易的真实。从国家管理发票的手段上看，对发票真实性的保证更是形式意义上的，许多条款都贯彻着国家仅仅重视管理"发票"，而不是发票与经济交易信息统一的管理思想。如关于发票的印制，第七条："增值税专用发票由国务院税务主管部门确定的企业印制；其他发票，按照国务院税务主管部门的规定，由省、自治区、直辖市税务机关确定的企业印制。"第八条："税务机关应当以招标方式确定印制发票的企业，并发给发票准印证。"第九条："印制发票应当使用国务院税务主管部门确定的全国统一的发票防伪专用品。"第十条："发票应当套印全国统一发票监制章。全国统一发票监制章的式样和发票版面印刷的要求，由国务院税务主管部门规定。发票监制章由省、自治区、直辖市税务机关制作。"为了保证发票的这些形式真实性，这些条款同时又用排除的方式做了进一步的禁止性规定。如"禁止私自印制、伪造、变造发票"，"禁止非法制造发票防伪专用品"，"禁止伪造发票监制章"等。试图主要通过对发票形式真实性的管理达到发票实质真实性，即保证记载真实的经济交易信息，事实证明这是不可能的。

3. 税控性

交易自治型发票的税控性是以交易事实的存在为前提和保障的。政府识别型发票则是以对发票的强化管理来表现其税控性的。以2011年的《发票管理办法》为例，发票立法通篇都在体现国家税控的思想，从第一条立法目的：加强发票管理和财务监督，保障国家税收收入起，全部45条条文中，涉及地方税务机关管理的条文30条，涉及国务院税务主管部门管理的条文11条，发票管理从中央到地方，涉及发票从产生、使用、缴销等各个环节，税控的思想体现在立法的始终，税控性是政府通过严格发票管理体现的。

（三）发票事实属性与法律属性的冲突表现

1. 合法性与原始性的冲突

发票是源于经济发展的客观需要，源于经济交易双方主体各自的证明需要而产生。那时，因为政府没有将发票作为实现税收的工具，也就没有政府对发票的管理需要，也就无须对发票进行有关的立法规定。发票对交易活动信息的如实记载体现了其典型的原始性特征，也同时因为其原始性而取得了合法性，即只要是真实交易信息的记载凭证，无论其凭据名称如何、记载形式如何，都可称之为发票，此时发票原始性与合法性是同时产生的，发票原始性表明了合法性，发票合法性表明了其必然是原始的，原始性与合法性的判断标准都是依据真实性的交易事实，二者具有内涵上本质一致的统一性。发票以真实性交易事实为内涵的判定标准，必然决定了其外延的多样性特点，同时也决定了发票只能是经济交易活动信息的记载凭证。当国家以立法形式确认对发票管理的主体地位，而且为实现税控的目的对发票实行全能型管理时，必然以对发票内涵重新界定的方式，从而改变了发票合法性与原始性的协调关系，导致了发票合法性与原始性的冲突。立法通过对发票内涵的重新界定，表现在：仅仅是真实交易事实的记载凭证还不足以称之为立法上的发票，除此之外，立法上称之为发票的还必须有国家统一监制章、防伪标识等，即必须是立法规定的符合国家要求的形式。这样，立法上规定的发票合法性不仅仅以真实的交易记载信息为判断标准，同时还必须符合国家统一的形式上的管理规定。这种立法上合法性的规定，将发票的原始性分为两种类型：一是仅仅具有真实性交易信息，但不具有国家管理形式上要求的原始性凭证，如没有国家统一监制章的企业自制的收据、电脑小票等；二是不仅具有真实性交易信息，还具有国家管理形式上要求的原始性凭证，如由国家指定企业印制的带有国家统一监制章，有的还要求具有统一防伪标识的交易凭证。但是，立法不认可第一种类型原始凭证的合法性，从而将部分原始性凭证排除在发票系统之外，尽管这些原始性凭证确实是记载了真实交易信息，具有与发票同样的证明性功能。此时，发票不再以其原始性同时就取得了合法性地位，发票的合法性与原始性不可避免地产生了冲突。

2. 原始性与真实性的冲突

在政府没有以立法形式介入发票管理的时候，确切地说，在政府不是以强制性管理手段重新界定发票内涵与外延的时候，发票原始性与真实性是一致的。发票以对交易活动信息如实记载的原始性特点，本身就说明了其是以真实性为存在价值的。发票的原始性即是真实性，真实性即是原始性。当立法对发票内涵与外延重新界定的时候，原始性与真实性的内在统一性遭到了破坏，立法将原始性凭证分为两类，同时也就将真实性凭证分为两类：一类是发票型真实凭证，一类是非发票型真实凭证。由于立法对发票内涵的重新界定，缩小了发票的外延，对发票的统一管理更注重形式上的要求，这样发票型真实凭证由于特别关注"发票"，表现出更注重凭证形式上的真实性，实质上的真实性反倒被忽略了。而恰恰是非发票型真实凭证，由于不再是立法意义上的发票，反倒是对真实交易信息的如实记载，是名副其实的实质意义上的真实性凭证。因此，正是立法对发票原始性的强行划分，导致了发票原始性与真实性的冲突，使得立法越是想通过发票原始性来保证真实性，却越是导致了发票的不真实。

3. 真实性与税控性的冲突

立法对发票内涵的界定，将具有国家统一监制章、防伪标识等的真实凭证认定为发票，不具有国家统一监制章、防伪标识等的真实凭证不认定为发票，这样，现实中的凭证就通过立法划分为发票型真实凭证和非发票型真实凭证。如现实中合法有效凭证分为四大类，一是税务发票；二是财政收据；三是境外收据；四是自制凭证。在这四类凭证中，具有税控意义的是税务发票，称之为发票型真实凭证，对于后两类，虽属于真实性凭证，但从立法的角度看，只能称之为非发票型真实凭证。因此，尽管非发票型真实凭证是实质意义上的真实凭证，但因其非发票型而不具有税控性。发票型真实凭证因发票形式上的真实性需要往往脱离实质上真实性而存在，因而往往使国家税控的目的落空。但是，以票控税目的的实现在于发票实质上的真实性，当发票仅具有形式上真实性而不具有实质上真实性时，真实性必然与税控性产生冲突。

4. 税控性与特定性的冲突

只要发票如实记载了经济交易活动信息，该交易活动信息的记载就具有特定性。因为对于每一次的交易活动，发票上所记载的交易信息都不完全相同，换句话说，交易内容的特点性表明，每一张发票之间都不是完全相同的。对于发票上所记载的交易主体、交易地点、交易时间、产品的数量、金额等内容，总是至少有一项因素是不同的，如果这些因素完全相同，交易信息当然会在同一张发票上反映出来，而不会对完全相同的交易活动信息记载在两张凭证上，因为完全相同的交易活动信息必然是一笔交易活动产生的。现实中对于一笔交易活动产生的交易信息予以分别记载，可能是因为基于企业财务成本核算、报账的需要人为分离的结果，并不符合发票的特定性要求。正是发票这种交易信息记载的特定性，反映了其如实性等原始性与真实性的基本要求，也是因此能够使发票承载税控的功能。但是发票型真实凭证以发票形式上的真实性改变了发票的原始性、特定性，从发票立法的合法性角度看，发票型真实凭证一是表现为仅具有形式上的真实性不具有实质上的真实性，这种仅具有形式上真实性的发票既表现为此交易彼记载，多交易少记载，无任何交易的虚假记载，还表现为不体现任何交易主体、内容、时间、地点等基本交易信息的形式特点，如定额发票。当发票记载的交易信息不再原始、不再真实、不再特定的时候，发票的税控功能必然会走向失控。

（四）发票事实属性与法律属性冲突的现实考察

一个良好的制度设计应当与制度本身应有的属性之间保持一致。目前看，我国发票税控性的立法制度设计与发票本身应有的属性之间是不一致的。如定额发票，只具有形式合法性，但不具有特定性，发票本身实质不真实。目前立法对发票的形式合法性设计缩小了发票应有的外延，虽然从理论上看，将作为国家统一的监制章及防伪标识等标志作为判别发票真假的标准，有利于政府垄断发票管理、简易识别程序、降低识别难度（发票形式可以进行行政化设定，而交易内容只能是市场化的），从而达到政府利用发票实现税收调控、分配税收利益的目的。但是由于政府对发票形式识别的特别税控目的，对有些发票属性进行了否定，导致了对交易者合法利益实现的阻碍。目前有三种发票，其法律属性与事实属性间存在着冲突：税务发票、定额发票、购物凭证。

1. 税务发票

从立法与现实作用看，税务发票能够体现如下特点：

（1）表明了税在商品或服务成本中的比重。这种比重是通过各种税率表现出来的，各种税率的设定是国家事先通过税法设定，不能随意添加，亦不能随意减少。税是否进入到了商品或服务成本中，至少影响到几个因素：一是应税额与营业利润之间的转化。如果应纳而不纳或少纳税，这部分不纳或少纳的税就转化为营业利润的增加额。二是豁免应税额与不正当竞争的转化。如果不该豁免的予以豁免，则视同为不正当竞争而得利。有些不一定自己得利，而是给交易对方得利以换得持续性合作或其他交换上的利益。三是税对消费者成本的分配是否合法与公平是可以判断出来的。如个人所得税的缴纳体现在起征点的设计、对全体社会公民的贫富分配的影响、个人对国家的财政税收负担等之上。四是企业的经营义务，消费者的纳税义务，履行是否适当和全面。

实际上，对税务发票而言，只能监督税控发票本身所承载的交易思想，关键问题在于还有没有一套税控系统之外的其他交易系统？如果在税控系统之外还存在其他交易系统，并且将现有的税控系统稀释掉，则税在商品或服务中所表明的一定是不真实的。事实上，当立法将现实中的真实型凭证分为发票型与非发票型，并且将非发票型真实凭证排除在合法性税控体系之外时，就为税控系统之外其他交易系统的独立运行开辟了空间。发票型真实凭证重点监控的是发票的形式真实性，对于发票背后的真实交易事实并不重点地，或者说是全面地首要地关注，则出现非真实交易信息往往记载在发票型真实凭证上，真实交易信息往往记载在非发票型真实凭证上。这样，形成虚假交易活动在税控系统内运作，真实交易活动在税控系统之外运作的割裂格局。当大量真实交易活动在税控系统之外独立运作时，本身就表明了现有的税务发票的制度设计是有很大漏洞的，税务发票所承载了大量的虚假交易思想，税在商品或服务成本中的比重必然被歪曲。

（2）交易信息的特定性。特定性表现在交易的主体、时间、地点、数量、金额、品质等是特定的。如机打发票，交易信息一定是特定的，主体、时间、地点等，特定性可以满足，如发票编号就是为了特定。但当立法将真实性凭证分为发票型与非发票型，并将非发票型排除在税控系统之外时，大量真实交易活动在发票系统之外独立运行，发票所承载的交易信息的特定性也表现为两种：一是真实交易信息的特定性，一是非真实交易信息的特定性。当发票承载了所谓特定的大量非真实交易信息时，交易信息的特定性也就不再"特定"了。

（3）交易信息的残缺性。由于税务发票与交易凭证是有机分离的，税务发票对交易场景的记载并不全面。由于不是在交易时同时生成的，也许是交易之前，也许是交易之后。交易之前产生的税务发票，交易信息或者高度残缺以满足交易主体的通用化需要，如没有交易主体、交易时间、交易具体事项等要素的定额发票；或者与交易事实严重不符以满足交易主体的特定化需要，如各种盛行的购物卡交易中发生的交易凭证，其交易数额、品名、交易主体等要素的信息记载以满足报销、冲账等目的。而交易之后产生的税务发票，又往往按照交易时的记录再去选择一些信息，其记载的交易数量、品种、质量等交易信息经常残缺，还需要其他交易凭证补充才能显示完整性。所以这就带来了一个问题，就是只保留税务发票，还不能是交易信息储存的一个全部的凭证，如出示税务发票的同时，还要有电脑小票才是完整信息交易的凭证。

（4）税务发票的会计核算职能与消费者的维权职能会发生冲突。税务发票通常称为"正式发票"，在会计核算系统、会计报账制度中认为是具有效力的唯一凭证，但税务发票作为会计的报账凭证被处理后，消费者如果因为交易发生纠纷，要举证，就会遇到非常大的困难，与维权职能出现冲突。实际上当选择一种发票报销的时候，同时放弃了一旦发生质量问题就自认了的自我救济权。一旦报销完成，就意味着放弃了维权权利，以此换取交易成本的核销。那么，有无权利上兼容的制度呢？即设计一种兼容的制度，来消除这种冲突。现在的税务发票解决了两个问题，第一解决税控的问题，第二解决报销凭证的正式性问题，但是解决不了消费者以此实现维权的交易凭证问题。因此，目前的税务发票，由于维权时没有与交易凭证分开使用，即不要发票，只要是具备证明性功能的真实交易信息的记载凭证，消费者也可以维权，从而使得消费者报销和维权的职能不能同时实现。

2. 定额发票

从立法与现实作用看，定额发票有如下一些特点：

（1）能够充当会计凭证。根据《会计法》的规定，会计凭证包括原始凭证和记账凭证。定额发票属于外来原始凭证，具有证明交易事实发生的作用，可以作为会计核算的依据，是当然的会计凭证。

（2）无交易的具体信息或信息不完整。定额发票由于定额性，具有金额事先固定的特点，不是根据交易时发生金额的多少如实开具的，交易信息的记载与交易事实的发生是分离的，对于大量重复性交易，每次金额又不大的交易活动，定额发票具有简便易行的特点。因此，定额发票主要在于金额的固定性，而不在于交易主体的特点性、交易时间的确定性，通过省去交易主体、交易时间、具体交易内容等信息，大大简化交易主体交易手续的同时，来适应一些即时的、简单的、快捷的经济活动，如停车费发票、餐饮发票、通信费发票等是有一定实际意义的，但定额发票却与发票本身要求的特定性不符合。

（3）放任了交易真实性监控。定额发票是交易之前就固定金额已印制好了，不需要在交易时根据事实再填写相应交易信息，由于不受制于特定交易主体、交易时间、具体交易内容的限制，经营者不需承担商品、服务的质量责任，消费者也无法据此维权，这样，双方的交易意愿非常简单，也很容易达成：经营者可随意买卖定额发票，既可赚取税点，亦可以此留住长期客户；消费者也可通过缴纳税点轻易获取定额发票实现报账的目的。而这样的交易行为很难为税务机关所监控，因此，定额发票特别容易出现不真实的交易。

（4）不同交易可通过定额发票进行替代。由于定额发票交易信息残缺、交易主体不特定，通过开具定额发票非常容易掩盖真实的交易活动，如将通信发票替代为交通发票，达到以此交易活动替代彼交易活动的目的。

定额发票的以上特点给发票提供者带来如下好处：一是不增加真实的交易成本，反而能够通过利用会计制度的缺陷使交易对方从中受益。按照《会计法》的规定，会计的核算依据是原始凭证和记账凭证，定额发票属于外来原始凭证，当然是会计核算的依据，定额发票形式上完全符合法定发票的特征。而因交易信息的残缺导致实质上的法定性又无法验证，这样，就为持有定额发票的消费者带来了报账上的好处。同时，发票提供者在不增加交易成本的同时，可获得交易对方受益部分的分成，或为未来交易的发生储备或预存机会。二是人为改变了市场交易机会的安排。许多交易的发生不是基于正常的交易活动的需要，可能是双方对定额发票供给与需求的合谋，从而改变了交易机会的市场性安排。

此外，定额发票法定的信息残缺所带来的其他发票无可比拟的优势创造了不同的需求者，如定额发票对发票印制者的好处在于：可以利用信息产权，从印制、批售中获取好处。定额发票对发票持有者的好处在于：利用会计报账制度的漏洞，以定额发票虚拟的真实交易获取名义交易上的利益和好处。

但如果从维权的角度看，定额发票对发票持有者是不利的，表现在：一是交易信息残缺，交易内容可以替代；二是举证效用低，维权困难。由于定额发票没有特定交易主体信息的记载，没有具体的交易内容，使得目前定额发票只具有形式合法性，实质合法性、真实性、特定性都不具备，从这个意义上，定额发票对交易信息的证明性作用大大降低。

3. 购物凭证

如果从政府识别型发票的角度，购物凭证实质上不认为是发票，因为不具有形式上的合法性，但从交易自治型发票这个角度看，它具有原始性、真实性、特点性的特点，从发票起源这个历史角度看，事实上是发票的一种。

购物凭证的优点表现在：一是交易信息完整；二是不可替代；三是交易特定；四是对征税不发生根本性影响，尤其是在电子化交易中。在政府识别型发票制度下，购物凭证的缺点表现在：会计核算凭证与交易资料储存上的冲突。现实中大量的作为购物凭证的电脑小票，因不具有发票的形式合法性，导致其会计核算凭证与交易的真实记载凭证的有机分离。

第二节 交易与发票关系的现实背反

一 真实交易下的假发票滋生

政府识别型发票制度，试图通过发票形式审查间接确认交易事实的真实性，但由此滋生了假发票问题。假发票是特指私印、销售仿制的发票，即发票形式本身有假，这种生产经营是在"地下"进行的，是与税务机关的"真发票"相对应的，是为偷逃国家税收或摆脱国家、民间或内部审计的虚假原始凭证，是要受到国家法律、法规制裁和打击的，从式样可分为假增值税发票和假普通发票。作为真发票的"替代品"，假发票的出现与泛滥，是和真发票及其管理体制存在着一定的反相关性，即发票自身及其管理制度本身存在着局限性。① 因此，所谓"假发票"，是指通过仿制手段伪造的发票，其本身就是违法的。这与我们所说的利用真发票伪造交易信息，虚列开支，以套取资金以及一些用其他项目的真发票冲抵一些不能报销的项目，比如，一些单位公款消费的款项不能通过财务制度予以报销，而用一些办公用品、差旅费发票等套出资金冲抵的宽泛意义上的假发票是不同的。在国家最初还未借助发票实现税控职能的时候，发票合法性是由交易主体的交易内容决定的，没有形式上的要求，当然就没有所谓仿造的假发票。而国家对发票的介入管理所滋生的假发票问题为不法分子由此开辟了一个偷逃税空间。

时至今日，制售假发票组织严密、手段隐蔽，甚至形成产业化。犯罪分子在制售过程中分工明确，印制、运输、接货、批发贩卖、零售贩卖层次分明，内部甚至还有人员专门负责对印制设备进行技术维修，形成了产供销一条龙生产链。在这条畸形的产业链上，各个环节专业化程度之

---

① 顾向东：《假发票地下经济的市场营销分析》（一），http://www.chinaacc.com/new/287/294/348/2006/2/ma83337311111260021687-0.htm，2011年6月12日访问。

"高"、防范手段之"妙"、从业人员之"滥",令人触目惊心。① 假发票之所以能成为"产业",背后是旺盛的需求。在利益的驱使下,纳税人会铤而走险,使用假发票,从而也为印制、贩卖假发票提供了滋生土壤。2010年南通市破获的一起特大假发票制售案表明,购买假发票的企业绝大多数集中在建筑、物流行业,其中涉及多家大型企业,其购买、使用假发票主要是为了虚列成本、偷逃税款。以建筑企业为例,企业实际购买、使用了7000吨钢材,通过假发票可以做账成购买了1万吨钢材,原材料成本增加,账面上的利润减少,需缴纳的企业和个人所得税自然就减少了。物流企业也是如此,企业向托运人开具假发票,部分业务量就不用入账,账面上显示的月营业额少于实际营业额,达到偷税目的。犯罪团伙的假发票存根显示,仅南通市某一家企业就开出过上百张假发票,涉案金额达几百万元。②

目前,使用假发票的人群大致有以下几类:工作人员以假发票多报差旅费、餐饮费等损公利己、中饱私囊;不法商家为了逃税漏税,给消费者开具假发票;腐败分子用假发票冲抵贪污公款造成的账面亏空,或者将用于行贿受贿的花销用假发票掩人耳目;某些单位用假发票做假账。总之,一些行为不端的不法者为了谋取非法利益,利用假发票制造财政假象。由于使用假发票,往往是为了弥补掩盖化公为私、逃税漏税、贪污腐化、行贿受贿所造成的经济黑洞。③

从制造到批发再到零售,犯罪分子结成了"金字塔"式的利益链,在这链条的终端,是使用这些假发票获取利益的"买方市场"。大量对假发票的需求刺激了供给的源源不断产生,这就是假发票禁而不止、打而不绝的根本原因。制假贩假者正是看中了行政机关、事业单位、企业、个人使用假发票的"需求"。不仅个人使用假发票,许多单位也是如此。有的企业靠使用假发票逃避缴纳税款,一些行政事业单位靠使用假发票来虚报冒领,套取现金,然后把钱用于滥发奖金和不法开支等。正是这些行为,

---

① 焦辉东:《中国特大虚开增值税发票案备忘录》,《法律与生活》1998年第8期。
② 参见施莺《3亿元假发票大案暴露庞大买方市场》,《南通日报》2010年5月19日第A04版。
③ 参见宋尤然《"春雷行动"剑指假发票"顽疾"》,《天津政法报》2010年3月12日第001版。

让国家税收蒙受了损失、滋生了腐败。①

目前,非法制售假发票犯罪呈现出涉案金额越来越大(上百亿甚至上千亿)、涉案人员越来越多(数十人甚至数百人)、发案频率越来越高(波涛式的此起彼伏)、犯罪手段越来越先进(利用高科技造假难分真伪)、犯罪方式越来越专业化(产供销一条龙)、犯罪活动越来越隐蔽(树枝式的分工协作)六大特点。非法制售假发票犯罪给社会造成的现实和潜在的后果相当严重,其社会危害性主要有两方面:一方面是直接造成国家税款的大量流失,严重损害了国家利益,同时严重地破坏了国家有关发票的管理秩序;另一方面是给社会经济发展和社会生活安全带来不稳定因素,既破坏了社会主义市场经济秩序,影响公平竞争,造成企业经济效益下降,也严重败坏了社会风气,腐蚀人们的灵魂,破坏诚信关系,极易诱发其他违法犯罪。②

据统计,2003 年以来,发票类型刑事案件立案数量年均增长 20% 以上。2008 年公安机关共查处发票犯罪案件 2176 起,缴获假发票 2722 万份;2009 年共查处发票犯罪案件 3547 起,缴获假发票 9163 万份;2010 年缴获假发票近 5 亿份。伴随着公安机关打击力度的增大,查获的假发票量日益增加,制售假发票犯罪给人的印象成了"越打越多"。③

二 交易事实虚构下的新型发票造假

(一)开创了以形式真实性发票为母本无限复制造假的机会主义空间

发票违法利益巨大,由于我国对发票形式的政府识别,发票造假的范围人为拓宽了,不仅可以利用形式虚假的发票造假,更可利用形式真实的发票造假。假发票的泛滥在给制假售假者带来巨大利益的同时,更给国家财政收入造成重大损失。以面值 100 元的餐饮发票为例,每本票额一万元,商家只要花 10 元钱就可从合法渠道买来。按规定,该发票应按 5.5% 的比率缴纳税款 550 元。如果商家购买的是假发票,不法分子在获

---

① 参见李斌《300 亿元假发票背后的利益链条》,《经济参考报》2010 年 10 月 27 日第 005 版。

② 季涛:《台州打击制售假发票:打"进"打"出"》,《人民公安报》2007 年 9 月 12 日第 004 版。

③ 参见周英峰、朱峰《天量假发票:"打疼"买方才能治本》,《新华每日电讯》2010 年 10 月 15 日第 004 版。

得高额造假利润（每本发票成本约5元，以150元的高价出售）的同时，商家因使用假发票，则可漏交550元税款。而且，企业年终时也因使用假发票可逃掉25%的所得税。再以一个年营业额500万元的餐饮经营户为例，如果其营业收入中有200万元开具假发票，则可逃税10万元，营业额1000万元的娱乐业经营户一年则可逃税100万元。现实中利用假发票逃税案比比皆是。2003年11月底，福建龙岩市破获的一起假发票案中，制售假发票犯罪团伙先后涉嫌出售7种专用假发票2000余份，开票金额达5993万余元，给国家造成近500万元税款的流失。[①] 2010年，广西南宁警方破获了被称为"广西有史以来侦破的涉税金额最大的非法制售假发票案件"——"8·17"案，缴获各类假发票82.94万份，累计票面金额53.3亿元，涉税金额2.46亿元。9月12日，广西柳州、来宾两地警方联手出击，摧毁了多个制贩假发票网络，缴获的假发票数量达到1100多万份，发票可填开金额超过310亿元。破获的假发票案可以用"没有最大，只有更大"来形容。[②]

以上所说的还是利用形式虚假的发票进行的偷逃税，从发票造假的份数上看偷逃税额，还具有有限性。如果借助形式真实性发票进行造假，往往逃脱了政府的形式查验系统，可随意编造虚假交易内容和数额，并通过对形式真实性发票的无限复制，达到交易额无限放大的效果。这种造假带来的偷逃税额是相当惊人的。以1995年上海增值税票第一案的查处来看，是一起典型的真发票假业务案。令人惊奇的是，一个小小的购销站，短短一个月内生意竟做到近亿元，相当于上海最大的商业集团——华联商厦每月的营销金额。更令人难以置信的是，他们竟然对外开出了4.5亿元的增值税专用发票，除了台湾外，几乎全国都被卷入该案。

借助形式真实性发票进行造假，使发票实现税控的目的与国家对发票的管理强度相背离。那些造假的不法之徒，在迎合政府对发票的形式查验系统的同时，为自己赢得了更大的偷逃税空间。只要政府依然关注发票的形式真实性，就有借助形式真实性发票的造假活动；只要有借助形式真实性发票的造假活动，政府意图借助发票实现税控的效果就不取决于发票管

---

① 参见石伟、吴木銮《"假发票案"凸显税收管理漏洞》，《经济日报》2004年4月3日。
② 参见李斌《300亿元假发票背后的利益链条》，《经济参考报》2010年10月27日第005版。

理的强度。这种发票制度必然制约了中国税收体制的改进，全民造假的局面始终无法改变。例如，1988年，在一个有关逃税的全国性会议上，报告指出，中国百分之五十的国有和集体企业、80%的民营企业存在着逃税。不幸的是，到1993年，税收征管法实施后，据报道仍然有50%至60%的国有单位和90%以上的民营企业在从事逃税，个人合理收入的70%都被逃税抽走。至90年代，逃税已不是一个简单的社会现象，而且逃税也不是只发生在中国的个人和企业上，据在中国十六个地区的调查表明，大约30%的外国公民以不申报他们的总收入和在中国停留的时间来达到减少纳税的目的。欺诈、伪造发票和收据始终困扰中国税务官员。直到现在，通过使用假发票和虚假收据作弊仍是容易的，因为税务当局缺乏资源来跟踪文件和比较纳税人的报告。[①]

(二) 从我国虚开增值税发票系列罪看形式真实性发票的危害

增值税的抵扣制度是增值税受到特别青睐的原因。增值税在运行过程中，一般纳税人在购进货物时可以取得增值税专用发票，凭发票上注明的税额为销售货物时的抵扣税金。因此进项与销项税额的多寡直接影响纳税人当期的应纳税额，贯穿于产供销的各个首尾相衔的环节之中。"增值税专用发票就如同一根链条，从生产到流通，从批发到零售，环环相扣，紧密衔接，任何一个环节出了问题，就会造成'链条'中断、税款流失。"[②]增值税专用发票顺畅运行的关键在于各相关经营主体对制度的遵守，如果有经营主体违反制度，造成链条经常中断，税款流失就难以避免。如果制度的设计违背了公平合理原则，将诱发受歧视经营主体的偷逃税动机。如，在建筑业的"营改增"试点中，理论上看，营业税率由3%改为增值税率的11%，能够达到税负减轻的效果，但中国建设会计学会在调研测算了66家建筑施工企业后发现，实际情况恰好相反。造成这种局面的根源在于，除了一些货主要求现场现金交易，不可能提供增值税专用发票外，建筑施工企业涉及的上游企业大量的都是小规模纳税人，也无法提供

---

① Sommers, Amy L.; Phillips, Kara L. Assessing the Tax Administration Law of the People's Republic of China, *Loyola of Los Angeles International and Comparative Law Journal*, Vol. 18, Issue 2 (February 1996), pp. 339—370.

② 余丹:《发票功能异化的立法探源》，《科学·经济·社会》2013年第2期。

增值税专用发票。① 因此，实际与理论的脱节在于制度的设计上没有满足所有交易主体的需要，将部分交易主体，如小规模纳税人排除在制度之外，增值税抵扣制度的有效发挥所依凭的环环相扣链条经常发生中断，对于无法享受抵扣制度的交易主体必然寻求制度之外的策略来规避这种制度设计带来的损失，发票虚开行为在所难免。此外，增值税发票抵扣链条的中断所诱发的大量发票虚开行为，无法以发票形式上的真实性检验交易的真实性，发票交易开始脱离经济交易独自运行。如果发票交易脱离经济交易独自运行，发票乱象所诱发的经济犯罪活动，不仅给国家税收带来极大损失，还诱使大量的经济腐败行为。

在我国，增值税凭票抵扣制度的最大弊端就是适用主体上的歧视性。作为市场经营主体，一般纳税人与小规模纳税人之间的交易不可避免。但是，小规模纳税人不适用增值税凭票抵扣制度，带来至少两个后果：一是影响了正常交易中一般纳税人对增值税发票的取得，抵扣链条中断将导致实际税负增加；二是这种抵扣制度所导致的税收优惠使小规模纳税人有强烈的寻求制度之外的利益安排愿望。二者合谋虚开发票满足各自利益诉求成为当然的选择。政府对发票的形式识别，诱发了大量虚假交易和没有交易，但形式却是真实的发票问题。这样仅仅形式真实的发票，必然扭曲了经济交易本质，为交易主体逃避现有制度查验提供了真空地带，使增值税凭票抵扣制度失灵。

为此，我国《刑法》第二百零五条专门规定了虚开增值税专用发票罪。所谓虚开是指有为他人虚开、为自己虚开、让他人为自己虚开、介绍他人虚开行为之一的。现实来看，这些虚开行为既有积极主动的虚开，也有消极被动的虚开。积极主动的虚开表现为，根本没有货物购进或购进了没有专用发票的货物而买票抵扣的故意索取行为；消极被动的虚开表现为，在买方以取得专用发票为交易条件时，非一般纳税人出售货物时不能开具专用发票，为了达成交易向他人买票提供给买方的无奈交易行为。虚开的惯用手段表现为通过收购一般纳税人企业取得其资格、利用脱壳公司骗取一般纳税人资格、以非法手段申请认定为一般纳税人等。

从查处虚开增值税专用发票的困境上看，被收购的具有一般纳税人企

---

① 肖明：《建筑业"请愿"：发票难寻，增值税率降为8%为宜》，《21世纪经济报道》2012年10月23日。

业资格的公司以其守法经营、依法纳税的信誉一定程度上迷惑了税务机关；税源管理责任人对海关代征增值税专用缴款书缺乏了解和鉴别真伪的能力；金税工程还不能对海关完税凭证等抵扣凭证实施监控、税务机关对纳税人提供的身份证等有效证件缺乏鉴别真伪的能力；对增值税一般纳税人的认定只能从表面上看，无法核实法人的真实性，以虚开为目的的企业，往往用虚假的身份进行登记注册；金税工程未把所有具有抵扣作用的凭证纳入监控，使防伪和稽核作用受限；等等。当越来越多的人只需一些简单的手续，就可以获得申请一般纳税人资格的时候，遏制虚开增值税专用发票的矛盾和压力就越加集中到了税务部门身上。对于外贸进口企业来说，长期以来，税务机关的主要注意力始终集中在虚假增值税专用发票的打击上，对海关完税凭证缺乏判断真伪的经验，这又使不法分子找到另一条隐蔽的骗抵税款的捷径，那就是，利用防伪税控系统开出虚假电脑版增值税专用发票。如近几年接连发生在上海南汇海关和深圳文锦渡海关的多起利用虚假海关完税凭证进行虚开增值税专用发票的重特大案件即是佐证。"由于当前税务和海关部门信息系统间还未能及时连接，导致税务机关获取到的海关信息滞后，为犯罪分子利用监管漏洞，制作仿真度很高的虚假海关完税凭证骗低税款提供可乘之机。"①

　　实践看，发票虚开是以形式真实性发票为基础，由于虚开增值税发票犯罪表现出的网络化与集团化特征，查处时需要各地各部门的通力合作。但是，目前我国海关、公安、税务等部门之间信息系统连接时效性不足，在信息沟通、传递、反馈以及监督制约机制等方面还显得滞后，存在着查处成本高昂与损失依然巨大并存的局面。② 由于虚开是借助于形式真实发票，虚构交易和无交易实现的，政府对发票的形式识别所耗费的巨大的形式查验成本根本无助于对此类犯罪的遏制。因此，在西方国家，由于发票是交易主体之间的交易内容决定的，没有形式要求，也就不存在形式真实性的发票问题，也就当然不存在依托形式真实进行的发票虚开问题。如，德国、法国、芬兰等使用增值税发票的国家，其刑法典中并无发票虚开的

---

　　① 参见《警惕利用虚假海关完税凭证骗抵国家税款犯罪》，http：//www.hzecid.com/newsinfo.asp? bookid=6436，2012 年 9 月 30 日访问。
　　② 同上。

规定。① 而对于美日等不实行增值税的国家，其刑法典中也无发票虚开的行为规定。就美国刑法典看，有关发票的犯罪构成要件，没有虚开的规定。② 而日本刑法典中根本没有发票的犯罪规定。③

三 发票成为偷逃税的便捷工具

对于形式本身不真实的假发票而言，由于违法的税收利益巨大，早已形成了产业化运作。而形式真实性发票诱发了大量专门规避政府形式查验系统的以虚构交易和专门从事发票交易为目的的犯罪行为。以形式真实发票为基础的虚构交易和发票交易具有无限扩张的可能，因而带来的巨大利益诱惑更是使得此类犯罪具有团体分工合作的产业化特点，查处的难度和成本可想而知。不仅如此，此类犯罪查处后的复发率还相当之高。以长沙"1·13"特大制造、贩卖假发票、假完税证侦破案为例，该案专案组历时10个月，横跨湘、粤、鄂、赣、渝、川等6省、市，行程10余万公里，20多名专案组成员以长沙为主战场，先后在广东、江西、湖北三省驻守调查侦控长达3个月，最终共抓获制造、贩卖假发票和假完税证以及利用假发票和假完税证诈骗税款的涉案犯罪嫌疑人31人，其中执行逮捕26人；收缴涉及湖南、湖北、海南、北京、天津、上海、辽宁、广西、河北、新疆、甘肃、浙江、江苏、陕西、重庆、江西、广东、四川、内蒙古等19省、市、自治区下属43个地、州、市的各类假发票49万余份，假发票票面理论最高可开具金额高达3411.7亿元，内容涵盖货物销售、餐饮、服务、建筑安装、娱乐等20多个票种、84种版面；收缴涉及湖南、四川、宁夏、甘肃4个省、自治区的电脑版假完税证2149份，可开具的缴税额无限制。④ 一些虚假注册的"公司"套取真发票高价倒卖。在破获的一些案件中，很多这样的皮包公司连办公地点都没有，登记的固定电话根本无法接通。有的干几个月后，重新伪造身份证办理新公司，又开

---

① 参见《芬兰刑法典》，于志刚译，中国方正出版社2005年版，第119—121页。
② 参见储槐植、江溯《美国刑法》，北京大学出版社2012年版，第237—238页。
③ 参见［日］金子宏《日本税法》，战宪斌、郑林根等译，法律出版社2004年版，第556—559页。
④ 参见欧阳艳飞、向波《围剿国脉"抽血机"——长沙"1·13"特大制造、贩卖假发票、假完税证团伙案侦破始末》，《啄木鸟》2006年第3期。

始新一轮的违法活动。①

由于形式真实性发票在轻而易举规避政府形式查验系统的情况下具有无限复制的特点，以其为基础进行的虚构交易和发票交易活动也就有了无限扩张的可能，由此给不法之徒带来源源不断的税收利益，因而基于此类发票虚开的犯罪活动，特别是增值税发票虚开的犯罪活动日益成为我国偷逃税的重灾区。有学者以该类犯罪案为研究样本，发现此类犯罪的隐蔽性和欺骗性都很强。"一是使用伪造的身份证或者以支付使用费的方法向本地人借用身份证开办虚假公司；二是与具有一般纳税人资格的公司签订承包经营合同，在取得发票领购资格后，以该公司原正常经营业务为掩护实施虚开活动；三是为他人虚开增值税专用发票后，以虚构货物交易，并由对方支付货物款的名义并将货款汇入其公司后，将开票费扣除，余款再行返还给受票人的隐蔽虚开活动。"其犯罪后果表现为三个特点：一是犯罪波及面广，一些案件涉及全国多个省市、多家单位。如周育森为他人虚开增值税专用发票案，在两年半的时间内，涉及了全国 22 个省市的 566 家单位。二是具有连锁性。虚开案往往具有一案引发多案的效应，如前述所举周育森案，以该案为源头又引发了 10 多起案件。三是犯罪过程中伴随着其他违法犯罪活动，如在注册成立公司的过程中虚报注册资本，在申报一般纳税人资格、办理税务登记时向国家机关工作人员行贿，为了逃避法律制裁而销毁会计凭证、账簿等。② 可以说，正是发票的税控功能，刺激了发票交易供求的迅速发展，这种发票交易的产业化趋势，为偷逃税提供了极大便利。

四 发票报销掩盖不正当资金支出

发票的报账功能是政府监管单位和个人资金合理使用的一种手段。而这又成为一些单位和个人借此掩盖其不当资金支出的一种工具。惯常的手段就是购买假发票（既有形式虚假也有形式真实的发票）或让他人代开发票以达到预算平衡、挥霍公款、贪污贿赂等目的。实践看，一些国有大中型企业及行政事业单位，特别是拥有公共消费或财政经费拨款的单位，

---

① 参见夏志琼《假发票何以能如此猖獗》，《中国房地产金融》2008 年第 12 期。
② 参见刘鑫《当前虚开增值税专用发票犯罪的特点、原因与对策》，《犯罪研究》2006 年第 2 期。

利用车辆维修、工程建设等类型的假发票截留资金形成"小金库"，进行违规支出，逃避审计。有的贪污公款，用假发票直接冲抵账面开支。一些出差人员利用假发票来报销一些不存在的餐饮、住宿、交通费等消费。而这些不正当的资金支出都是通过发票的报账功能实现的。当前，部分行政机关、事业单位在基建施工、招标采购或劳务咨询等活动中，利用假发票进行报销变现、滥发奖金甚至贪污、挪用公款等违法犯罪的情形时有发生。大量假发票流入行政、事业单位，给国家财政管理带来严重危害。2010 年南通市破获的一起特大假发票制售案发现，涉及不少机关单位、部队、大中小学、幼儿园大量购买假发票，多数是因为一些无法报支的项目而使用假发票，也不排除职务侵占、贪污贿赂等犯罪行为。[①] 审计署审计长刘家义在向十一届全国人大常委会第十五次会议做审计报告时，披露了对 56 个中央部门的审计情况，揭露了一系列违规资金问题。审计署抽查 56 个中央部门已报销的 29363 张可疑发票中，有 5170 张为虚假发票，列支金额为 1.42 亿元。其中，8 个部门本级和 34 个所属单位在无真实经济业务背景的情况下，利用虚假发票套取资金 9784.14 万元，主要用于发放职工福利补贴等；12 个部门本级和 37 个所属单位对票据审核把关不严，接受虚假发票报账 4456.66 万元。

以票报账主要有两种类型：一是作为某些不便公开入账开支的一种报销方式。如一些单位的不合理开支，单位或个人的超标准吃喝、公款旅游高消费等，需要发票将这些不合理开支冲账转为合理形式。二是一些单位或人员把发票作为获得收入的一种方式。如年终、节假日期间突击滥发津贴奖金，以发票报销方式抵消部分收入，从而逃避个人所得税，还美其名曰"合理避税"。

五 消费者维权陷入困境

发票税控功能、报账功能、彩票功能等延伸功能的产生和发展，对经营者来说，税收利益的诱惑，对消费者来说，报账利益或价格折扣的诱惑，使交易主体日益重视发票的税控性、报账性等延伸功能，忽视发票的基本功能。当立法将发票内涵重新界定，将交易凭证划分为发票型和非发

---

① 参见施莺《3 亿元假发票大案暴露庞大买方市场》，《南通日报》2010 年 5 月 19 日第 A04 版。

票型两类，只有发票型交易凭证具有税控功能和报账功能的时候，便使消费者维权陷入两难境地：一是表现在经营者以各种借口不开具发票或少开发票；二是即使开具发票，如果消费者有报账的需要，则在报账需求满足的情况下，维权功能便不能实现，而现实中往往表现为消费者对发票的索取，报账功能是首先被满足的功能。

而且，经济活动的日益复杂，交易形式的日益多样，在税收利益和报账利益的驱使下，消费者正当的发票需求的实现变得更加困难，经营者变换各种手段和花样逃避开具发票的义务。比如，随着物价飞涨，团购成了许多人减省开支的途径之一，大量团购网站由此而生。团购后，当消费者向商家索要发票时，许多商家以"团购不提供发票，正常消费才有发票"为由拒绝。团购消费不提供发票似乎已是行业潜规则，不开发票的理由是：团购是保本促销，收入的一部分还要给团购网站，再交税根本承受不起，所以不提供发票；团购产品已经很便宜，所以不提供发票；等等。团购作为商家的一种促销方式，可以作为拒绝开票的理由吗？根据《中华人民共和国发票管理办法》以及实施细则的规定，商家必须依照规定，向消费者开具发票，不得以任何理由拒绝。因此，在消费者结账索要发票时，商家如果以各种理由不开具发票，都可以说是一种违规行为。保本促销是商家自身经营策略的选择，无论是否赢利，都应由商家自己承担税金，不能变相推诿给消费者。①

第三节　发票功能冲突的理论透视

一　法理学视域中的发票功能冲突

(一) 延伸功能的公平性分析

1. 税控功能发挥的公平性受到损害

税控功能的发挥既要实现国家税收的目的，又要在纳税人之间保证起码的公平性。税款偷逃所造成的税收流失会弱化税收对经济资源的有效配置，从而加剧企业与居民之间收入分配的不公。同时，企业因偷逃税款获得的超额利润还会扭曲商品的市场价格机制，从而造成资源的浪费和商品

---

① 参见吴思、刘兵《团购的税务黑洞》，《走向世界》2011 年第 24 期。

质量的下滑。① 纳税的公平性主要表现在三个方面：一是人人都是纳税的主体。这只是抽象层面、应然层面意义上的，从具体层面、实然层面上，并非人人必须纳税，那些低于税法要求应税收入的群体不但不必纳税，还应该成为政府财政补贴、帮扶的主要对象。这一点体现了税的公共性、社会保障性特点，更体现了税的社会稳定性特点。二是那些高收入群体、高收入行业应成为主要的纳税主体，成为政府财政收入的主要来源。从税的公共性上看，那些高收入群体、高收入行业在社会财富的创造中占用、使用了更多社会公共资源，利用了更多机会，享用了更多、更好的公共福利，如医疗、教育、道路交通设施等，按照权利与义务一致性，理应承受更多税收负担。从税的社会保障性看，让收入高的群体和行业多承担些，政府通过财政转移支付，对这部分税收实行收入再分配，从而缩小收入差距，保障社会低收入群体的最基本需要。也是通过保障社会低收入群体的最基本需要来实现社会的根本稳定。纳税的公平性能否实现要看税控功能公平性的发挥。三是公平的税收环境。税法、税收政策的遵守必须保证每个纳税主体的税收利益，不至于产生守法所带来的税收优惠歧视。但是，在我国，小规模纳税人数量较多，占纳税人总数的80%以上，增值税的政策制定和征管手段使他们处在不公平的税收环境之中，使之经营很困难。首先是相比较一般纳税人税收负担的3.92%，小规模纳税人的实际税负为5.66%，征收率偏高。其次是增值税专用发票制度切断了小规模纳税人与一般纳税人的业务联系。再次，小规模纳税人与一般纳税人使用不同的计税方法，没有任何抵扣。最后，小规模纳税人的销售额以自行申报与税务部门的查核申报相结合来确定，并作为计税依据。② 如果人人都按税法要求诚实纳税，在不考虑税制机制本身是否合理的前提下，则税法制度所设计的上面的三个公平性目的能够一定程度实现。但历史地看，自发票承载税控功能始，就开始了利用发票偷逃税的历史。伴随着发票税控功能的强大，这种利用发票偷逃税的手段也更加复杂化、多样化、隐蔽化，甚至产业化。多年来，国家大量的税款流失表明，那些大量的应纳税群体利用发票不纳税、少纳税，相对地，将大量的税收负担不合理地转移

---

① 参见秦鑫《从发票管理角度看我国当前税收流失状况及改善措施》，《山西财政税务专科学校学报》2009年第4期。

② 叶少群：《海峡两岸税收制度比较》，中国财政经济出版社2008年版，第61页。

到了那些诚实纳税群体上,税收天平的不适当倾斜损害了税的公平性。同时,因为税款的大量流失致使财政收入信息的错误传递,使国家政策部门税制设计修订的公平性也受到损害。

2. 报账功能实现的公平性遭到破坏

现实中以票报账功能主要集中在两大领域:一是国家、地方政府、企事业单位各类项目资助使用,需要通过发票报销的形式真实再现款项的规定使用用途。项目拨款使用制度是对特定人、特定资源的有计划配置,特定人只有严格遵照使用制度才能真正实现特定资源的计划配置;二是各种单位福利发放,需要通过发票报销形式实现。对于第一种情况,如果项目负责人及其成员没有按规定使用拨款资金,就改变了该项目的计划资源配置,计划资源配置的不合规改变一方面欺骗了拨款单位,另一方面也侵占了他人对该资源享有使用的机会。现实中,将公款吃喝、娱乐游玩、私人消费等不在项目使用范围的支出经过内容特别处理后,都通过发票记载的合法形式掩盖并合规化了,这种情况一直以来都相当的普遍和公开。发票报账功能最终要通过会计核算功能实现,经过特别内容处理后的发票经过报账程序,作为会计核算的原始凭证,所记载的交易业务内容最终以各类报表形式体现,成为单位财务管理、成本核算、纳税的主要依据,成为单位对人、财、物等资源重新配置的依据。报账功能的扭曲,导致了会计核算功能的扭曲,带来了资源配置的扭曲。这种扭曲既是对他人资源利用机会公平性的破坏,也是对社会资源配置公平性的破坏。对于第二种情况,目前许多单位福利往往以发放购物卡的形式来体现。购卡时,需要开出等额发票以交付单位财务部门核销。这就出现了购卡时所填开发票的内容与实际消费时内容不符合的情况。这种情况类似于第一种情况,发票所传递的错误交易信息影响到社会资源的公平性配置。另一方面,各种购物卡的出现成为洗钱、腐败滋生的温床,成为一些政府官员、特殊社会群体、高收入行业收入灰色地带的隐蔽场所,掩盖并非法缩小了人们收入上的实际差距,成为收入分配不公的主要帮凶。

3. 彩票功能协助的公平性不足

为了更好地发挥发票的税控功能,政府采取激励消费者主动索取发票,以监督经营者开票的有奖发票制度。有奖发票制度因中奖的偶然性我们因此将其归属为发票的彩票功能。中奖的收益其实来源于政府税收利益的返还。在同为诚实纳税人的前提下,因偶然中奖使少部分纳税人得到税收利益返还，而其他大部分无法得到，公平性如何体现？对于政府的这种激励措施，经营者可通过反激励措施轻而易举地化解。现实中，经营者通过承诺价格折扣的方式达到目的。价格折扣具有必然性、普遍性，彩票具有偶然性、个别性，在只要不索取发票即可获得价格折扣这样的反激励措施面前，彩票获利的偶然性能有多大的抵御力量？利用发票彩票功能发挥来协助发票税控功能实现的作用颇值得怀疑。

（二）发票功能合力运作的秩序性分析

1. 本源功能与延伸功能之间失序冲突

（1）证明功能与税控功能

在发票最初只单纯地承载证明功能时，发票上所承载的交易形式只有一种：真实交易、真实记载。自发票税控功能产生始，发票上所承载的交易除上述形式外，还演化为以下两种形式：真实交易，虚假记载；无交易，虚假记载。当发票所承载的交易内容以这样三种形式体现并存的时候，发票的证明功能与税控功能就开始连锁性失灵了。证明功能与税控功能的合力运作导致的互动失灵，带来了市场交易秩序的混乱，进而带来了社会收入再分配秩序的破坏。税控功能发挥时的偷逃税利益空间的存在，使后面两种演化的交易记载形式大量存在，而且花样手段繁多、复杂。市场上真实交易与虚假交易并存，交易事实与交易记载不一致，表现为有交易、无记载，有交易、假记载，无交易、有记载，多交易、少记载等的市场经济交易业务的无序、混乱局面。交易事实与交易形式的不一致通过发票上所承载的交易内容合法化、合规化，并最终通过会计核算功能的发挥，将不真实的交易信息反馈给政府，成为政府实现税收和社会收入再分配的重要依据。这种扭曲的交易信息必然破坏社会收入再分配秩序。

（2）证明功能与报账功能

报账功能是基于国家、企事业单位很强的对人、财、物资源实施监督管理的思想理念设计的。发票是报账的原始凭据，报账功能的发挥依赖发票上所记载的事项。通过报账，国家、政府、企事业单位能够通过发票上的记载事项，监管人、财、物资源的使用情况。就项目拨款使用制度来说，对于款项使用人，必然绞尽脑汁、费尽心机地使发票上的记载事项符合款项规定的使用用途。因此，报账功能的发挥，更加加剧了市场上有交易、假记载，少交易、多记载，无交易、假记载等交易形式的混乱；更加放大了交易事实与交易记载的不一致性。就单位发放购物卡的福利活动来说，单位统一购卡时开具发票所填开的内容必然发生在实际消费之前，发票上所记载的交易信息必然是事先根据单位意图主观设定的，是典型的此交易、彼记载的交易行为。中国这些年实行报账制度以来，市场上有关少交易、多记载，此交易、彼记载，无交易的发票买卖活动十分盛行，已成为社会上人尽皆知和心照不宣的秘密。报账功能的发挥不断推动着市场上虚假交易活动的发生，不断推动着发票上虚假交易记载信息的传递，更加恶化了税控功能的发挥，也猛烈冲击着发票的证明功能，使发票证明功能几乎丧失殆尽。

2. 衍生功能与延伸功能之间失序冲突

（1）会计核算功能与税控功能

发票是会计核算的原始凭证，只有依据记载真实交易信息的发票，才能很好地发挥会计核算功能。会计核算数据的真实性，来源于真实的发票交易信息记载。如果发票上记载了虚假交易信息，则会计核算数据的真实性受到破坏，财务报告所呈现出的经营单位的资产、负债、收入、费用、利润等情况就不真实，一方面影响了注册会计师的审计工作，另一方面使单位增值税收、营业税收、所得税收等应纳税数额不真实。在发票税控功能产生及此后强力运作下，在强大税收利益的诱惑面前，假发票的买卖、虚开增值税专用发票的活动、专门的开票公司的兴起等交易活动严重干扰、损害了正常的市场交易秩序，发票上充斥着大量的虚假交易信息，会计核算功能的发挥受到严重破坏。我国现实情况表明，税控功能作用越强大，经济活动中关于发票的虚假交易活动越活跃，交易秩序越混乱，会计核算功能就越遭到破坏。

（2）会计核算功能与报账功能

会计核算功能的发挥，取决于会计核算数据的真实性。由于我国发票报账功能的存在，现有的会计核算数据部分来自于报账功能发挥作用时所依据的发票记载信息。正如我们之前所做的分析，我国发票报账功能的存在及其发挥，不但没有很好地规范款项的使用、规范先开票与后消费的不一致行为，反而推动了市场交易秩序的更加混乱，报账功能实现时所依据的发票，其记载的虚假交易信息远远多于真实信息，一旦报账功能实现，这些记载虚假交易信息的发票就当然成为会计核算的依据，成为会计核算功能发挥的必不可少的组成部分。因此，同税控功能发挥带来会计核算功能破坏的原理相同，报账功能的产生与发展，更加放大了市场交易秩序的混乱，更加加大了市场交易秩序监管的难度，会计核算功能在税控功能与报账功能的合力夹击下，其现实价值大大降低。

（3）维权功能与税控功能

税控功能的发挥引导着各利益主体的关注点集中在"税"的考虑上，进而引导了发票记载的交易信息无不围绕着"税收"利益展开。对经营者而言，是不是开票涉及其应纳税额，在与消费者讨价还价中，以各种方式诱导消费者不开票或少开票，当开不开票以及开票的内容和形式日益成为经营者一项权利而非义务时，消费者的维权功能大大降低了。发票所承载的税控功能，提高了消费者维权的成本和门槛，只要是不具备政府统一规定的具有监制章的发票，即使是拥有记载了真实交易的收据、电子小票、维修单等凭证，消费者的维权很难实现。在面对经营者基于税收利益的考虑，交易中总是以各种方式逃避开具正规发票，而更愿意开具自行设计的收据、电子小票、维修单等交易凭证时，消费者维权功能被严重忽略。

（4）维权功能与报账功能

报账功能的发挥更是对消费者维权的忽视。政府在设计发票功能的时候，总是基于如何通过发票的监管，实现对税收的控制，实现对人、财、物资源的有效管理，似乎政府是交易活动的天然主体，税收与管理是发票所应承载的天然职能，而对于交易活动中重要的主体——消费者，其权利如何实现没有特别的考虑，这样，发票在实现报账功能时，便是对发票维权功能的丧失。此外，因为发票仅以记载内容形式上的合规性就可实现报账功能，同时诱导了经营者与消费者对于是否开具发票和如何开具发票的错误选择。对于经营者，如果消费者不需要发票报账，则成为不开票的正当理由。对于消费者，如果发票不用来报账，则没有索取发票的动力。如果发票用来报账，消费者在缴纳一定税点的基础上，经营者可以开具消费者指定内容的发票从而实现双方的合作共赢。因此，对于真实交易、真实记载的发票，在消费者实现报账的同时，必然丧失了维权功能。对于记载虚假交易信息的发票，在消费者实现报账的同时，不仅破坏了市场正常的交易秩序，也同样不能实现维权功能。

3. 延伸功能之间合力运作的秩序性混乱

（1）税控功能与报账功能有合力放大交易秩序混乱的危险

历史地看，发票税控功能的产生和发展，对于经营者意义特别重大，它使得经营者找到了一条偷逃税的简便易行的工具，那就是利用发票各项功能同时发挥时的混乱无序，以及政府对发票形式上监管的特别重视与发票记载内容的监管无效或放任等漏洞，经营者只要随意变换发票的形式与内容，无论有无真实交易，甚至根本没有交易的发票买卖，包括假发票的买卖，都能据此轻松获得大量的税收利益。而发票报账功能的产生和发展，对于消费者意义特别重大，它使得消费者对于公款私用、专款他用寻求到了一条十分隐蔽、便捷、形式合规的工具，那就是利用发票将不合规的款项支出以合规的形式反映出来，从而轻松实现报账。经营者与消费者是交易中的基本主体，税控功能与报账功能的合力运作，使双方对发票的需求具有殊途同归的目的，即都需要发票记载虚假交易信息来更大程度实现自己的利益，双方通力合作是必然选择，这必然带来交易秩序的极大破坏。

（2）税控功能与彩票功能的合力效果有待进一步验证

现实中，如果没有报账的需要，消费者难有索取发票积极性的动力，某种程度上纵容了经营者不开票行为，达到成功逃税的目的。为了激励消费者积极索取发票，政府设计了有奖发票制度，我们称之为发票的彩票功能。显然，彩票功能是为了更好地辅助税控功能的实现，是税控功能的协助功能，是税控功能的进一步延伸。但是在报账功能的反作用下，如果消费者需要发票报账，双方必然合谋，则彩票功能失去意义，如果消费者不需要发票报账，则经营者通过价格折扣方式依然能够达到目的，因此，彩票功能无助于税控功能的发挥，市场交易秩序并不会根本改善。

因此，正如有学者指出的："发票是一种收付款的凭证，是在企业经营活动中规定了一种法律秩序，这种秩序不仅是维护国家税收利益的需要，也是维护企业投资者、经营者、企业和员工各方利益的需要。没有这种秩序，企业就难以进行成本核算，会导致企业在经营管理中在许多方面存在盲目性，导致市场竞争无序。没有这种秩序，将会导致更多的国有资产流失，企业也可能失去市场。"[①]

（3）税控功能之间互动失序

在我国，因发票承载税控的主体地位与作用，可分为发票增值税控与发票普通税控。增值税的征税流程、征税对象与普通税不同，增值税发票

[①] 孟岳松、徐丽娟：《发票交易现象之解析》，《工业技术经济》2001年第2期。

与普通税发票的地位与作用也就不同，政府对增值税的特别重视导致了对增值税发票的特别重视。由于在我国增值税纳税主体不具普遍性、增值税抵扣的优惠性、增值税纳税主体与非增值税纳税主体经济交易的普遍性需求以及经济交易主体市场竞争的公平性要求等综合因素的作用，表现为增值税纳税主体的非普遍性与经济交易主体对增值税发票需求的普遍性之间的冲突，从而导致增值税发票在增值税纳税主体与非增值税纳税主体之间按利益需要而不是制度安排进行交易。增值税发票交易市场的失序连带了普通发票交易市场的失序，反之亦然，二者的互动失序是交易主体利益需要重新整合的结果。当市场交易主体按各自利益需求调整增值税发票及普通发票的记载信息时，发票增值税控功能与普通税控功能的制度设计是失灵。

（三）政府发票管理权力的正当性分析

1. 权利与权力的碰撞与较量

在我国的发票设计制度中，因发票的税控功能、报账功能、彩票功能、合同功能等延伸功能的设计与现实赋予的强大作用，国家以对发票的管理强制性介入市场交易活动中，成为发票交易信息记载的必不可少的交易主体。在发票最初承载本源功能和衍生功能这样的基本功能时，交易活动的基本主体为经营者与消费者两大权利主体。当国家要求发票承载延伸功能时，虽然交易活动的基本主体依然为经营者与消费者两大权利主体，但由于国家以发票上是否有统一监制章等作为是否予以认可的发票，将最初发票的内涵以国家权力的形式予以了重新界定，交易活动主体因此演化为三方主体，即交易的基本权利主体与监管交易的权力主体的并存。发票基本功能与延伸功能同时发挥作用时，并未出现交易主体间权力与权利的协调运作，却不断出现权力与权利之间的碰撞与较量。

在发票多种功能同时发挥作用时，各主体间权力与权利如何协调运作？从权力与权利各自不同的起源及其性质上，我们将权力与权利的关系可归结如下：首先，权力不等于权利。权力是被赋予的，是由社会共同认可的特定机构及特定人员享有，权力的行使具有强制性、权威性、个别性。权利则是自发的，是经济交往活动中必然产生的，权利的行使具有自愿性、平等性、普遍性；其次，权力不能代替甚至取代权利。权力的主观设定性表明了权力的行使必须受到共同规则的制约，权利的自发性、平等性表明了权利的行使更多受到主体间契约约定的约束。权力与权利产生性质的不同，决定了约束规则的不同，也决定了市场主体地位的不同。权利安排的契约性，表明了权利主体是市场经济活动不可或缺的基本参与主体，权力安排的主观设定性，表明了权力主体只能是保障市场经济活动有序运行的宏观调控主体，如果以权力代替甚至取代权利，则会根本损害市场经济秩序；最后，权力不能凌驾于权利之上。既然权力主体只能是保障市场经济活动有序运行的宏观调控主体，权力的行使必须受到所有权利主体意愿的共同指向性规则约束，则权力运行的合理性必然是服务于权力运行的契约性，而不是凌驾于权利契约性之上，从而改变市场经济活动的规则。权力与权利的关系表明，权力的运行只能基于正当性基础。

2. 权力的正当性基础不足

（1）政府的管理权力并非源于权利

政府的管理权力应当源于权利，是指管理权力是基于交易权利产生的，没有市场上的交易活动，便没有市场交易主体，也就没有交易主体权利的契约性安排。没有市场交易主体及其权利的行使，也就没有了管理的对象，管理活动无从谈起，管理权力也就无从产生。此外，管理权力源于权利还在于，权力的运行不能破坏权利主体间正常交易活动的契约安排，改变正常的市场交易规则，从而破坏正常的市场交易秩序。基于此，在最初的经济交往活动中，经营者与消费者通过发票交易信息记载的形式明确了双方的契约权利安排，发票以真实交易、真实记载的唯一形式很好地发挥了证明功能、会计核算功能和维权功能。当国家基于管理者身份，其权力运作不是从现有契约权利安排出发，而是改变现有契约权利良好运行规则的时候，市场正常的交易秩序便遭到了破坏。当国家运用管理权力不断地添加发票以税控、报账、彩票等功能的时候，并以强制力保证国家作为交易基本主体之一的时候，这种主观设定的交易主体与事实交易主体的并存，人为改变了发票当初产生时的最本质内涵，从而改变了事实交易主体的契约权利安排及其原有的权利运行轨道，市场正常的交易秩序活动从此遭到根本性破坏。

（2）政府的管理权力仅仅基于"善"，而没有优于"善"

政府的管理权力必须基于"善"是指，一切权力的运行及其制度的安排都必须以权利的有效行使为出发点，都必须保障已有权利行使的正常秩序。但是，政府的管理权力不仅仅基于"善"，更要优于"善"。使得权力的正当性必须保障而不是损害最基本的权利，更不是使已有的基本权利丧失。在市场交易活动中，消费者受领发票是对其所接受的商品或服务品质的保证，发票最初的证明功能必然衍生出的维权功能，是对消费者基本权利的保障。但随着政府管理权力的介入，在长期税控功能的引导下，经营者开票动机不纯，消费者维权意识淡漠，发票的维权功能被大大削弱。而在报账功能的合力作用下，经营者与消费者的交易行为被进一步诱导，此时发票的维权功能基本丧失，政府的管理单向度地基于"权力"而非双向度地基于"权力与权利"的协调，最终导致消费者对其接受的商品和服务质量予以保证的基本权利遭到根本性损害。

（3）主观性权力优于客观性权利

政府管理权力的正当性在于客观性权利优于主观性权力。客观性权利优于主观性权力是指，权利具有先在性、第一性的特点，权力则具有后发性、第二性的特点；当权利与权力并行时，必须首先保证权利的正常行使而不是相反；当权利与权力冲突时，必须调整、改变权力运行规则以保证基本权利不致遭到损害。当发票最初只承载证明功能时，发票所衍生的会计核算功能与维权功能能够保障经营者与消费者的基本权利。但当国家开始介入发票管理，通过设定发票一系列的税控、报账、彩票等功能的时候，延伸功能的发挥日益超过了基本功能，政府通过改变基本权利的行使，并不惜损害基本权利来保证现有权力的运行，根本违反了权利优于权力的正当性原则。因此，现有的发票功能制度设计所导致的发票功能层次性秩序的破坏，是延伸功能对基本功能冲击的结果，必须重新调整、改进，甚至取消延伸功能以保障基本功能的发挥才是摆正权力与权利关系的根本措施。

二　经济学视域中的发票功能冲突

（一）基于信息经济学的分析

1. 交易信息传递机制失灵

信息经济学主要是关于信息对称与不对称的理论，现实中，信息不对称现象大量存在，我们决策中许多失误、许多错误的行为选择都是基于不对称信息所致。主体间信息不对称往往会使优势信息主体向劣势信息主体传递残缺甚至错误的信息，诱导劣势信息主体作出有利于优势信息主体的行为选择。发票最初只是作为本源功能和衍生功能这样两种基本功能的时候，交易活动只涉及经营者与消费者两类基本主体，双方都拥有完全相同的信息。作为证明功能，发票上所承载的真实信息能够同时满足经营者与消费者各自内部的需要：对于经营者来说，发票上所承载的信息是为了满足会计核算，从而满足内部财务管理的需要，对于消费者来说，持有发票是为了维权的需要。在没有其他利益追求下，没有人会成为自我欺骗的主体，而且在对称信息下，没有人可以欺骗他人。这样，发票所承载的信息只能是以真实交易、真实记载这样唯一的形式体现出来。

但是，随着国家开始介入发票管理，发票承载税控、报账、彩票等延伸功能时，导致基本功能与延伸功能的碰撞，这种碰撞以发票记载信息的变化表现出来，真实交易、真实记载不再是发票的唯一内容，大量的真实交易、虚假记载，无交易、假记载，多交易、少记载，少交易、多记载等发票虚假内容的存在，带来发票功能秩序的紊乱。发票延伸功能的产生与发展，由于交易主体的强行增加，正好改变了交易主体之间的信息对称性，恰恰是交易主体信息不对称带来了额外利益诱惑，这种额外利益诱惑改变了基本交易主体的利益追求轨道，这种利益追求轨道的改变必然改变了发票信息记载内容，即真实交易、真实记载不再成为经营者与消费者共同追求的唯一的、主要的发票记载内容了。其实，国家介入发票的管理，并未改变经营者与消费者之间信息的对称性状态，信息不对称只是发生在经营者与国家、消费者与国家之间。在税收征管活动中，经营者、消费者和征税机关处于不同的信息源地位，经营者与消费者是事实交易主体，信息来源直接通过交易活动获得，他们之间的信息是对称的。而征税机关并不是事实交易主体，却以交易主体参与其中，对于真实交易信息只能间接通过经营者或消费者获得，必然产生经营者与国家、消费者与国家之间的信息不对称。一旦信息不对称状态存在，就必然存在机会主义选择空间。由于税控功能之于经营者税收利益的诱惑，报账功能之于消费者额外获利的诱惑，利用发票承载的虚假信息，谋求额外利益成为双方共同的选择。应对这种不对称信息带来的机会主义损失，国家目前采取两种办法：一是严格发票管理，加强经营者控制；一是采取激励措施，改变消费者行为选择。事实证明，这两种办法都是失灵的。国家严格的发票管理制度，体现在一系列的发票印制、领购、发售、缴销等环节，无论怎样严格的发票环节管理，国家与经营者的信息不对称性始终存在，无法改变。而且管理环节越多、手续越繁杂，信息传递机制就越不顺畅，信息不对称性就越严重，其中任何一个环节出现问题，都会使其他环节受到连锁性影响，这就给经营者可钻的漏洞越多，国家的监管就越困难。征税机关当然也可以从消费者那里获得真实交易信息以解决信息不对称问题，达到依法征收、有效监督的目的。"征税机关从消费者那里获得对称信息的媒介是发票，如果消费者在购买商品或接受服务时要求开具发票，那么商家不开、少开发票，隐瞒销售真实情况的行为就会受到监督，甚至受到惩罚。在这里，消费者向厂商索取的发票（假发票除外）便是税务机关获得的对称信息的载体。"[1] 征税机关对于消费者主动索取发票的激励措施，是以发票被赋予彩票功能来体现的，但在报账功能的冲击与经营者价格折扣的让利中，并未发挥应有的作用，并未根本改变经营者与消费者合谋的局面。如果经营者与消费者合谋的状况不根本改善，即使采用现代化管理手段，如目前国家正努力推广使用的电子信用货币，通过鼓励支付和结算的电子化而逐步减少现金交易，来解决发票管理中的信息不对称问题，恐怕也难以奏效。

2. 激励约束机制失效

信息经济学认为，拥有私人信息的人应当享有一定的"信息租金"。"信息租金"意指贡献其拥有的私人信息的人应当由此获得个人的福利或者好处。如果他不享有"信息租金"，他就会不愿意主动提供私人信息甚至做出"逆向选择"，使整个社会的福利降低。即让人说实话的条件是，说实话时的收益不小于说假话时的收益。通过制度或政策的安排，以提供"信息租金"的激励方式，使私人信息拥有者在不对称信息状态下愿意提供真实信息，信息经济学家称之为"激励相容约束"。[2] 在经济交往活动中，经营者与消费者都是拥有等量私人信息的人，对于征税机关来说，二者都有因此获得"信息租金"的空间。政府为防止二者不正当获取信息租金采取逆向选择行为，实施了各不相同的激励约束机制。

对于经营者来说，政府主要通过日益严格的发票管理的约束机制来实现。严格的发票管理现实中表现为一手硬、一手软的状态。由于增值税自开征以来日益成为我国的主体税种，成为我国税收的主要来源，在管理中就表现为一手硬的状态，但多年来所爆发的大量的增值税偷逃税案，以及许多学者的实证研究均表明，偷逃税从发生的频次到违法获利额与受到的

---

[1] 赵芳：《不对称信息对税收征管的影响》，《税务研究》2003 年第 11 期。
[2] 参见赵芳《不对称信息对税收征管的影响》，《税务研究》2003 年第 11 期。

违法查处概率及惩罚额相比，经营者说假话时的收益往往大于说实话时的收益，以逆向选择获取信息租金成为理性的选择。屡查屡犯、屡罚屡犯的事实表明，这种硬管理手段的约束机制证明是失灵的。对于普通发票的管理，现实中表现为一手软的状态。由于普通发票在全国没有统一的制式，更是造成了监管的困难，假发票的泛滥。有学者因此指出，这种分类管理天平过于倾斜的结果就是，过度厚此薄彼的管理，普通发票违章的查实率极低，使纳税人潜意识中只是特别警惕增值税专用发票的高压线。这样，促使了纳税人肆无忌惮虚开普通发票虚列成本，直接将利润套现，既逃企业所得税，又逃个人所得税的疯狂偷逃税行为。这种管理偏向下的诱使结果就是，所偷税款反而远远高于虚开同样票面金额的增值税专用发票。因为极低的违法成本不仅客观上造成了该偷逃税现象的屡禁不止，更是使该行为变本加厉。如对于最多一倍的违规罚款，如果虚开三张发票被查出一张，反倒赚一张。因此，今天被查实是倒霉，明天继续违章。[①] 不仅如此，增值税专用发票覆盖的不全面性，人为制造了不平等的竞争环境，不仅不利于税款的有效征收，反而诱使更多的发票犯罪行为，最终走向激励机制期望的反面。以原材料销售行业为例，如果卖方不具备一般纳税人资格而不能开票，将面临或者失去交易机会，或者只能由其承担增值税而无利可图的局面。所以，在卖者不具备一般纳税人资格而又不愿失去交易机会的情况下，或者自行承担增值税成本负担，或者另寻他途虚开，从而扭曲真实交易，以致触犯刑律。[②]

对于消费者来说，政府主要采取有奖发票的激励机制来实现。如果发票不用来报账，发票对消费者来说也许是"无用"的，因为在我国实际生活中，发票除了用于报销和大件消费品保修外，对大量的个人消费者而言，要不要发票都无所谓，从直接利益相关性上看，税收的多少对经营者与政府都有直接的影响，而消费者利益不会因为政府多收税而增加，也不会因为销售者少缴税而减少（其实，消费者是间接的利益相关体，根据税收取之于民用之于民的原则，税收的多寡会影响到政府财政转移支付、收入再分配、公共福利的开支等政策。但我国消费者长期纳税权利的缺乏，

---

① 参见管云根《论发票控税》，《现代经济》2008 年第 11 期。
② 参见刘鑫《当前虚开增值税专用发票犯罪的特点、原因与对策》，《犯罪研究》2006 年第 2 期。

更关注直接的、眼前的利益，很少作长远的、深入的思考）。为了激励消费者说真话，更好地监督经营者纳税，国家税务总局于2002年曾颁布下发了《关于大力开展个体工商户建账和强化查账征收工作的通知》（国税发〔2002〕104号）提出开展"有奖发票"活动，实际上起到了给予消费者"信息租金"的激励作用，事实证明也取得了一定的效果。"有奖发票制度发挥作用的前提是消费者能够和税务机关形成有效的联盟。因为消费者是理性的，作为第三方参与人，消费者有其自身的利益衡量标准。必须进行有效的激励才能够切实调动消费者的积极性。然而，商家也熟知这一机制，商家为了不让消费者严格索要税票，就会给予一定的优惠条件。"① 面对发票的有奖性以及可能中奖这种激励的限度性，经营者以价格优惠的应对则更具普遍性、直接性和时效性，从而对消费者的诱惑仍然难以让消费者说实话。② 这样，当经营者同样以向消费者提供"信息租金"（承诺价格折扣）来诱使消费者作出"逆向选择"时，依然难以扭转消费者与政府间的信息不对称状态。

受制于公权能力、资源等，公共机构往往不可能获取充分信息，信息不足常常成为执法障碍。障碍的消解有赖于有效的信息获取路径。"悬赏举报制度作为一种特殊的信息交易制度，通过使知情者提供信息，降低执法机构获取信息的成本，从而提升其执法能力。不仅如此，这种制度的采用还会增加违法者之间的互不信任，增加其防御成本，提升其合作难度。"③ 因此，在一个社会中，如果一个人的行为能被一部分人群以相对低的信息成本观察到，而其他人群观察该行为的成本较高，那么让信息成本较低的人群行使监督的权力就可以大大地节约监督成本。④ 但前提是，必须要有足够的监督激励机制。政府可以引入激励机制促使交易主体告发逃税行为，即设置各种形式的奖励以举报试图共谋的逃税行为。为了使激励机制有效，政府所引入的激励机制是鼓励举报共谋企图，通过卖者或买者的举报，应该正好平衡导致共谋的动机。许多国家的立法（例如意大

---

① 肖文：《我国有奖发票制度的政策效应研究》，西南财经大学硕士学位论文2009年。
② 参见赵芳《不对称信息对税收征管的影响》，《税务研究》2003年第11期。
③ 应飞虎：《公共规制中的信息工具》，《中国社会科学》2010年第4期。
④ Armen alchian, Harold Demsetz. Production, Information costs, and Economic organization. *American Economic Review*, vol. 62, 777—795.

利）都有严厉的关于举报这些共谋动机行为的立法。① 我国目前有奖举报机制的设立就是试图通过消费者维权达到监督纳税人的目的。作为对消费者举报有奖的一个激励机制，实践效果看，不但没有起到对消费者的激励作用，反而起到了更大的消极作用。如，河南洛阳男子任乐亮因索要发票被拒，往返税务局10多次举报，获得举报奖1元。感到受愚弄的任乐亮将洛阳市西工区国税局告上法庭，西工区人民法院开庭审理该案，判决任乐亮一审败诉，驳回其诉讼请求。② 该公民遭遇实际上是制度激励设计机制使然。根据国家税务总局的奖励规定，收缴税款（罚款）在100万元以下，给予5000元以下奖励。参照这个比例，洛阳市西工区国税局收缴了电脑城100元的罚款，给任乐亮1元钱已属双倍奖励。从物质成本上说，为举报这个案件，任乐亮冒着30多摄氏度的高温往返10多次，光坐车就花了50多元。从精神上看，1元奖励实让诚实善良的人感到羞辱。这种制度性激励机制能够激发公民举报积极性吗？

发票监管漏洞与对消费者激励机制的不足，使得处于劣势信息主体地位的征税机关往往依据实际税收的错误信息作出错误的政策选择，更加剧了信息不对称性，不但没有根本解决经营者与消费者逆向选择问题，还将部分合法纳税人也无奈地推向了逆向选择的境地。如，在信息劣势情况下，实行发票和核定定额"双轨制"征收方式，往往事与愿违。这种"双轨制"征税方式，其初衷是为了有效征税，而执行的结果却是自相矛盾的。因为这种"双轨制"的征管办法，实际上默认了不开具发票行为的合法性，在一定程度上纵容了这种行为的蔓延，经营者不开具发票而获得的非法收入也因此变相成为合法收入，偷逃税行为更加严重。征税机关在无法掌握真实交易信息的情况下，在面对大量的税收流失无法保障财政收入的前提下，为了有效获得税收收入，保障财政收入，可能通过制定不合理的高税负的税收政策来实现财政的目的。如，我国商业部门1993年5月前征收3%的营业税，1993年5月调整为5%，1994年税改后再次调升至6%。不到两年的时间，征收率提高了一倍。"在我国商业行业近年

---

① Luigi Mittone. Motivations and collusion among agents in the evasion of indirect taxes: an experimental approach, Trento: Paper of University of Trento, Computable and Experimental Economics Laboratory. 2002: 204.

② 王军荣：《1元奖励背后的制度性羞辱》，《中国新闻周刊》2011总第534期。

来已进入买方市场之后,价格大战硝烟四起,竞争相当激烈,毛利率大幅下降,有些本大利薄行业的毛利率甚至低于税收征收率,一些企业到了非'偷逃税'便难于生存的地步。国务院从1998年7月起将商业小规模纳税人的征收率调低至4%后,上述情况才有一定程度的缓解。由此可见,在一定程度上,高税负反而刺激了纳税人偷逃税的欲望。"① 因此,基于信息不对称作出的错误税收政策起到了反向激励的作用。有学者因此指出:忽略问题产生的根源,而将着力点始终放在"征"与"管"手段和方法的运用上,尽管"以票管税"或"以票治税"的初衷是好的,但片面注重"征"与"管"而忽视"票",或仅仅关注发票能否充分全面反映真实的税收信息颇值得怀疑。②

(二)基于均衡理论的分析

1. 发票功能制度设计的不均衡性

经济学中一般有两种均衡,一种是"数量均衡",即:对立的变量在数量上正好相等,经济学中的很多均衡都是指这种数量均衡,比如供求均衡,科斯提出的企业规模的边界的均衡其实也是一种数量均衡,即采用企业生产模式的边际费用和采用市场交易的模式的边际交易费用相等的状态是企业规模均衡的条件,这实际上是一种数量的均衡。另一种是"行为均衡",即对立势力中任何一方都不具有改变现状的动机和能力。制度均衡是一种行为均衡。制度的需求目标和制度的供给目标一致或相近时,达到制度均衡。这种制度在有效发挥时,表现为:一是使制度中交易主体信息较为对称,从而尽可能降低交易费用;二是制度的运行能够协调交易参与者的地位,从而尽量避免占有优势地位的一方在交易中获得不对等的收益。

我国目前的发票功能制度设计中,基本功能与延伸功能之间是失衡的。在发票只承载基本功能时,交易主体间信息是对称的,基本功能的运行能够很好地协调交易参与者的地位,双方的交易行为是均衡的,任何一方都没有在交易中获得不对等收益的可能,因而发票记载的交易信息只能是真实的。发票延伸功能的设计,交易主体间信息的对称状态被打破了,基本功能与延伸功能的并行发挥,使交易主体间行为的均衡性有可能遭到

---

① 赵芳:《不对称信息对税收征管的影响》,《税务研究》2003年第11期。
② 参见赵芳《不对称信息对税收征管的影响》,《税务研究》2003年第11期。

破坏，就可能出现占优势信息地位的一方在交易中获得不对等收益。发票延伸功能的发挥，之所以使交易主体间行为均衡性有可能而不是必然遭到破坏，是因为可以同时设计其他制度克服这种不对称信息以实现制度的均衡运作。比如，同样作为延伸功能的税控功能，在西方，能与基本功能协调发挥作用，在我国，却导致基本功能及其自身功能的异化。这是因为西方税控功能的设计与我国根本不同：一是以票控税功能没有我国那么强大，除利用发票控税外，还同时利用账簿控税，大大减低了发票控税的负担，从而减轻了利用发票偷逃税的强烈动机；二是政府只是通过监督交易活动过程，实现发票控税，并不介入发票管理，这既没改变发票初始的本质内涵，又大大简化了监管环节，为成功利用现代化监控手段（交易的电子化程序追踪）增加交易过程的公开性、透明度，从而最大限度地遏制经营者偷逃税动机提供了可行的解决办法。同时，政府还通过长期的纳税人权利意识的培养，使消费者更多地从公共福利享有者的角度最大限度地减少与经营者合谋的动机；三是政府没有设计项目拨款使用的发票报账功能来诱使消费者与经营者的合谋行为。因此，在西方，政府在发票税控功能设计制度上是双向度而非单向度的，既有对经营者不对称信息的制度克服，又有对消费者不对称信息的制度克服，而且在不对称信息制度克服中，尽量避免二者有共同利益取向的合谋行为的出现。因此，这样的制度设计，使占优势信息地位的主体获得不对等收益的机会大大降低了，即便因此获得了不对等收益，由于监管环节少，交易过程公开、透明，被查处的概率很高，处罚非常严重，其因此承担的违法成本也是十分高昂的。反观我国，发票税控功能的发挥，不仅改变了发票初始的本质内涵，而且国家对发票的严格管理，既没有克服经营者与征管机关之间的不对称信息，也没有克服消费者与征管机关之间的不对称信息，加上报账功能对税控功能发挥的干扰，二者有强烈的共同利益追求的合谋动机，不对称信息不但没有克服，更是加剧放大了。这样，现实中表现为延伸功能与基本功能的冲突性运作，而在立法制度设计中，非但没有调整、弱化甚至取消延伸功能以确保基本功能的发挥，反而更是强化延伸功能，事实表明，这种制度设计上的不均衡导致的交易主体行为的不均衡只能使发票各项功能发挥更加紊乱。更加紊乱的发票功能，会使信息优势主体（经营者、消费者）在交易活动中获得更多的非法信息租金，给国家带来更大的损失。

　　同西方比较来看，我国在设计发票型税控功能时，增值税控功能与非增值税控功能是失衡的。将增值税纳税人分为一般纳税人和小规模纳税人的税法制度设计，赋予前者领购、使用增值税专用发票的资格，造成在使用发票进行税款抵扣方面，人为制约了纳税人在市场经济条件下的平等竞争。二者之间的税负不平等，必然导致商品流通时利益上的冲突。① 罗尔斯在其《正义论》中指出，财富和收入的分配必须符合机会平等原则。② 制度所造成的机会不平等从而导致收益分配的不平等，必然会使被制度排斥在外的人寻找自身利益最大化的途径，而这往往扭曲了现有制度的安排。

此外，由于我国过于重视增值税控功能的作用，因而将之冠以"专用"的名号，税务机关也因此特别重视对增值税的监管，而对于其他非增值税在监管力量有限的情况下某种程度上放松甚至是放任了监管，由此导致两种税控功能监管的失衡。现实中对发票的管理表现为一手硬一手软的局面：对增值专用发票的管理，税务部门已经建立起了以信息技术为依托，覆盖全国的、统一的、比较先进和完善的增值税发票管理系统，管理的全过程以信息化为主。而对普通发票的管理，全国各地之间、国税与地税部门之间还处于"诸侯割据"、以手工操作为主的状态。管理手段的不同表现为监管模式的不同。税务部门除对增值税专用发票实行了较为严格的比对检查、建立起"税务部门—发票开具单位—发票接受单位"三元相互制约的高效制衡机制外，对普通发票的监管还是"税务部门—发票开具单位"二元制约模式，对纳税人开具出的普通发票的审查，只限于在发票"以旧换新"时，就留存的存根联进行粗略的常识性检查，基本上放弃了对纳税人开具出的普通发票的比对，为纳税人与发票接收单位共同利用发票大肆偷、逃国家税收提供方便之门。这样，一方面那些被排斥在合法享用增值税抵扣制度的纳税人千方百计利用发票监管上的漏洞变成合法的增值税纳税人，享受"专用"带来的优惠的好处，从而造成大量的税款流失；另一方面，由于放松或放任其他非增值税监管，使得非增值税纳税人轻松实现偷逃税目的，更进一步放大了税款流失的损失。现实生活

---

① 参见刘鑫《当前虚开增值税专用发票犯罪的特点、原因与对策》，《犯罪研究》2006 年第 2 期。

② [美]约翰·罗尔斯：《正义论》，何怀宏、何包钢等译，中国社会科学出版社 1988 年版，第 102—103 页。

中，只重视对增值税专用发票的管理而轻视对普通发票的管理，割裂了增值税专用发票与普通发票之间的有机联系。一方面，普通发票中的运输发票、农副产品收购发票、废旧物资收购发票对增值税一般纳税人准确核算应纳增值税额起着非常重要的作用。另一方面，增值税专用发票违法行为与普通发票违法行为往往互相渗透、相互促进，普通发票违法的严重性已经不亚于增值税专用发票违法。正如有学者分析指出，"目前我国对增值税一般纳税人管理已经形成较为有效的监控机制，但仍有占全部纳税人比重约90%的小规模纳税人尚未纳入防伪税控系统管理，这部分纳税人对税务机关来说，尚属监管的薄弱环节。"①

2. 发票交易主体权义的不均衡性

制度的不均衡直接反映为交易主体行为的不均衡，行为的不均衡直接体现为权义的不均衡。在发票只承载基本功能时，经营者开具真实发票既是其权利，亦是其义务。权利是就经营者自身而言，因而具有个性、自由性特点，义务是就他人而言，因而具有社会性、责任性特点。权利与义务的统一，是个性与共性、自由与责任的统一。如果没有任何能够影响行为逆向选择的利益空间的存在，则对于任何行为主体来说，权义都是均衡的。在发票税控功能产生前，没有任何税收利益的空间，经营者与消费者对于发票真实交易信息记载的追求是共同的、唯一的。发票税控功能的设计，其本身目的是为了实现交易主体权义的均衡。正如有学者分析指出的，"纳税人在国家与社会的双重组织生活中体现出一种个性与共性、自由与责任、权利与义务的和谐统一，在根本上表现为纳税人与政府在公共产品和社会安全等总体利益上的有机联结，表现为纳税人高度的角色意识、社会责任感和公共精神，使纳税人得以实现权利与义务的统一。"②但现实中，发票功能设计制度的不均衡，既表现为发票基本功能与延伸功能之间，也表现为延伸功能之间，使得交易主体行为不均衡，根本破坏了交易主体权义的均衡性，使得税收不能在个性与共性、自由与责任的失衡中实现和谐统一。

3. 发票交易主体收益成本的不均衡性

当行为主体间明显表现为利益冲突时，解决的内在规则往往就是利益

---

① 皮本固：《网络发票在涉税信息有效监控中的作用》，《税务研究》2008年第4期。
② 杨力：《纳税人意识：公民意识的法律分析》，《法律科学》2007年第2期。

成本的衡量。所谓成本，主要是指为了获得某种收益而必须为之付出的代价。从纯经济的角度看问题，收益大于成本的预期是人们行为的基本出发点，因而是人类社会的首要理性原则。交易主体权义的不均衡直接导致了各主体收益成本的不均衡，加剧了税款的流失。"在评价税收制度的效率时，既要考虑政府管理税收的成本，也要考虑纳税人遵从税收制度的成本。"①

就征管机关来说，存在着征管机关的征收成本与实际税收不均衡问题。"2005年，美国联邦税务局（Internal Revenue Service）每征收100美元税收所花费的征税成本仅为44美分。而在我国，1994年税制改革形成了国地税两套班子后，税收征收成本一直较高，而税收入库率则很低，税收流失严重。"② 如果每年政府税务征管部门实际征收入库的税收收入明显低于按照税法规定标准应该征收到的税收收入（可以理解为潜在的税收收入），表示政府的实际财力支付能力与其理论上的税收能力之间存在相当的差距。这一差距大体上可以代表政府的税收流失程度。以2002年的数据进行估测，增值税流失率（应收未收收入对应纳税额的理论税基的比率）为62.51%，个人所得税流失率为30.49%，关税流失率为66.59%。③ 国际货币基金组织专家对我国税收流失情况的估算结果是：增值税流失率为44%，所得税流失率为79%，关税流失率为56%。④ 以税收能力指标进行纳税能力估算，增值税征收努力为64.17%、营业税征收努力为62.84%⑤，表明了很高的征收成本却依然是很高的流失额。

如果监管发票没有实现国家征税的职能，如果监管成本高于诚实纳税人集体付出的税负代价，本身即是监管策略上的失败。"税务当局为了防范和追查少数对象不确定的虚假发票逃税行为而不断地从严管制发票，加大了发票操作的复杂性和成本，是否轻视了普遍纳税人的利益。那种增加纳税人发票与申报技术难度的过激行政方式，令纳税人和税务操作层面的

---

① Turnier, William J. Designing an Efficient Value Added Tax, *Tax Law Review*, Vol. 39, Issue 4 (Summer 1984), pp. 435—472.

② 梁俊娇、王颖峰：《美国联邦税务局的内部机构设置及对我国的借鉴》，《中央财经大学学报》2009年第4期。

③ 郝春虹：《中国税收流失规模估测》，《中央财经大学学报》2004年第11期。

④ 梁朋：《税收流失的经济分析》，中国人民大学出版社2000年版，第44—48期。

⑤ 刘新利：《税收分析概论》，中国税务出版社2000年版，第151、187页。

失误频率增加,增加了纳税人非税式成本负担和税务管理的沉默成本。"[①]在当前的发票管理制度下,全国纳税人每年需要支出发票工本费用数百亿元,而税务机关也需要将大量的人力、物力和财力投入到对纸质发票的管理。[②] 税款流失控制不力,使得监管成本的增加并未带来更多的税收利益,监管收益与成本严重失衡。我国征税成本很高,1994 年分税制改革以前,我国征税成本 3.12%,1996 年 4.73%,目前达到 5%—8%,有关调查研究发现,一些基层部门征税成本近 50%。而在西方许多国家,征税成本是很低的,如美国 0.58%、新加坡 0.95%、澳大利亚 1.07%、日本 1.13%、英国 1.76%。如果制度设计本身有问题,即使采用了先进的技术手段,恐怕制度设计本身的漏洞非但难以使先进的技术手段发挥应有的作用,可能还会因先进技术手段的采用徒增额外的成本。如,关于税控功能失灵的问题,有不少学者都建议采用西方现代化税控手段,即无纸化电子计算机交易形式,试图使交易更加公开、透明,达到有效制约经营者不法开票行为的目的。甚至早在 20 世纪 90 年代中后期,我国就开始试行在全国 50 个城市设置三大计算机监控系统,即专用发票计算机交叉稽核系统;百万元版专用发票防伪、交叉审核税控系统;专用发票被盗或丢失报警系统等达到税控的目的。但实践证明这些监控制度依然是失灵的。制度设计的失灵在于没有考虑西方税控功能与我国税控功能的本质不同:如果我们依然不解除政府进行严格"发票"管理的方式,不进行纳税人权利意识的培育,不解除经营者与消费者强烈的合谋动机,则即使是采用与西方同样先进的技术手段,也难达到同样的效果,只会是东施效颦。正如学者指出,"现实地讲,在政府组织与管理社会活动中,在制度建设不到位,法律制度不完善或执行不严肃的情况下,交易成本难以控制在有效程度,在交易成本控制不当时,同时技术成本也就无法控制到有效程度;反之,在技术落后,同时技术又不能充分利用的情况下,不仅政府组织管理的技术成本非常高,而且也反映在交易成本方面居高不下。"[③]

就经营者来说,存在着违法成本与违法收益的不均衡。在评估任何税的影响时的一个重要因素就是要评估该税的遵从成本。税的遵从成本既可

---

① 李晓彬:《对"以票管税"的理性思考》,《理论界》2005 年第 12 期。
② 皮本固:《网络发票在涉税信息有效监控中的作用》,《税务研究》2008 年第 4 期。
③ 何翔舟:《论政府成本》,《中国行政管理》2001 年第 7 期。

以反映税的公正，又可以反映该税在全国的影响。① 几乎所有的建立在经济犯罪模型上的税收遵从理论研究均认为，一个人会最大化其机会主义逃税效用，在成功欺诈所获得的逃税效益和因欺诈可能被查知和惩罚的逃税风险之间进行权衡。一个人支付税款仅仅因为害怕被查知和惩罚，并且支付的税款额将随着罚款或审计率的增加而增加。对于大多数逃税者来说，如果他们是理性的，而审计和惩罚率水平是如此之低，以至于欺诈不可能被发现和受到惩罚，则他们必然选择逃税。② 人的个体理性并非必然集合为集体理性。有理性的、寻求自我利益的个人不会采取行动以实现他们共同的或集团的利益。③ "当个人收益最大化的心理偏好大于社会边际收益时，有限理性和机会主义动机必然会促使偷税行为的发生。"④

在我国，税收不遵从成本很低。一方面发票管理中的大量漏洞，使得经营者偷逃税预期收益很高。"从虚开增值税专用发票犯罪活动来看，其间蕴藏的经济利益是相当大的，对于为他人虚开发票者来说，一般可获取票面金额4%左右的开票费，也就是说每虚开100万元的增值税发票，就可获利4万元左右；对于让他人为自己虚开进项发票者来说，则可用以抵扣税款，从理论上讲，每接受100万元虚开的进项发票，即可获得17万元的巨额利润。"⑤ "在这种环境之下，一旦有易于做手脚取得利益的办法推行，许多纳税人就有动机试图利用之达到少缴税款、轻易地取得利益的目的，从而置税法规定于不顾。当这种状况达到一定范围和规模时，特别是蔓延开来时，就会出现法不责众、难以有效控制的局面。"⑥ 另一方面税收执法不严，使得经营者偷逃税被查处处罚的预期成本很低。这是因

---

① Parker, Seth K. Compliance Costs of the Value-Added Tax, *Taxes-The Tax Magazine*, Vol. 54, Issue 6 (June 1976), pp. 369—380.

② James Alm. Tax Evasion. http：//www.urban.org/books/TTP/alm.cfm, 2012 年 3 月 21 日访问。

③ [美] 满瑟尔·奥尔森：《集体行动的逻辑》，陈郁、郭宇峰等译，格致出版社、上海三联出版社、上海人民出版社1995年版，第2页。

④ 邵学峰：《政府税收质量：不同经济发展水平国家比较分析——兼论我国税收制度及其目标模式》，吉林大学博士学位论文 2004 年。

⑤ 刘鑫：《当前虚开增值税专用发票犯罪的特点、原因与对策》，《犯罪研究》2006 年第 2 期。

⑥ 杨斌：《西方模式增值税的不可行性和中国式增值税的制度设计》，《管理世界》2001 年第 3 期。

为，我国一向都缺乏严格遵守法律的传统。有学者研究指出：我国不存在严格遵守法律的传统，处理与别人的关系以是否合乎人情为最高准则，税法的执行也是如此。那些所谓"明智的纳税人"，为防止违法事实被揭露带来的声誉及财产损失，需要建立利益共同体并设法逐步强化稳固，往往在其营业活动一开始就与税务执法人员和其他有关政府官员保持着密切联系，因此，人们对违反税法遭受处罚的预期成本是很低的。① 如果税法的执行严格，税务违法的处罚严厉，不存在法律问题解决上的人情关系习惯，则对违章处罚的很高预期成本，将使人存在普遍的惧怕心理，那就是一旦偷逃税被发现不仅因无人情关系而被罚得倾家荡产，还可能会成为舆论界的众矢之的。②

理论与实践均表明，较强的执行力会增加税收遵从度。充分而严厉的惩罚与查账率的增加会实质上减少逃税。相反，低执行力易产生较大程度的税收不遵从。③ 但是，在我国，长期以来，人们违法的预期成本低与税务执法不严是并存的，这种局面对于那些专门制售假发票的不法经营者来说，则是一本万利的事情。例如，2010年南通市破获的一起假发票制售大案中，一本50张的餐饮业定额假发票，从浙江苍南某印刷厂出厂时只有3元多，批发给下线大约15元，经过三四道手的转批，卖给饭店时就是近50元一本。而空白的机打假发票赚钱的空间更大，从广州进货时8元钱一份，收益来自代开假发票提取的手续费，通常按照票面金额的1%左右收取。警方在一处窝点的假发票存根上查到，金额最高的一份发票是替本市某大型建筑企业开出的，票面金额为600万元。以此推算，票贩子就能赚取6万元手续费。假发票从生产环节到使用者手中，经过层层加码，利润高达十多倍甚至百倍以上。④

4. 发票交易主体之间权利相互制衡机制不足

在我国目前发票功能制度设计中，发票交易主体之间的权利设计是失

---

① 参见杨斌《增值税制度设计及运行中若干重大问题研究》，《财贸经济》1995年第12期。
② 参见杨斌《西方模式增值税的不可行性和中国式增值税的制度设计》，《管理世界》2001年第3期。
③ James Alm. Tax Evasion. http：//www.urban.org/books/TTP/alm.cfm，2012年3月21日访问。
④ 施莺：《3亿元假发票大案暴露庞大买方市场》，《南通日报》2010年5月19日第A04版。

衡的。在国家尚未介入发票管理，发票只具有基本功能，即证明功能、会计核算功能与维权功能时，交易主体间的权利是相互制衡的。证明功能同时衍生了之于经营者的会计核算功能，之于消费者的维权功能，在没有税收利益的诱惑及交易信息对双方对称的前提下，开具发票与受领发票同时满足经营者与消费者的权利要求，从而达成权利相互制衡。在国家开始介入发票管理，发票开始承载税控功能、报账功能、彩票功能等延伸功能时，由于延伸功能的制度设计理念在于国家税收利益的实现，对于基本交易主体之间的利益需求予以忽略，对经营者表现为不是出于简便、易行的征管服务手段的运用，对消费者表现为不顾维权功能是否能够实现。这种重点关注国家税收利益、忽视纳税人利益的功能制度设计使得当初基本交易主体不同利益需求的权利相互制衡机制转向了共同利益需求（税收）的权利失衡状态。在国家与经营者及消费者交易信息的不对称状态中，国家既没有有效的手段监督经营者的真实交易行为，又没有促使消费者对经营者真实交易信息供给的有效制约机制，则经营者与消费者共谋税收利益的好处显然大于消费者制约经营者的利益好处。作为同为纳税人的经营者与消费者，在西方，发票功能的制度设计主要是通过首先服务于纳税人，从而服务于政府税收的这样一个双向利益制度设计。在这样的一个双向利益制度设计中，政府对经营者的服务体现为征管中的尽量简便、易行原则，所有的监管手段、监管方式集中体现为对经营者真实交易行为的监管，从而达到"控税"的目的。政府对消费者的服务体现为基本权利的保障，不仅表现为纳税知情权的获取，更表现为维权的有效实现。这种以服务纳税人权利，从而达到政府税收实现的制度设计，一方面通过政府权力有效监管了经营者，另一方面通过消费者维权功能的有效发挥制衡了经营者权利，更重要的是营造了政府与纳税人之间的合作而非对抗的和谐税收局面。例如，美国各级政府及税务部门十分注意维护纳税人的合法权益。税法规定，纳税人的下列权利应当得到尊重和保护："一是有权获得有关纳税方面的信息和协助；二是有权在征税上获得公平的待遇；三是有权得到礼貌的对待，而不仅仅是因为税款；四是有权被看作是一个依法诚实的纳税人；五是有权安排自己的事务，合法地纳税；六是有得到税法肯定解释的权力；七是有隐私权和保密权；八是有权对税务机关的决定进行上诉。"①

（三）基于寻租理论的分析

发票延伸功能的设计，赋予税务机关日益严格的发票管理权力，导致征纳寻租合谋市场的形成、扩大与加剧趋势。政府对发票的管理由最初的手工开票到电脑开票，再到加密防伪系统管理的转变，体现了日益严格的管理化趋势，典型的如国家金税工程的实施。但现实来看，假发票市场并未因此缩小甚至消失，却出现了扩大甚至加剧趋势。由于采用电脑防伪、加密系统，而且必须许多部门协调合作完成，造假非以系统内部人员与不法分子配合不能完成，所以，以往不法分子单独造假的行为虽然得以遏制，却开辟了新的由内部系统人员与不法分子相配合的征纳寻租合谋市场。例如，1994年，几乎与增值税改革同期进行的，是增值税防伪税控系统（后来发展为金税工程）的建设，2000年后，这套开票系统开始在全国试点推行使用。后来的事实表明，防伪系统的推广，使隐藏在税务机关的"内鬼"成为不法分子打开国库大门的有力推动者。随后查处的几起大案要案均证明了，随着金税工程的覆盖，所出现的虚开大案要案，都是内外勾结的结果。② 再以长沙"1·13"特大制造、贩卖假发票、假完税证案来看，关键在于地方政府基于增加财政收入的考虑而制定的所谓"引税"政策，诱发了内部人员与不法分子的合谋行为。"当经济发展本身成为最高目标受到极度重视而把调整人的行为和控制人的奢望摆在次要的地位时，社会就会出现长期的反常状态。"③ 由于地方政府要增加财政收入，给各个部门下达了"引税"指标，并将该指标与领导政绩、职务任免、工作人员的年终奖金等直接挂钩考核，致使征纳寻租一拍即合，再先进的防伪系统面对"内鬼"时也会即刻土崩瓦解。这种内外勾结带来的直接与间接损失都是无可估量的。在该案查处中发现，许多内部人员的配合制假行为由于政策的原因，竟然是"合法"行政行为。其中查处的四张假发票，三张牵涉到地方政府违规"引税"，反映了某些地方党政领导为了"引税"，采取行政命令甚至胁迫手段，促使政府工作人员前往火车站购买假发票的情况。对于这种"合法"引税的行政行为，查处的难

---

① 孙承：《美国税收征管的几个显著特征》，《吉林财税》2000年第1期。
② 王祺元：《增值税专用发票十年回眸》，《中国税务》2004年第7期。
③ [美] 路易丝·谢利：《犯罪与现代化》，何秉松译，中信出版社2002年版，第20页。

度可想而知。这种"引税"政策导致的征纳寻租合谋，既满足了地方财政的需要，又满足了政府官员及工作人员政绩、职务及奖金的需要，还使不法分子造假轻易得逞。① 造假的手段在"内鬼"的配合下是十分隐蔽的，国家的损失却是巨大的。有学者因此指出，一些地方单位、部门从局部利益出发，导致一些政府工作人员把骗税作为个人大发横财的手段，将利用增值税专用发票进行骗税的企业作为地方财政增收的部分来源。一旦地方保护主义及一些腐败分子充当不法分子的"保护伞"，必然导致"腐败保护犯罪，犯罪助长腐败"的增值税发票犯罪屡禁不止的恶性循环。②

征纳寻租行为面对法律监管的软弱无力肆无忌惮。在诸多的税收法律和法规制度中，大量未做明确规范的条款和未做严密监督的权力给了某些官员以临机处置的用武之地。社会上频繁的公共关系活动同相对而言税收法律法规上存在着的自由裁量空间相配合，营造出了一个可观的征纳寻租市场。征纳寻租市场的形成更复杂化了政府监管工作，在更加增大征税机关的征管成本的同时，更加增大了纳税人违法预期收益，从而更恶化了其违法行为。"征纳寻租虽然是一种所谓的非生产性活动，但所产生的'效益'却是惊人的——将寻租的投入和官员提供给的垄断利益作比，一般的利润率水平难得有这样高的回报。"③ 因此，现实中，纳税人往往有意识地通过拉关系、走后门、请客送礼、行贿、聘请在职税务干部做税务顾问、许诺给以内部职工待遇、报销税务人员的特定开支等形式同税务机关中某些岗位上的税务官员建立相当融洽的非公务关系，以直接或间接地谋求涉税好处（少纳税、少检查、少罚款、减免税、获取退税或抵扣资格、优先享受税收权益等）。税收寻租主要表现在：税务执法人员弄权设租，税务执法部门集体寻租，企业主动承租、寻租。寻租过程实质上是一种利益交换的过程。利益的诱惑在促使企业等经济主体向税务人员承租的同时，也引诱税务人员为了谋求个人利益而不正当地运用税权进行设租。在利益最大化原则面前，税务执法人员也同样面对物质利益的渴求日益强化。在共谋获益机制面前，没有人能够幸免。④

---

① 参见欧阳艳飞、向波《围剿国脉"抽血机"——长沙"1·13"特大制造、贩卖假发票、假完税证团伙案侦破始末》，《啄木鸟》2006 年第 3 期。
② 参见陈飞《增值税专用发票虚开乱象及治理》，《现代商业》2010 年第 33 期。
③ 李胜良：《论税收征纳关系下的寻租现象》，《税收与社会》1998 年第 6 期。
④ 参见乔应平《税收寻租行为与治理对策》，《广东审计》2000 年第 9 期。

本章小结

交易自治型发票是以交易内容为唯一判断标准，其法律属性是由交易的事实属性决定的，因而保证了发票事实属性与法律属性的一致性。我国发票管理的立法制度设计，表明了发票的政府识别型特点。政府识别型发票不仅在于交易内容，更在于交易形式的首要重视。由于政府对市场交易自治型发票的选择性识别，使其法律属性与事实属性发生偏离，二者冲突不可避免。表现为：合法性与原始性的冲突、原始性与真实性的冲突、真实性与税控性的冲突、税控性与特定性的冲突。

在中国，交易事实与发票形式两相结合，通过对发票的形式审查间接确认交易事实的真实性。问题在于，交易事实与发票的形式记载之间可能脱节，导致发票的形式记载失真或发票的记载内容失真。政府识别型发票制度颠覆了自发市场经济秩序下的先交易、后发票所表现出的交易与发票的关系，由于政府对发票式样的统一设计和管理，必然出现先发票、后交易的情形。这样，先发票、后交易所表现出的交易与发票的不对应性关系，就不仅仅是真交易与假发票这样一种状态，还大量存在着假交易与假发票、真交易与无发票、假交易与真发票这样的交易记载与发票行为关系。这种发票制度，试图通过发票形式审查间接确认交易事实的真实性，由此却发生了假发票的滋生；交易事实虚构下的新型发票造假；实施偷逃税产业化；发票报销掩盖不正当资金支出；消费者维权陷入困境等一系列交易与发票关系的现实背反问题。

现行发票，由于立法制度设计上没有同时满足不同使用者的均衡化利益需要，导致了发票功能的冲突。基于法理视域的分析，我国现行发票功能冲突表现为：延伸功能的公平性遭到破坏；发票功能合力运作的秩序性"失序"；政府发票管理权力的正当性依据"不足"。基于经济学视域的分析，在信息经济学领域，现行发票功能冲突表现在：交易信息传递机制失灵、激励约束机制失效。在均衡理论领域，现行发票功能冲突表现在：发票功能制度设计的不均衡性、发票交易主体权义的不均衡性、发票交易主体收益成本的不均衡性、发票交易主体之间权利相互制衡机制不足。在寻租理论领域，现行发票功能冲突表现在：以往不法分子单独造假的行为虽然得以遏制，却开辟了新的由内部系统人员与不法分子相配合的征纳寻租合谋市场，这更导致了征纳寻租合谋市场的形成、扩大与加剧趋势。

发票功能的冲突带来了发票功能秩序的混乱，主要表现在三点：一是多样的发票功能不能同时实现，破坏了发票功能的层次性秩序。基本功能中的维权功能通常是潜在的、未来的，因而是很少发生的，而报账功能则是现实的、眼前的，当报账功能实现的时候，一旦日后发生产品或服务质量问题，则维权功能难以实现；同样，博彩的投机心理，也往往使消费者将发票的维权功能让位于彩票功能，一旦中奖领取，则日后维权同样受阻。在人们将延伸功能的实现作为第一要义，基本功能的实现不再重要时，发票功能的层次性遭到了破坏，给人以发票的基本功能可以没有，发票的延伸功能不能没有的假象。二是法制性经济秩序受到质疑。纳税具有义务性、自觉性、合理性，纳税管理具有合法性、严肃性、责任性，税控功能与彩票功能的并存，将基于博彩的投机心理纳入到税收及其管理中的时候，将使经营者与税务机关的关系由先前的自觉性、和谐性、必然性的培养导向了强制性、对立性、偶然性等一系列的矛盾之中；同时将消费者与税务机关的平等关系转变为消费者对税务机关的依附关系，这种依附性不是来源于消费者的自觉自愿性，而是偶然的投机心理，这种可能中巨奖的投机性不但无助于消费者索取发票的自觉性的培养，却更加助长其投机心理。良好的经济秩序不是依靠法制手段，而是依靠投机心理，其能否长久地持续稳定运转颇值得怀疑。三是基本功能的决定性地位受到挑战。因基本功能的客观性，中西方历史发展上表现出的发票的基本功能都是同样的。从延伸功能所表现出的主观性、偶然性特点看，各国发展却是不同的，如税控功能，西方国家一般都没有以政府对发票内涵重新界定的方式对发票实施垄断管理，而我国表现出很强的政府垄断管理的特点。延伸功能的主观性还表现为其发展空间的无限性，从现实发展看，我国现在的延伸功能无论从数量上还是发挥的作用上都远远超过了基本功能，其所带来的现实问题就是，无论是政府、经营者还是消费者都日益重视延伸功能的实现，将基本功能置于延伸功能的从属地位。这种本末倒置的功能秩序带来的后果是：延伸功能不但没有取消或改进，还出现日益添加的趋势；日益添加的延伸功能由于其主观性需要的首先满足，带来了功能秩序更大的混乱性；在日益注重延伸功能首要实现的同时，基本功能的决定性地位被根本性颠覆。

第三章

交易自治型发票与政府识别型发票的功能差异

第一节 西方的交易自治型发票

一 市场自生自发秩序与交易自治型发票的产生

历史地看，市场是应交易发展扩大的需要而产生，因此，从人类最初原始的物物交换始，就孕育了市场诞生的种子。随着人类社会财富的极大丰富、产品剩余所催生的多样化交易需求，刺激了商业流通的日益活跃，经常性的交易需要对固定化交易场所的渴望，产生了集市这样可称之为早期市场的交易场所。因此，市场不仅是指商品交换的场所，确切地说是集中交易的场所，这种集中交易性表明了交换的规模性。有学者在对市场的起源加以研究后指出，集会集市是市场的原始形态，交换借助于集会形成"集会集市"，集会与集市分离形成集场，集场在时空与规模上的发展，推动了城堡的产生及城与市的融合，这是现代市场形成的根源。[①] 因此，城市化的产生和发展诞生了我们称之为现代化市场的产生和繁荣。如果从经济全球化的视角，交易是世界性的，世界则是最大的终极意义上的现代化市场。因此，从现代的观点看，交易无处不在，市场就无处不在；交易和市场是共生共存的关系，有交易的地方就有市场，有市场的地方就有交易；交易以市场为依托，市场以交易为存在。

显然，交易的需要孕育了市场的萌芽，交易的经常化与规模化催生了固定交易场所的需要，演化出了我们今天所称之为的市场。从中西方的历史演进看，从偶然的交易、经常化的交易，乃至交易的集中化、规模化是

[①] 参见龙建民《市场起源论》，云南人民出版社1988年版。

社会财富积聚的必然结果,是经济发展、生产力进步的一种内生力量,它的孕育、产生和发展,从来都不是什么外部力量的推动。

从交易产生起,就有了记载交易内容的凭证,当中西方将这种记载凭证先后都不约而同地以一种约定俗成的方式记载,如交易主体、品名、金额、时间、地点等,这种记载凭证才开始称之为我们现代意义上的发票(前已述及)。交易自古至今的发展表明,无论是依托早期集市的发展、近代城市的发展,还是当代世界的发展,交易的自发性,即是否交易、何时交易、交易什么等都是交易主体之间的自愿安排,由此决定了发票的记载内容。如果说交易的发生决定了交易的内容,则对交易内容记载的凭证——发票,仅仅是一种交易记载的形式载体。交易的自主决定性安排契合了市场的自生自发秩序,决定了在这一秩序下的发票从一产生就不是特指形式意义上的,或者说发票仅仅作为交易内容的记载形式,其真实性来源于内容而不是形式。因此,发票的内容既然是交易主体市场化交易的结果,则发票的真假也就不需外力的介入再行形式上的真假识别,只要记载了交易内容的任何形式的凭证都可称之为发票。交易主体交易的市场自发性,决定了记载交易内容的形式载体的自愿安排性,表明了发票的形式多样性特点。发票的真实性在于记载内容而不在于形式,或者说只要记载了交易内容的凭证,任何形式都是真实的,这种自发的市场性,使发票一产生就具有直接确认的特点。

二 契约精神与交易自治型发票

(一) 西方自然法中的契约思想

所谓契约,乃平等主体间意思表示的合意状态,立基于平等、自由思想的产生。在西方的自然法中,很早就有了关于平等、自由、权利等思想。斯多葛派思想家芝诺认为,自然法就是理性法,人作为宇宙自然的一部分,本质上是一种理性动物。由此斯多葛派学者将理性作为一种遍及宇宙的普世力量创立了一种人人平等原则的世界主义哲学。他们深信,人在本质上是平等的。斯多葛派关于自然法和平等观念的那种人道主义思想发展,对后来罗马法的发展起了深远影响。作为古罗马伟大的法学家和政治家,西塞罗则像斯多葛派哲学家一样,倾向于把自然和理性等而视之。[①]

[①] 参见[美] E. 博登海默《法理学——法律哲学与法律方法》,邓正来译,中国政法大学出版社 2004 年版,第 16—24 页。

受斯多葛派自然法思想影响的罗马法则宣称所有的人生来自由，由此奠定了最初的意思自治的契约思想。因此，契约的思想以私法自治中的自由思想为核心，始于以平等和私法自治为终极目的的罗马法。契约的意思自由和形式自由构筑了罗马法中契约自由的基本内容，体现了对个人意思的充分尊重。意思自由是指缔约自由、选择相对人自由、交易内容自由等，形式自由则指当事人选择意思表示载体的自由。契约的形式自由，是契约自由原则不可或缺的要义。中世纪欧洲步入了教会法统治时期，此时商品经济虽已不复存在，但"罗马法的大量概念和规则被接受过来，尤其在财产、继承以及契约等事务方面"。① 推动近代资产阶级革命的17、18世纪的古典自然法，以洛克、孟德斯鸠、卢梭为代表，所提出的自由、平等、权力制约、人权的思想更为意思自治原则的贯彻奠定了深厚的理论基础。洛克认为，人的自然状态乃是一种完全自由的状态，人们能够以他认为合适的方法决定自己的行动和处理他们的人身和财产，人人都是平等和独立的。孟德斯鸠指出，为了防止滥用权力，就必须以权力制约权力。卢梭则认为，在人们根据社会契约建立国家的时候，公意乃是经由所有公民的一致同意来表达的，以此保证公民自由的形式和私有财产的保障。这些思想直接奠定了西方主要国家，即美、英、法等国的政治法律制度。② 因此，"近代资本主义的出现，使契约自由形成了以人文主义为价值基础、以代议制民主政体为政治保障、以市场经济为根植土壤的完整价值体系"。③ 19世纪末20世纪初，开始出现新的自然法学说。以施塔姆勒为代表，认为社会的理想就是实现一个由具有自由意志的人构成的社会。"二战"后，强调实在法应从属正义之类价值准则的自然法学说则进一步兴起，代表人物如美国的富勒、罗尔斯、德沃金。在罗尔斯的《正义论》中所提出的两个基本正义原则中，第一个原则就要求每个人都应当具有这样一种平等权利，即和所有其他人所享有的同样的自由相并存的最广泛的基本自

---

① [美]伯尔曼：《法律与革命》，贺卫方等译，中国大百科全书出版社1993年版，第243页。

② 参见[美]E.博登海默《法理学——法律哲学与法律方法》，邓正来译，中国政法大学出版社2004年版，第58—77页。

③ 姚新华：《契约自由论》，《比较法研究》1997年第1期。

由权。①

西方自然法的历史演进,始终贯穿着对个人自由、平等、权利、私有财产保障合理性的探讨,虽然不同时期其内涵的侧重点不同,如早期更多地偏向理性思想的探讨,现代则更偏向对正义思想的探讨,但在对个人自由的关注、平等权的保护、私人财产的保障、政府权力的制约等方面没有本质的不同,由此奠定了西方契约自由、意思自治的深厚的政治与法律根基。

(二) 尊重契约是认可交易自治型发票的根本

契约的意思自治思想以政府对私有财产的肯认和保护为前提,市场经济则是对这种私有财产确认和保护的制度土壤。作为世界上第一个建立典型市场经济制度的国家,英国的市场经济制度结构具有代表性。"从西方市场经济制度的比较来看,其共同点是存在一个由私有财产制度、市场调节制度和自由企业制度共同构成的三维结构。"② 私有财产制度确立了交易主体的权利边界;市场调节制度排斥了政府的干预,确立了交易主体的交易自由;自由企业制度促使市场惯例上升为规范和调整市场与社会关系的法律制度,最终奠定了自由放任与自由竞争的市场经济制度。在这种自由竞争的市场经济体制下,契约强调尊重当事人的意愿才有了实际意义。正是有了市场化的经济环境,交易发生时,强调契约拘束力的根源在于当事人双方的意思或意愿,而不是来自外部力量的干涉。"其基本理念是保障和鼓励人们依照自己的意志参与市场交易,强调在经济行为中尊重当事人的自由选择,让当事人按照自己的意愿形成合理的预期。"③ "按照分析法学的私权逻辑理论,契约自由并非权利,而是派生权利的契约关系的元形式,是民事主体之间'无权利—无义务'的关系状态,其实质就是没有法律限制。作为契约权利的元形式,契约自由决定了契约权利的本质必然为约定性权利。"④

---

① 参见 [美] E. 博登海默《法理学——法律哲学与法律方法》,邓正来译,中国政法大学出版社 2004 年版,第 208 页。
② 高德步:《西方市场经济三维结构的起源与确立——英国经济史实例考察》,《中国人民大学学报》1997 年第 3 期。
③ 王丽萍:《对契约自由及其限制的理性思考》,《山东大学学报》2006 年第 6 期。
④ 孙学致:《契约自由、"契约自由权"与契约权利——一个私权逻辑理论视角的分析》,《吉林大学社会科学学报》2006 年第 5 期。

因此，在西方，自然法演进下对个人自由、平等、财产权利保障的思想及其政治法律制度的建立，必然要求实行典型的市场经济制度。市场经济下对契约的尊重不仅表现为对交易主体意思自治的尊重，还同时表现为对意思表示形式的尊重。当交易发生时，交易主体间的约定性权利不仅表现为双方事先约定的交易记载的内容，还同时表现为交易内容的约定记载形式。因此，西方政府既然尊重交易主体的约定记载内容，当然也不干涉约定的记载形式，作为交易内容记载形式的发票当然是由交易主体决定的，这是西方政府确认交易自治型发票，确切地说是认可交易自治型发票的根本。

三 交易自治型发票的特点

（一）发票形式自主安排

交易自治型发票是指交易的发生决定了交易的记载内容，由此决定了交易内容的记载形式。因为交易的发生完全是交易主体意思自治的结果，所以交易内容的意思自治决定了交易内容记载形式的自治。表明了意思自治的交易是市场经济的决定性要素，作为交易内容记载形式载体的发票，则对交易的发生没有实质影响，只是一个交易发生的证明性凭据。因此，只要发生了交易，只要对这种交易内容进行了记载，无论怎样的凭据形式，都是发票。这样，交易自治型发票不仅是指发票上所记载的交易内容是双方意思自治的结果，同时这种双方的意思自治还是指其交易内容的记载形式。市场决定了交易的发生及其内容，就决定了记载载体，即发票的产生及其形式，表明了在发票的形式性与交易的真实性之间，发票形式是以交易真实为前提的自主安排。这种市场交易性标准表明了，既然交易的发生及其内容是交易主体间自愿的契约安排，则任何记载形式都是真实的，不存在发票形式真假问题。

（二）发票内涵稳定

交易自治型发票，保证了发票内涵的稳定，那就是发票的真假只源于市场交易的发生及其内容真假的判断。无论经济如何发生、发展，只要市场还存在，交易还发生，这一判断标准始终不会改变。这就是为什么西方市场经济制度多年来，无论怎样发展，都没有改变，也无须改变发票内涵的原因。判断标准稳定，在政府借助发票实现税控以来，意义开始变得重大。那就是，稳定的判断标准能够简化政府只针对交易内容的识别流程

（不存在发票的形式性识别），积累识别经验（始终不变的判断标准），集中有限资源，不断纵深开发针对交易内容的识别手段（计算机联网、公开透明交易机制等），避免国际交易的障碍（交易内容性判断标准保证了国家间标准的统一）。

（三）实质重于形式原则

发票真假的判断只在交易内容，不在形式，或者说因为没有所谓形式虚假的发票，所以就不必为多种多样甚至不断变化发展的发票形式的真假判断大费周折，这一交易内容性判断标准体现了典型的实质重于形式原则。俗话说，皮之不存，毛将焉附？这是对作为实质的"皮"与作为形式的"毛"的最好阐释。没有交易的实质内容，作为记载形式的发票也就失去了存在的根基，正是在这个意义上，交易主体只关注交易的内容，从来都无须关注发票的形式。从另一个方面看，多样的发票形式恰恰表明了交易主体对交易发生及其内容安排的完全自主性的市场自发性和秩序性需要。政府税控的实现仅仅借助的是发票的记载内容，而不是形式本身。因为没有交易的发生，没有真实的所得，税控就失去了本来的初衷。因此，实质重于形式原则是对市场主体尊重，对经济客观事实确认的必然结果。在这一原则下的政府税控也更体现了与事实相一致原则。

（四）经济交易便捷化

市场经济，使每个人基于自由和平等，完全拥有对自己事务的决策权，在不危害他人和社会利益的前提下，不受政府和其他任何外力的干预。市场经济下的公平竞争秩序，保障了市场参与者的选择自由和通过自由缔约实现其私人目的的权利。市场产生与发展的自发性要求，交易中的契约自由也只有在市场经济中才能找到自己根植的土壤。这种自由不仅表现在交易的内容上，也表现在交易的形式上。"将意思表示限定于固定的载体或要求契约订立采用法定形式，是古代法的一个特征。所以，古代法中法律保护的与其说是契约，还不如说是契约的形式更为准确些。"[①] 强调契约的法定形式，从政府管理的角度看，更在乎的是法律的保障性功能，但却忽略了交易主体权利选择的便捷性、效率性要求，实际上制约了契约主体的交易自由。因此，即便只是出于交易的安全性和稳定性，强调契约形式也仅仅考虑了法律对经济生活保障的功能，对于交易所要求的便

[①] 梅因：《古代法》，沈景一译，商务印书馆1984年版，第177页。

捷和效率却无疑是个妨碍。而自由意志理论带给我们关于契约形式的启示，则在于将谋求交易的安全抑或交易便捷的选择权应当赋予交易当事人自己，而不是对当事人的意志作强行干预。① 显然，在交易自治型发票下，无论政府有没有借助发票实现税控，交易的发生及其交易内容不仅是交易主体自己决定的，作为记载载体的发票，其形式也都是交易主体自己决定的，在市场经济对私主体利益首要保障和促进交易发生的原则下，一切市场行为都体现了交易的便利性、效率性原则。

第二节　中国的政府识别型发票

与西方许多国家不同的是，我国政府通过对发票的管理实现税收的职能，尤其是改革开放后，发票管理职能逐渐上升到立法的高度，并以对发票内涵重新界定的方式体现为一种日趋严格的管理趋势。自1986年《发票管理暂行条例》至今，发票内涵不仅要具有交易主体、交易时间、交易地点、交易数量及金额等特定内容，还被特别要求有国家统一监制章、防伪标识等的规定。发票内涵与外延以立法形式重新予以界定的结果就是，那些依然具有交易内容证明性作用的民间自发性商事交易凭证，因缺乏国家统一监制章、防伪标识等必要要素，而被立法排除在发票范畴之外。这样，交易内容的市场化与交易记载凭证的行政化的并存，致使只有部分市场交易凭证才符合合法意义上的发票，说明了我国对于发票的态度，采取的是政府识别的选择确认方式。

一　发票识别标准与政府设定的确认规则

有学者从形成的角度，将市场分为两类：一类是原生市场，一类是转型市场。原生市场源于"交换和商品"漫长的进化；转型市场则是在商品关系"人为"终止后，通过计划经济自上而下的制度转型和变迁而来。② 从这个意义上，西方当属原生意义上的市场，我国则更是转型意义上的市场。转型市场是在原生市场发生断裂后的回归，或原生市场未完全

---

① 参见姚新华《契约自由论》，《比较法研究》1997年第1期。
② 参见罗海平、陶一桃《经济特区与市场经济的形成——基于市场起源论比较的理论启示》，《学术论坛》2011年第10期。

发展基础上的修补，其实质是要达到原生市场状态。这就要求转型市场必须满足"交换和商品"的市场内生化要求，而不是政府行政计划的安排。这种市场内生化过程，绝不是一蹴而就的，它要求政府首先要确立和尊重私人产权，以确保交易的自由。然而，"中国市场化改革的困境在于作为改革基本指导思想的个人物质利益原则难以得到全面的贯彻。按照马克思的市场起源说的逻辑展开，我们就会发现市场经历了一个漫长的内在化过程。由于中国传统社会的结构并没有随着新中国的建立而在文化层面上得到彻底的改变，因此，市场化改革所要完成的市场的内在化过程必然会在一定程度上受到传统社会结构的制约"。① 因此，受制于中国传统社会结构（自古至今以官僚为本，个人从来都不是被关注的利益主体）未彻底市场化转型，在私人主体交易的市场内生化过程中，常常会遭到政府计划安排的干扰，市场化往往表现为一部分是市场化的，一部分是行政化的。部分行政化所导致的市场化的不彻底，使得转型市场始终无法达到原生市场状态，从而不能满足交易的市场内生化要求，使得我们的市场化，成为了不折不扣的行政化改良。比如，在我国，交易、价格等要素早就市场化了，可是资源配置、经营、利益分享等领域却长期存在着行政化，如企业基于"国有"身份对资源支配、经营垄断、利益分享的特权。交易主体间的自由平等关系、公平的市场交易秩序始终没有确立。

同理，在发票税控领域，交易是自由的、市场化的，但记载交易的凭证——发票，却是行政化的。发票税控的本质在于交易的真实发生，发票只是政府借以证明交易发生的凭据，因此，交易是税控的内容，发票则是税控的形式。没有交易的发生，何来记载凭证的需要？既然内容是市场化的，形式当然是市场化的。或者说，既然市场已经决定了发票的内容，也就决定了发票的形式。但是，在我国，前已述及，市场化总是表现为一种行政化改良。在税控、报账等领域，政府通过对发票的行政化管理，排斥了交易自治型发票，通过设定识别标准保证政府对发票的垄断地位。政府对发票的识别首先是通过设定确认规则，如监制章、防伪标识码等，排斥交易的自发性识别，达到强制识别的目的。

---

① 曹廷贵、孙超英：《中国市场化改革的困境与出路——基于马克思市场起源说的逻辑展开》，《理论与改革》2007年第2期。

二 发票法律制度对发票由政府进行识别的强化

立法从印制主体、监制主体、监制章、防伪标识等规定方面确立了发票的政府识别地位。而且从历次的发票管理办法来看,政府的识别地位具有不断巩固与强化的趋势。

(一) 1986 年的《发票管理暂行办法》

政府试图通过管理发票实现税控的目的始于我国 20 世纪 80 年代的发票管理办法。如,1986 年的《发票管理暂行办法》在有关监管主体、监制章等方面都开始体现了国家的管理职能。有关发票监督管理主体的规定,第二条:"发票由税务机关统一管理。税务机关负责发票管理制度的制定和组织实施,并负责对一切印制,使用发票的单位和个人进行监督和管理。"有关发票印制和监制章的规定,第七条:"发票一般应由税务机关统一设计式样,指定印刷厂印制,并套印县(市)以上税务机关发票监制章。用票单位和个人需用发票时,应向税务机关购买。有的用票单位由于业务上的特殊需要,也可自行设计发票的式样,向税务机关提出印制发票的书面报告,经批准后,到指定的印刷厂按规定印制,并套印县(市)以上税务机关发票监制章。具体哪些用票者应向税务机关购买发票或经批准可自行印制发票,以及发票监制章的形状、规格和印色等,由省、自治区、直辖市税务局统一确定。各地发票监制章的形状、规格和印色在确定后和变更时,均应报财政部税务总局备案。"有关发票领购、填开的规定,第八条:"凡向税务机关购买发票的单位和个人,必须按照规定提出购票申请报告,提供税务登记或其他有关证件,经税务机关审核后,办理购票手续。对从事生产经营的用票单位和个人,凡未办理税务登记的,一律不售给发票,也不批准印制发票。需要开用时,由其向经营地税务机关申请填开。"第十一条:"发票只限于用票单位和个人自己使用,并不得带到本省、自治区、直辖市以外填开。"等等。

从以上政府识别发票的地位上看,最初政府对发票的管理还是较为宽松的,表现在如下几个方面:第一,政府并未全面掌控发票的印制权,发票的印制、开具权部分上仍属于市场交易主体。如第七条:政府可授权一些企业自行印制。第二,忽视消费者维权功能。如第五条规定,向消费者个人零售小额商品也可不开具发票。第三,发票样式繁多,政府对发票的监管处于松散状态。如第七条，具有县以上监制章即可，各地发票监制章的形状、规格和印色等只需报财政部税务总局备案，说明发票从全国看，县以上（含县）各地政府均有印制权，发票的式样属于各自为政状态，加大了信息互通有无的难度。第四，将一些特别指定的票据纳入到发票范畴，对这些出票单位规定了不受税务机关监管的特别印制、使用票据权，体现了政府从对发票正式管理伊始，就贯彻了重公轻私、信国有疑民营的思想，对国有和民营的市场主体采取了不平等对待的行政思路，使国有单位在发票管理上一开始就取得了超行政特权。如第九条："对全民所有制的银行、保险、邮政、电讯、铁路、公路、水运、航空等单位使用的专业票据（如车船票、飞机票、门票等，具体范围由省、自治区、直辖市税务局确定），可暂由用票单位自行确定式样、自行印制，可不套印税务机关发票监制章。"

（二）1993 年的《发票管理办法》

与 1986 年的《发票管理暂行条例》相比，政府对发票的识别标准有了很大提高。增加了有关发票的种类、使用范围的规定，第五条："发票的种类、联次、内容及使用范围由国家税务总局规定。"有关发票印制主体、监制章的规定，由县市级别提高到省级，乃至国家级，第七条："发票由省、自治区、直辖市税务机关指定的企业印制；增值税专用发票由国家税务总局统一印制。"第十条："发票应当套印全国统一发票监制章。全国统一发票监制章的式样和发票版面印刷的要求，由国家税务总局规定。"有关发票领购的规定，严格了身份审查及相关手续制，第十六条："申请领购发票的单位和个人应当提出购票申请，提供经办人身份证明、税务登记证件或者其他有关证明，以及财务印章或者发票专用章的印模，经主管税务机关审核后，发给发票领购簿。领购发票的单位和个人应当凭发票领购簿核准的种类、数量以及购票方式，向主管税务机关领购发票。"

（三）2007 年的《发票管理办法》草案

与之前的发票管理办法相比，2007 年的草案有两个显著特点，一是除了发票税控功能的强调，还特别提出了消费者维权功能，如第一条："为了加强发票管理和财务监督，保障国家税收收入，维护经济秩序，保护消费者合法权益，根据《中华人民共和国税收征收管理法》，制定本办法。"二是特别突出了发票服务税控的本质和发票由税务机关垄断的特点，如第三条："本办法所称发票，是指在购销商品、提供或者接受经营服务以及从事其他经营活动中，开具、取得的用以摘记经济业务活动并具有税源监控功能的收付款（商事）凭证。未经税务机关批准，任何单位和个人不得在任何凭证上冠以发票字样。"

（四）2011年的《发票管理办法》

此次的《发票管理办法》比以往任何时候对发票的管理更为严格，与以往相比，有四个特点：一是进一步加强了对发票印制、监制等主体的规定，如第七条："增值税专用发票由国务院税务主管部门确定的企业印制；其他发票，按照国务院税务主管部门的规定，由省、自治区、直辖市税务机关确定的企业印制。"第九条："印制发票应当使用国务院税务主管部门确定的全国统一的发票防伪专用品。"二是通过进一步细化印制主体资格达到更加规范发票印制的目的，如第八条："印制发票的企业应当具备下列条件：取得印刷经营许可证和营业执照；设备、技术水平能够满足印制发票的需要；有健全的财务制度和严格的质量监督、安全管理、保密制度。税务机关应当以招标方式确定印制发票的企业，并发给发票准印证。"三是增强了发票造假成本，如第十条："发票实行不定期换版制度。"四是改进了发票真假辨识机制，如第二十三条："国家推广使用网络发票管理系统开具发票，具体管理办法由国务院税务主管部门制定。"

三 政府识别型发票的特点

（一）发票形式性识别

从历次发票管理办法的制度设计看，政府首先通过管理发票来完成发票形式上的识别。但是发票不是凭空产生的，它来源于市场交易的发生及其内容的记载需求。因此，政府的发票识别首先建立在交易发生的基础上，而交易的发生是市场化的，不是行政化的，所以在此基础上产生的交易凭证是市场交易自治性的结果。但政府识别发票的本质在于并不直接确认这些市场化的交易凭证为发票，而是在此基础上划定识别标准再次识别，这样，在政府识别标准下，只有一部分市场化交易凭证被纳入到发票的范畴。因此，发票政府识别实际上是在交易自治性基础上的再识别，进一步说，是在交易内容市场化基础上的，政府对形式上的再识别。这样，发票的政府识别，体现了交易内容的市场性与交易形式的行政性的二元化特征。而且，比之交易的自治性判断标准，更是增设了发票形式性的识别，推高了管理的复杂性和识别成本。

(二) 识别标准多样、多变

识别标准多样是指横向而言。如按照1986年的《发票管理暂行条例》第七条的规定，"发票需套印县（市）以上税务机关发票监制章"。这就意味着每一种发票，在全国有333个县级市，就有333种版本。各地互不通用，又不联网，如何识别真伪？即使后来的发票管理办法修订后，监制章级别提高到省级这个层次，但各省印制样式、防伪标记及使用的割据状态，依然没有根本改变版本多样和互不通用的局面。如2011年《发票管理办法》第十条，"发票监制章由省、自治区、直辖市税务机关制作"。第十四条，"各省、自治区、直辖市内的单位和个人使用的发票，除增值税专用发票外，应当在本省、自治区、直辖市内印制；确有必要到外省、自治区、直辖市印制的，应当由省、自治区、直辖市税务机关商印制地省、自治区、直辖市税务机关同意，由印制地省、自治区、直辖市税务机关确定的企业印制"。第二十五条，"除国务院税务主管部门规定的特殊情形外，发票限于领购单位和个人在本省、自治区、直辖市内开具"。2011年的《发票管理办法实施细则》第七条，"省税务机关可以根据需要增加本地区的发票防伪措施，并向国家税务总局备案"。

识别标准多变是指纵向而言。从时间上看，政府对印制主体、领购资格、监制章、防伪标记等的规定，都是在不断变化的。以监制章为例，1986年的《发票管理暂行条例》规定，发票只需套印县（市）以上税务机关发票监制章，但没有规定专门的设计式样和版面要求。1993年的《发票管理办法》规定，发票应当套印全国统一发票监制章。全国统一发票监制章的式样和发票版面印刷的要求，由国家税务总局规定。2011年的《发票管理办法》规定，发票应当套印全国统一发票监制章。全国统一发票监制章的式样和发票版面印刷的要求，由国务院税务主管部门规定。

与交易自治型发票相比，这种多样、多变的识别标准，表明了政府的发票识别程序是复杂的，识别沟通流程是不畅通的，识别标准是不稳定和前后不贯通的。在这样的发票识别机制下，就政府借此实现税控功能看，不利于政府识别经验的积累、识别标准的稳定、识别手段的纵深开发和国际间交易的顺利开展。也是基于此，政府对发票的监管，由于不断变换标准和各地的差异性，总是处在一种横向的日益错综交叉的复杂情境中，始终存在着管理的高成本与低效率的并行状态。就经营者会计核算和消费者维权功能看,因为发票的政府识别,导致了会计核算依据和维权依据也开始具有了法定形式标准,所增设的形式标准识别的复杂性和高昂的成本,也同时导致会计核算和维权的复杂性。

(三) 形式重于实质原则

与交易自治型发票只进行交易内容真实性的识别不同,政府识别型发票不仅表现为交易内容真实性的识别,更表现为发票形式性真实的识别。而且在这种识别模式下,只要形式不符合政府设定的法定要求,无论内容是否真实,都只能是假发票,都因此失去税控、报账、维权等意义上的合法性。从这个意义上说,政府对发票真实性的识别首先表现为形式上的识别。从历次发票管理办法规定看,法定印制主体、监制章、防伪标识、编号等要求都是在形式上为发票设定一个合法范围。如果发票首先在形式上违反了法定要求,也就没有再进行内容真实性查验的必要了,从这个意义上,发票的政府识别体现了形式重于实质的原则。

(四) 阻碍并扭曲经济交易

发票的政府识别实际上更强调契约的法定形式,这就从一开始将交易事实从内容与形式上进行了分离:交易在内容上是市场化的,形式上则是行政化的,这显然不符合市场经济所要求的内容与形式相统一、形式以内容为依归的自生自发秩序的要求。而且,交易形式的行政化安排,从横向看,因为中央与地方之间,地方与地方之间发票税控利益的分配职能,必然导致中央与地方、地方与地方在发票形式上的差异割据状态;从纵向看,因为发票造假手段的变化多样所致的发票识别标准的不断变化,如识别主体级别的不断提高、防伪标识及其识别系统的技术复杂性的提升等,必然导致不断推升征纳主体之间的管理和使用成本。因此,政府的发票识别,无论是发票从形式上所表现出的横向差异性,还是纵向所表现出的不断变化性上,都不是从促进交易主体交易发生的便捷性和效率性而言的。不仅如此,随着经济交易的日益国际化,国家间的税收利益必将部分通过借助发票来实现。如果这些国家都采用发票的政府识别模式,则各国政府无论在发票的印制主体、监制章,还是防伪标识系统等形式方面必然具有国别差异性,这些各不相同的政府识别模式下的发票形式法定性的设定,必然制造了经济交往的麻烦。而交易自治型发票则不存在这种发票形式的国别差异性,必将促进国际间的交易发展。

第三节 交易自治与政府识别所形成的不同发票功能秩序

一 交易自治与协调性的发票功能秩序

(一) 发票基本功能的主体性地位

1. 本源功能的始终如一性

在世界上许多国家和地区，由于政府并不需要管理发票本身，对于任何记载真实交易活动信息的票据都认可为发票，这种对发票的确认方式源自于发票的本源功能，即以真实交易信息记载为基础。正因如此，即使政府要求发票承载税控功能，由于发票的内涵没有基于政府税控需要而改变，依然是以真实交易信息的记载凭证为唯一判断标准，依然遵循的是市场交易主体的客观需要，所以发票本源功能的决定性地位始终没有改变。

2. 会计核算凭证认定的多样性、简便性

在世界上许多国家和地区，只要是真实的交易凭证，无论形式如何，都具有证明资金开支合理的法律效果。既然会计核算以真实的交易为前提，因此，会计制度也并不刻意规定原始凭证的具体格式，只要如实、具体地记载了交易信息的单据，如交易主体、数量、金额、时间等交易凭证，就可以用来入账、报销。在美国、加拿大、日本等发达国家，消费者无论是在大型商场还是路边的小型超市，其消费取得的消费凭证几乎都是经营者经由计算机自行打印开具的，票面上都会完整地记载消费的金额、数量、时间、地点等必要信息。这些记载交易信息的消费凭证，不仅清楚地显示了资金的消费去向，而且对于是否是正当消费也一清二楚。因此，这些形式多样的交易凭证都可以作为会计核算的原始凭证，这样，会计核算凭证认定具有多样性的同时，也具有了简便性。

3. 消费者维权需求的有效满足

只要是记载真实交易信息的凭证都可称之为发票，并基于此衍生了会计核算功能和维权功能，还基于政府控税的需要延伸了税控功能，基于资金管理的需要，延伸了报账功能。因为发票所有的功能都是围绕真实交易信息的证明功能而运作，所以任何功能的实现都不会妨碍其他功能的发挥。如消费者维权功能，不会因发票行使了报账功能而导致其功能丧失。在我国，由于立法特别规定了发票的内涵，将一部分具有真实交易信息记载的凭证排除在发票范畴之外（企业自行印制的收据、电脑小票等），这样，当发票行使报账功能时，消费者手里尽管有电脑小票或收据等，但由于不属于发票范畴，没有独立证明的功能，因而无法行使维权功能。但在西方，这些所谓的电脑小票或收据等，只要能够证明真实交易的发生，都能够起独立的证明作用，在通过收据等这样类似我国发票性质的票据行使报账功能时，依然能够通过电脑小票实现维权的功能。

（二）发票延伸功能的附属性地位

在世界上许多国家和地区，虽然政府实行以票控税，但由于发票内涵的交易自发性，政府通过监管经济交易活动本身的真实性，不需要发票的管理。发票只是控税的一个辅助性手段，并且在行使这个辅助性工具时，是以发票本源功能的发挥为前提的，即以保证交易主体之间的基本交易关系、交易秩序为前提的。发票内涵与外延是市场交易活动的需要，由交易主体之间交易关系确定的，而不是政府主观设定的。发票税控功能以本源功能实现为前提，根本表现为税控不是为了改变真实交易活动关系，而是如何在真实交易信息的基础上实现税收的目的。既然发票的产生是应交易的证明性需要，发票税控是在确认真实交易基础上实现的，则发票的证明功能就决定着税控功能的实现，政府以票控税在于利用现实中发票所承载的证明性信息即可。

1. 所得型税收兼顾发票型税收

如果我们将发票作为税收征收的唯一或主要依据，可称之为发票型税收，将不依据发票，或不唯一依据发票，或不主要依据发票实施的税收征收，可称之为非发票型税收的话，则我国的税收制度可称之为发票型税收，美日等国的税收制度可称之为非发票型税收，欧盟等国可称之为发票型税收与非发票型税收兼顾的税收制度。从所得税作为美日的主体税种地位，流转税中又不实行发票抵扣型增值税看，美日等国的税收制度主要是所得型税收制度。从所得税作为欧盟各国的主体税种地位，发票型增值税也具有一定的地位，同时又是世界上最流行、最普遍的税收制度看，世界上大多数国家的税收制度都是所得型税收兼顾发票型税收制度。"虽然世界上许多国家包括不少的发展中国家都推行了增值税制度，但实行最好的、达到理想化程度的只是西欧发达国家"。① 除了严格的法律、行政、舆论等多重制度保障外，主要还由于"西方国家实行以所得税为主体的税制结构，增值税占其全部收入的比重不大，增值税不是主体税种，税制的效率、公平和财政收入目标主要由主体税种来完成"。② 既然增值税不是主体税种，所得才是税收的主要来源，所得型税收保障基于单位的财务会计核算制度的规范与监督，则发票型税收负担就大大减轻了，这也是为什么西方即使有利用发票偷逃税，也远没有在我国这么严重的一个重要的原因。

2. 以票控税的现代化电子发票管理

西方许多发达国家都广泛运用计算机网络系统实行电子化的税收征管。美国从60年代起开始在税务系统中采用计算机技术，目前美国联邦、州及地方政府税务部门已全面实现计算机管理，所有税务报表都是通过计算机程序进行处理的。在美国，组建了国家计算机中心与分布在全国的10个数据处理中心的税务管理系统，负责处理纳税申报表、汇算清缴年终所得税、收集处理纳税资料、筛选税收审计、鉴定票据、咨询服务等工作。③ 由于这十大税务管理计算中心与银行、保险公司、各企业的计算机联网运作，使得纳税人的纳税申报、纳税核算、税款征收、催缴欠税等一系列缴税事项全由计算机处理完成。④ 这种网络化的相互牵制运作方式，交易信息更加全面、公开和透明。那就是，联邦税务局装有一套"货币—银行—企业"的检查系统，它的数据库里存储着来自银行、企业和货币使用者的流动信息，每当有数据一万美元以上的现金交易时，银行、企业的专业人员便得填报表格纳税。⑤ 加拿大在全国分别建立了所得税申报中心、增值税申报中心以及国际税务中心，各个税务中心通过计算机进行交叉审查，这样，联邦税务系统通过其庞大的计算机网络为税收评估、税款征收、税务审计提供快捷、完整的数据资料，从而方便纳税人的纳税申报和

---

① 杨斌：《西方模式增值税的不可行性和中国式增值税的制度设计》，《管理世界》2001年第3期。
② 同上。
③ 参见安体富等《西方国家税源管理的经验及借鉴》，《税务研究》2002年第4期。
④ 参见孙承《美国税收征管的几个显著特征》，《吉林财税》2000年第1期。
⑤ 参见贾绍华《中国税收流失问题研究》，中国财政经济出版社2002年版，第235页。

税款交纳。① 意大利建立了税收情报信息系统，可实行自动化管理，并通过公用数据网实现了与纳税人、政府部门及欧盟各国的信息交换和数据共享；同理，韩国财政部通过开发增值税发票的交叉稽核系统，从而利用电脑对增值税专用发票进行大规模的双向交叉核对，使核对率占发票总额的40%，据此控制了增值税税源的85%。其他西方国家如英国、印尼等则采取重点抽查核对的办法，同样对纳税人偷漏税的企图起到了一定威慑作用。②

计算机技术的发展，目前西方国家很少使用现金进行交易，普遍采用刷卡或者网络电子支付的方式。支付后，商家会通过计算机打印一张购物发票，不但详细记载交易时间、金额、数量、品名，甚至很多都会清楚显示购买商品所缴纳的税额。并且，很多国家在银行、保险、业主之间都建立了紧密联系的网络，如美国规定，在银行存入一定数额以上的现金时，必须提供现金来源的合法证明，这使得企业单位及税务部门能清楚地掌握资金交易的具体数量和流向，为税务机关广泛提供了税收情报来源，减少了税务部门靠发票征税的依赖性。

从目前世界发展的总体趋势看，网络化的电子支付和数据处理日益向无纸化方向发展。以往借助计算机系统进行的电子化支付或数据处理，相应地要打印纸质凭证，我们称之为电子发票（因为是计算机进行数据处理和打印）。但从同为纸质凭证这个严格意义上，与以往手工的纸质发票并无本质不同，只是借助开具的手段不同而已，算不上现代意义的发票，只能称之为传统电子发票。现代意义上的电子发票却是指只是借助计算机系统进行数据的录入、处理、传输等，不再打印纸质发票。电子发票是需要法律予以评价的电子数据交换（无纸化贸易）运用的结果。电子发票首先面临的问题就是作为证据使用的可接受性。在欧洲大多数成员国，都承认电子发票的证据性。卢森堡法明确承认电子发票可以作为证据使用。③比利时工业界表明了电子发票取代纸质发票正呈现一个日益增长的趋势。理由是相当明显的，首先，发票中的商业信息可以很容易地被组织，并以

---

① 贾绍华：《中国税收流失问题研究》，中国财政经济出版社2002年版，第237页。
② 胡勇辉：《借鉴国外经验治理我国税收流失》，《当代财经》2004年第3期。
③ Van Overbeek, Walter B. J. Electronic Invoicing in Europe, *EDI Law Review*, Vol. 1, Issue 4 (1994), pp. 263—276.

标准化形式被传送。其次,发票可以通过计算机自动地生成,并且可以很容易地反复地运作。最后,理论上看,对于每一次的货物或服务交易,发票是一个必须被定期发送的文件。因此,用电子发票代替纸质发票对减少处理成本,以及发送、打印、复印等成本都提供了重要的可能。然而,仍然还存在着问题,在比利时法下还存在着电子发票所谓的合法性价值问题。① 随着工业化水平和电子计算机技术的发展,今天有许多的公司借助网络计算机用电子发票代替纸质发票。电子发票能够节约时间和资金,这就是为什么在北美有 10000 多家公司(在全世界有 15000 家公司)都在采用,而且这一数字仍在迅猛增加。电子发票特别是在零售联营企业、自动化制造业、运输业,以及石油公司广泛运用。然而,无纸化文件带来了新的法律和审计问题。作为保存交易证据的媒介物,纸质发票更易于理解和具有相当的可信度。令人担忧的是电子记录可能会在不经意间被修改。对这种担忧的消除在于,要建立独立的记录保管机构来控制计算机记录,使这些电子记录有更高的可信度。一旦个人有修改电子记录动机的时候,记录保管机构能够检测到。② 在荷兰,提供商品和服务的纳税人必须向另一个纳税人开出增值税发票。迄今为止,这种需求仅仅还是通过开具纸质发票来满足。然而,税务局最近作出规定,通过电子手段提供发票、信用票据、借款收据以及结算凭证。③

一些发达国家不仅明确提出了电子发票的概念、发展前景、运作的可能性,还就其实施的可行性做了具体研究,以保证交易信息的准确和安全。理论上来说,增值税管理部门要许可公司使用电子发票,必须遵循如下一些条件:一是开具发票必须按照事先达成的一致同意的条款借助电子计算机信息系统完成;二是一旦这些完整信息内容被次序地发送,必须通过制作综合性分析信息的可获得的密码来保证。这些信息处理是通过运算法则和双方当事人共同保密的密匙,或通过任何提供相同保证的其他程序完成的;三是提交发票的纳税人一定是在发送程序前按照被保存的完整的编码进行处理。随后的接收者在接收后也必须遵守同样的规则;四是每一

---

① Elias, Lieve, The Dematerialisation of the Invoice, *The EDI Law Review* 2: 117—124, 1995.

② Wright, Benjamin, Auditing the Electronic Invoice, *Journal of State Taxation*, Vol. 9, Issue 4 (Spring 1991), pp. 51—52.

③ Value-Added Tax Electronic Invoicing, *EDI Law Review*, Vol. 2, Issue 4 (1995), pp. 319—324.

方当事人保持所有信息被发送和接收按时间先后顺序列表,并且尽可能使信息列表不规则。信息在以任何方式保存前,必须保证所有信息列表都是通过计算机信息系统产生。当电子信息被接收或发送时,被完成的信息列表必须是至少一天一次。该列表包括完整代码和其他信息(依靠公司性质而定);五是信息被发送一定按照最初形式保存。信息按时间顺序保存,它通过发送方按程序发送,同时通过接收方按程序接收。接收方必须从接收那一刻为所有其他的操作编辑信息;六是政府主管部门必须了解这些操作信息。从以上条件得知,电子发票取代纸质发票保证了交易的安全。不仅如此,电子发票的最本质之处在于,对于信息接收者接收信息后,信息不可能被修改,纳税人根据有保证的完整的、真实的信息纳税。当簿记、文件通过计算机信息系统被保持、提交、接收或保存时,政府就有权审查那些被信息接收者处置的数据。被处置的数据以通俗易懂的形式接受政府审查。当然,电子发票也存在着问题,关于在与国外当事人之间开具电子化发票的可能性,仍然有相当多的不确定性。立法仅仅提到了发票可以通过电子交付,这只是考虑了向国外当事人发送电子发票的合法性基础,法律并未提到任何关于通过远程电信从国外接收发票的可能性。[1]

  当然,还是有些国家对电子发票的准确性、安全性表示担心。最初,英国和爱尔兰程序法表达了在关于电子文件作为证据使用上的困惑。实际上,电子发票通常被认为是真实的证据,因此,它仅仅需要被证明是可靠的。然而,当这种电子发票是由于人为干涉而产生的,它将会被看作是不可靠的。电子发票面临的另一个问题就是它的检验性价值。一旦电子发票被认可作为证据使用,它的检验力来自于生成它的计算机系统的可靠性。值得注意的是,在这方面,荷兰会计师要求由法律来确认,每年报告公司的账户,评估计算机数据程序的可靠性。对于以上问题的担心,在法国和丹麦,允许保存电子发票,但前提条件是,如果需要纸质发票,这些电子发票所包含的信息的恢复是可能的。法国税法明确允许保存开具的电子发票,条件就是最终能产生一张构成电子发票信息内容的纸质发票。德国也存在类似规定。然而,希腊法似乎并不允许使用电子文件。实际上,根据希腊税收法典,所有的发票都要求发票开具者签名。尽管希腊民法典允许通过机械设置进行打印签名,但是没有包含签名的电子发票不具有证据价

---

[1] Elias, Lieve, The Dematerialisation of the Invoice, *The EDI Law Review* 2:117—124,1995.

值,甚至可能导致实施行政罚款。这样,在葡萄牙和希腊,增值税法仍然要求纸质的发票记录。①

总之,西方许多国家市场经济起步较早,财政税收制度、会计审计制度、交易支付等相关制度都比较完善,既有"多管齐下"监控手段,又有现代化的电子发票手段来确保这些制度的规范实施。虽然电子发票在适用的安全性、准确性等方面在有些国家还面临一些疑惑和担心,还存在一些有待解决的问题,但电子发票取代纸质发票应该说是个世界性趋势。实际上,大多数欧洲成员国对于增值税都允许使用电子发票。在丹麦、法国、爱尔兰,立法者已经明确接受了这种发票形式。在卢森堡、西班牙和荷兰,税务部门要求优先支持使用计算机系统。比利时立法明确规定了通过使用电子技术工艺程序开具发票的可能性。虽然必要的比利时皇家法令尚未到位,但税务机关已经采取了类似的做法,允许电子发票提供某些条件得到满足。尽管一些少数欧盟成员国基于增值税的考虑,仍然采用传统方法使用电子发票,但普遍性的电子发票的采用只是个时间问题。作为与国家法律相关联的电子发票,其在证据和存储方面的最大问题可能需要通过创建独立的国家机构也许能够得到解决。该机构负责颁布与电子文件、标准和存储系统相关的资格证书。② 电子化发票手段的运用都是集中在经济交易本身真实性、便捷性、安全性的考虑上,电子化数据的处理和支付更加公开和透明,更易于被税务部门全面监控到,无须依赖发票本身,相应地,发票的税控功能也就没有那么广泛,没有那么强大。

二 政府识别与冲突性的发票功能秩序

(一) 发票的政府识别统一了发票的形式真实性

当发票基于历史需要,确切地说基于经济发展的需要产生时,发票只是具有对经济交易活动的书面证明作用,从内涵上说,只要能起到这个作用的,即只要书面凭证记载了交易主体、交易地点、交易时间、交易数量及金额等特定内容的,都可称之为发票,所以发票内涵是在交易主体意思自治基础上自发产生的结果,从产生起,就由于交易主体的不同需要、偏

---

① Van Overbeek, Walter B. J. Electronic Invoicing in Europe, *EDI Law Review*, Vol. 1, Issue 4 (1994), pp. 263—276.

② 同上。

好等，呈现形式上的多种多样性。发票内涵的政府识别是在市场交易自治基础上的再识别，即将市场上多种多样的交易凭证借助立法划分为两类：一类是符合政府要求的交易凭证（法定的印制主体、监制章、防伪标记等）；一类是不符合政府要求的交易凭证。只有前者才具有税控、报账上的合法性。这样，发票的政府识别首先从形式上进行了统一，正因为确立了识别标准来追求形式上的统一，也就当然创设了一类假发票，即形式上虚假的发票，发票形式真假的交锋至此拉开序幕，围绕发票形式真假问题，交易主体与政府间的博弈战争就从未停止。从历次发票管理办法的制度设计看，确保发票形式真实性是其核心，自此，发票形式重于实质的局面形成。

（二）政府对发票形式真实性统一的后果

1. 自我增设了"假发票"的识别成本

交易自治型发票，只要是交易主体开具的、具备基本交易内容的商事凭证即是我们政府意义上的合法发票，不存在形式真假问题。因此，对于这类制度下的假发票，只有一种，即真票假开所产生的内容虚假的发票。在西方，对于这样的假发票查处，只需将所有查验程序和手段放在发票所记载的内容真实性的调查上即可。如，对税务资料、财务报表的合理分析，设计交易机制尽量保证交易的公开透明；如，计算机联网开具发票，避免大额现金交易、以借助银行等金融中介实时追踪财物往来，等等。而政府识别发票，首先从形式上分为真发票（符合政府监制章等要求）与假发票（没有政府监制章或伪造的监制章等）两种，这样，假发票实际上就有三种，即真票假开、假票假开、假票真开。显然，正是政府识别发票，自我增设了在交易自治型发票制度下没有的后两种假发票形式。既然存在着这两种形式虚假的发票，假发票的查处就不仅在于其记载的内容，从现实中反映出的五花八门的形式造假手段看，更在于形式真实性的辨别，这就从一开始，在发票形式真假鉴别上设置了复杂而高昂的成本。

一是设置了发票印制、领购资格认定、检查上的烦琐程序，给征税主体双方都增加了成本。如，现行的《发票管理办法》第十五条："需要领购发票的单位和个人，应当持税务登记证件、经办人身份证明，按照国务院税务主管部门规定式样制作的发票专用章的印模，向主管税务机关办理发票领购手续。主管税务机关根据领购单位和个人的经营范围和规模，确认领购发票的种类、数量以及领购方式，在5个工作日内发给发票领购簿。单位和个人领购发票时,应当按照税务机关的规定报告发票使用情况,税务机关应当按照规定进行查验。"

二是发票的管理处于各省分据状态,导致跨省经营的交易主体不必要的"证明""保证"或"同一交易,不同区域发票"的成本负担。如,现行的《发票管理办法》第十七条:"临时到本省、自治区、直辖市以外从事经营活动的单位或者个人,应当凭所在地税务机关的证明,向经营地税务机关领购经营地的发票。"第十八条:"税务机关对外省、自治区、直辖市来本辖区从事临时经营活动的单位和个人领购发票的,可以要求其提供保证人或者根据所领购发票的票面限额以及数量交纳不超过1万元的保证金,并限期缴销发票。"第二十六条:"除国务院税务主管部门规定的特殊情形外,任何单位和个人不得跨规定的使用区域携带、邮寄、运输空白发票。"

三是发票的各省分据状态,增加了各地国税局间相互函证的复杂环节,为发票真假的甄别设置了复杂的程序和过高的成本负担。由于各省发票印制样式、监制章、防伪标志等的不同[1],而不同省际、国际间的经营交往又是经济中的常态,因此,发票真假就需要各省之间,及其各部门,如财政、税务、审计、公安、海关、工商等各部门的通力合作[2],仅发票形式上的真实性验证就需要牵一发而动全身。

简言之,发票形式真实性并不对应交易的真实性,在形式真实性检验上投入成本越高,越弱化了对交易真实性的验证:一方面,由于形式真实性验证程序设置上的问题,导致无法验证或不去验证。如,2011年《发票管理办法》修订前,发票是以地级市(自治州、地区、盟)为单位分别使用自己的发票印式,这就意味着每一种发票,在全国333个地级市

---

[1] 参见2011年《发票管理办法实施细则》第二条:在全国范围内统一式样的发票,由国家税务总局确定。在省、自治区、直辖市范围内统一式样的发票,由省、自治区、直辖市国家税务局、地方税务局(以下简称省税务机关)确定;第七条:全国统一的发票防伪措施由国家税务总局确定,省税务机关可以根据需要增加本地区的发票防伪措施,并向国家税务总局备案。

[2] 参见1993年《发票管理办法》第四条:财政、审计、工商行政管理、公安等有关部门在各自职责范围内,配合税务机关做好发票管理工作。2007年《发票管理办法草案》第四条:财政、审计、公安、海关等有关部门应当在各自的职责范围内,配合税务机关对发票工作进行管理。2011年《发票管理办法》第四条:财政、审计、工商行政管理、公安等有关部门在各自的职责范围内,配合税务机关做好发票管理工作。

（自治州、地区、盟）就有333种版本。修订后的《发票管理办法》虽然简化了发票领购程序，但依然没有改变版本各省割据的局面。各省市只能登录当地税务网核对本地发票号码真伪，但是对外地发票真伪就无能为力了。即便可联网合作，但增加了多方通力合作的成本。如，2007年云南省破获的"8·17"特大制售假发票案中，仅假发票票种就多达97个，涉及全国9个省（市、区），而且是在云南省、市、县公安、税务部门密切合作下查获的。从目前假发票类型看，餐饮类涉案最多，因为餐饮发票很多时候就是普通顾客刮奖索要，所以倒查的概率非常低。既然不查或少查，哪有不造假之理？另一方面，形式真实性标准的统一在查验相当困难或成本太高的情况下，往往导致简化验证，如只进行编号与防伪标记验证，忽视或无力进行交易真实性验证。

2. 监管者变成了发票利益当事人

（1）税务机关充当开票人

政府识别发票内涵，就为发票的印制、领购、开具等设定了标准。即只有那些经政府认可或授权的企业、单位才有印制、领购、开具的资格。就领购资格而言，只有那些依法办理税务登记的单位和个人，凭领取的税务登记证件，才有资格向主管税务机关领购发票。但是对于依法不需要办理税务登记的单位和个人呢？比如，无经营行为取得应税收入、财产、所得的国家机关、事业单位；取得临时所得的个人；无固定场所从事生产经营活动的单位和个人。或者纳税人虽已领购发票，但临时取得超出领购发票使用范围或者超过领用发票开具限额以外的业务收入的单位和个人；正在申请办理税务登记，对其自领取营业执照之日起至取得税务登记证件期间发生的业务收入需要开具发票的单位和个人。或者由于我国发票的印制、领购、开具等处于各省分据状态[①]，因此，对于外省（自治区、直辖

---

① 参见《发票管理办法》第七条：增值税专用发票由国务院税务主管部门确定的企业印制；其他发票，按照国务院税务主管部门的规定，由省、自治区、直辖市税务机关确定的企业印制。第十条：发票监制章由省、自治区、直辖市税务机关制作。第十四条：各省、自治区、直辖市内的单位和个人使用的发票，除增值税专用发票外，应当在本省、自治区、直辖市内印制；确有必要到外省、自治区、直辖市印制的，应当由省、自治区、直辖市税务机关商印制地省、自治区、直辖市税务机关同意，由印制地省、自治区、直辖市税务机关确定的企业印制。第二十五条：除国务院税务主管部门规定的特殊情形外，发票限于领购单位和个人在本省、自治区、直辖市内开具。

市)来本辖区临时从事经营活动的单位和个人,他们如何领购发票?谁负责给他们开具发票?因此,2011年《发票管理办法》第十六条规定:"需要临时使用发票的单位和个人,可以凭购销商品、提供或者接受服务以及从事其他经营活动的书面证明、经办人身份证明,直接向经营地税务机关申请代开发票。"对于申请代开发票的单位和个人,发票的领购、开具、征税是同时完成的,税务机关也就当然成为了发票代开人。所谓代开,也就是发票本应是与这些单位和个人发生真实交易业务的经济主体或自身开具的,并据此向税务机关纳税,但税务机关却代为履行了这些经济主体开具发票的资格。①

大厅开票正是在这种情况下应运而生的。发票的政府识别,剥夺了交易自治型发票制度下交易主体的自开票行为,创设了申请代开的需求,也就当然赋予了税务机关发票代开人的地位。发票本来是应交易的需要,在真实交易的基础上产生的,从附属于交易本身来看,开具应该是交易主体双方决定的。税务机关并不是也不可能是,更不应该是经济交易的主体,但税务机关却可以直接向交易主体一方开具发票,此时税务机关及其工作人员就扮演了经济交易主体的身份,这也为税务机关及其工作人员权力寻租提供了极大的便利捷径,以致极大的利益诱惑。这也是为什么现实中大量的偷逃税案件总是有税务机关工作人员参与其中,甚至是税务机关工作人员干脆自己直接开办开票公司,大量不存在任何交易事实的虚开发票行为由此产生了,更有甚者,为了完成所谓的财政税收指标,保证自己的领导地位、奖金福利或额外收益,许多虚开还是税务部门领导直接授意下完成的。这些由税务机关及其工作人员参与的虚开案件,由于发票本身形式上的真实性,税务机关及其工作人员在征管中的特有地位、涉案人员众多、利益链条复杂以及征管环节的疏漏等众多综合原因,使得这类案件作案手段更为隐蔽,查证难度相当大,给国家带来的损失也往往巨大。在查处时,往往耗时长,人力、财力成本巨大,所以一旦查出就是大案、要案。以上结论我们恰好可以用2012年发生的一起典型的骗取出口退税案来佐证。由于很多企业都将出口退税作为其主要利润来源,骗取出口退税的案件也层出不穷。2012年6月引起轰动的广东省潮阳、普宁两地骗取

---

① 参见国税函〔2004〕1024号:《国家税务总局关于加强和规范税务机关代开普通发票工作的通知》。

出口退税案中，犯罪分子虚开增值税金额达 323 亿元，骗税 42 亿元。在所涉案的 142 户企业中，827 户是虚假企业，存在虚开和偷骗税问题的占 98.33%；向全国发出的 1 万多份发票协查函中，9000 多份证实是虚开；所涉及的工作人员中，有基层政府领导、财政所长、税务所长，甚至有的税务干部直接开办多家虚假公司，骗税数千万元。①

税务机关强行代表交易主体，充当开票人的地位表明了，在我国，经济交易是市场化的，但依附于经济交易的发票管理却依然体现了很强的计划经济体制下的特征。目前的情况是，经济交易越加市场化，这是国际经济发展趋势使然，而立法却日益表现出对发票管理的更强的计划性，因此，经济交易系统与发票交易系统必然产生强烈的冲突和对抗。

（2）税务机关授权其他单位代开发票

税务机关不仅具有直接开票的交易主体地位，还可以授权其他单位代开发票，由此又创设了税务机关与委托代开发票的单位合谋的空间。② 在多数被查处的非法代开专用发票案中，往往是不法分子与当地税务局干部内外勾结的结果，甚至出现县一级的地方政府有组织地纵容和支持不法分子大量代开、乱开增值税专用发票，获得地方财政利益和个人非法利益。如在 1994 年全年所查处的涉及增值税犯罪的 13 个重大案件中，其中 9 个案件都涉及不法分子与当地税务干部内外勾结的问题，像江阴黄岩案，广东鼎湖案，南京肖黎案，上海陈焕案等。③

（3）税务机关诱使经营者改变发票领购地、开具地

发票的各省分据状态，使得发票领购地、开具地变得至关重要，使得各地为了财政税收的需要，及其工作人员一己私利的需求，会通过各种税率优惠诱使经营者改变领购地、开具地，从而达到税收利益重新分配的目的，由此创设了权力寻租的隐蔽空间。例如，在一起利用自开票纳税人证所享有的优惠税率为自己开票赚钱的案件中，周某、刘某分别作为 A 市地税局 D 分局局长和办公室主任，利用职权，借用某货运公司名义办理自开票纳税人证（可按 4.66% 的优惠税率开具发票），按 5%—5.6% 的比例收

---

① 案例资料参见张望《7月风暴：出口退税"寄生链"调查》，《21世纪经济报道》2012 年 6 月 20 日。

② 参见 2011 年《发票管理办法》第十六条：税务机关根据发票管理的需要，可以按照国务院税务主管部门的规定委托其他单位代开发票。

③ 参见《1994 年以来涉及增值税犯罪重大案件备忘录》，《中国税务》1999 年第 1 期。

款以吸引本地到外地的货运代开票纳税人来此交款开票（此前，因该市没有自开票纳税人，货运纳税人需到外地代开票纳税，而所有货运发票在外地均按6.6%的代开票纳税税率开票），从中赚取差价。2004年8月至2006年元月期间，共获取差价款18万元。①

3. 激发了由"假发票"引发的地下非法制售业和专业开票公司的产生和繁荣

发票税控、报账的需求，激发了各交易主体对形式真实性的关注，政府对形式真实性验证程序的复杂性设置、各地标准的不统一及验证标准的简单化，合力激发了围绕发票形式真实性的假发票非法制售业和专业开票公司的畸形繁荣。假发票一方面表现为不符合税务机关统一监制的形式本身虚假的发票，如2009年8月，警方破获的南海黄岐白沙涌口北便街以及白沙兴联村基围街的非法制造假发票案，查获已印制好的20多种假发票涉及江苏、贵州、河北、湖南、江西、山东、山西等16个省、直辖市。② 另一方面表现为以形式真实性展开的发票造假，这种造假形式更为隐蔽，后果更为严重，查处成本更高，因而成为目前造假的主流。如，2008年，福建省福州市晋安区人民检察院破获的当时被冠以"全国最大制售假发票案"中，其与众不同的作案手法——注册空壳公司，以公司名义向税务机关申领发票，然后对真发票进行大量复制是目前虚开发票的最为典型事例。③ 2009年2月9日，在建的央视新址发生特大火灾事故，主要原因即是中山盛兴股份有限公司供应的不合格的挤塑板所致。随后就牵扯出了，在与中山盛兴公司没有真实商品交易的情况下，为中山盛兴公司虚开增值税专用发票的北京航宇保温建材有限公司。④ 2009年6月30日，发生在山东东营的特大虚开发票案，则是不法分子在没有任何真实货物交易的情况下，采取向中间人支付开票费的方式取得进项增值税专用发票，

---

① 参见中共竹溪县纪委、竹溪县监察局主办：《周某的行为如何定性处理?》，http://jjjc.zhuxi.gov.cn/xxlrl.asp?id=1657，2010年10月14日访问。

② 参见庞文彬《公安税务联手重击发票造假犯罪行为》，http://www.chinesetax.cn/tax/sheshuianli/200911/5497564.html，2010-6-30访问。

③ 参见郭宏鹏《发票造假家族曝出造假新伎俩》，http://www.chinesetax.cn/tax/sheshuianli/200911/5497574.html，2010-6-30访问。

④ 参见《建材公司老板为央视大火涉案公司虚开发票被判刑》，http://news.xinhuanet.com/legal/2010-12/26/c_12919061.htm，2010-6-30访问。

然后再通过向中间人收取开票费的方式，大肆对外虚开增值税专用发票。① 2010 年珠海市中级人民法院所破获的一起特大虚开增值税发票案，就是不法分子采用"买壳"、虚假注册等方式向全国 23 个省市百多家企业虚开增值税专用发票，接受虚开增值税发票的公司大多都是在无实际货物购销的情况下，让他人为自己虚开增值税专用发票或者在有实际货物购销的情况下，接受他人虚开的增值税专用发票②，等等，这些在虚拟交易下的发票虚开手段多样，不一而足，一切都是围绕发票形式真实性的造假展开。

由于政府确立了自己对发票的识别地位，税务机关当然以各种方式介入发票领购、开具等行为之中，因而在中国，税务机关取得了发票代开人的特有地位，也因此使造假又多了一种隐蔽的方式，即伪造税务机关代开发票。2009 年，青海省国税局稽查局所查处的一系列偷逃税案件中，不法分子主要作案手法有 4 种：购买使用伪造的税务机关代开发票；购买使用伪造的普通发票；跨地区使用发票；开具发票上下联不一致的"大头小尾"票。在所有查获的"问题"发票中，伪造的税务机关代开发票最多，占了 60%。③ 而且，前三种伪造的发票形式都与政府对发票的识别密不可分。

如果发票形式真实性不是政府识别，直接由交易主体决定，就不存在形式虚假的发票问题，那么还有围绕形式问题的假发票需求吗？没有这类假发票的需求，何来非法地下制售假发票企业？何来没有任何真实销售的虚开发票公司的存在？何来多样、隐蔽的发票造假手段？何来税务机关及其工作人员权力的大肆寻租？对于有真实销售的开票公司来说，也不存在应邀为他人代开发票的问题。如果没有这些造假企业、开票公司，又何来工商、税务、公安等各部门动辄联合打假的巨额成本？而这些巨额成本都只是因为发票形式真假的识别。

政府设置了发票识别机制以满足税控、报账的需要，却不断被自我设

---

① 参见杜晓《山东"6·30"特大虚开发票案涉案 22 亿》，http://www.legaldaily.com.cn/legal_case/content/2011-03/10/content_2508241.htm?node=20772，2012-10-6 访问。

② 参见吴渤《涉及 23 省市百余企业的虚开增值税发票案》，http://www.chinesetax.cn/tax/sheshuianli/201002/5570093.html，2010-6-30 访问。

③ 参见中立诚会计师事务所《青藏铁路项目查出问题发票 涉及金额高达 1.28 亿元》，http://www.chinesetax.cn/tax/sheshuianli/200911/5497548.html，2010-6-30 访问。

置的假发票识别程序牵涉其中而不能自拔,在不断为此付出高昂识别成本的同时,依然承担着巨额税款流失的风险。

4. 违背了市场交易决定规则

经济交易的有无、多寡、类型决定了发票的产生、数量及其种类。但是政府对发票的管理颠倒了这个顺序,如现行的发票管理办法第十五条:"主管税务机关根据领购单位和个人的经营范围和规模,确认领购发票的种类、数量以及领购方式。"表明了在经济交易发生前,发票的种类、数量等就已经确定了。事实表明,在交易未发生前就决定发票的种类和数量经常与真实交易不符,或者是领购的发票少于真实的交易,政府就通过代开发票予以解决,如根据《国家税务总局关于加强和规范税务机关代开普通发票工作的通知》的规定:纳税人虽已领购发票,但临时取得超出领购发票使用范围或者超过领用发票开具限额以外的业务收入,可由其主管税务机关代开发票。如前所述,这既不符合市场经济的发展要求,又开辟了权力寻租的空间。或者是领购的发票多于真实的交易,这在定额发票领购制度中表现特别明显,这又往往导致开票人与受票人之间合谋转让、交易,从而扭曲真实的交易。

(三) 发票交易系统与经济交易系统分离,形成了以延伸功能为核心的冲突性功能秩序

从历史演变的角度看,发票的商事交易证明功能及其基础上衍生的会计核算功能与维权功能,由于是经济发展客观需要使然,因而是发票的基本功能。之后延伸的税控功能、报账功能、彩票功能等,由于是主观设计使然,只具有基本功能的依附性地位。在尊重市场经济自发秩序下的交易自治型发票制度,决定了这种功能秩序的协调性运作。

政府彰显发票税控功能为主的制度设计,使得其他功能都围绕税控功能运作展开。比如会计核算功能、报账功能、彩票功能等,必须在政府认定的发票范畴发挥作用。如1986年的《全国发票管理暂行办法》第三条:"发票是财务收支的法定凭证,是会计核算的原始凭据。"1993年的《中华人民共和国发票管理办法》第四条:"财政、审计、工商行政管理、公安等有关部门在各自职责范围内,配合税务机关做好发票管理工作。"第二十二条:"不符合规定的发票,不得作为财务报销凭证,任何单位和个人有权拒收。"1993年《中华人民共和国发票管理办法实施细则》第三十二条:"《办法》第二十二条所称不符合规定的发票是指开具或取得的

发票是应经而未经税务机关监制，或填写项目不齐全，内容不真实，字迹不清楚，没有加盖财务印章或发票专用章，伪造、作废以及其他不符合税务机关规定的发票。"2011年的《中华人民共和国发票管理办法》第四条："财政、审计、工商行政管理、公安等有关部门在各自的职责范围内，配合税务机关做好发票管理工作。"

当政府对发票内涵进行选择性识别，通过对交易凭证界分为发票与非发票的形式，保证发票税控功能的核心地位①，以此展开对其他功能的制度设计或再设计时，比如，报账功能、会计核算功能与维权功能等，都是在界分为发票与非发票的形式下发挥作用②，发票的应然功能层次性遭到了破坏，由发票市场自治性内涵决定下的以基本功能为主、延伸功能为辅的功能秩序，在发票内涵政府识别的主导下，异化为延伸功能为主、基本功能为辅的功能秩序。

在交易自治型发票制度下，由于不存在形式真实性识别，在发票交易系统内，对假发票的检验仅仅是交易内容真实性验证，这一点与经济交易系统完全相同，因此发票交易系统始终依附于经济交易系统运作。而当发票由政府识别时，以界分发票与非发票的形式来保证发票税控功能的核心地位，使得发票交易系统脱离经济交易系统（就形式真实性发票而言，就对应了三种经济交易情况：真实交易；虚假交易；没有交易。由于不可能对每笔发票背后的交易——检测其真实性，所以对发票形式真实性检测最为便利，这就为发票交易所对应的后两种经济交易情况提供了机会主义逃税空间，这也是现实中总是存在大量的围绕发票形式真实性的虚假交易，以及专业性虚开发票公司的无交易逃税行为）的运作导致了税控功能的终极性异化，由此连带了以税控功能为核心的报账功能、会计核算功能、维权功能等其他功能的异化。

在我国，两个相互排斥的交易系统的存在，以票控税的本质发生了偏

---

① 参见1986年《中华人民共和国税收征收管理暂行条例》第二十八条：发票由税务机关统一管理。未经县级或者县级以上税务机关批准，任何单位个人都不得自行印制、出售或者承印发票。

② 参见1985年《会计法》第十七条：会计机构、会计人员对不真实、不合法的原始凭证，不予受理。显见，发票作为入账、报销的原始凭证之一，必须符合政府的合法性识别标准，否则不能入账、报销。因此，当政府以税控为目的进行发票的二次识别时，发票的会计核算功能与报账功能也受到相应的影响。

离。由于政府严格的发票管理,将发票形式推到了至高无上的地位,人为分离了发票形式与内容的统一。忽视税收源于真实交易本身,在发票交易系统内,以票控税实质变成了"控票",而非"控税"。在一起2004年企业所得税的检查案中,X公司被发现有13张发票虽然属于税务机关印制的真版发票,但发票上记载的开具方名称是虚假的,鉴于X公司可能对供货方提供名称虚假的真版发票并不知情,因此A市地税局认定为不真实发票的同时,据此要求就13张发票所注明的总计152万元的材料费,全额征收33%的企业所得税,要求X公司补缴税款50.16万元和相应的滞纳金。有学者研究后认为:"在企业所得税管理中,发票所要证明的课税事实是'发票所记载的某一笔交易是否真实发生',那么关于交易的真实性,除了发票之外,还有银行的支付记录、合同等多个证据可以证明。也就是说在企业所得税的管理中,发票只是证明成本是否发生的证据之一,但不是唯一的证据,更不能把发票本身直接当作扣除项目来理解。"① 但现实中却是,无论是增值税,还是所得税,税务部门都依据发票重于事实原则,体现了很强的"管票"色彩,因而脱离了"控税"基于真实交易的本来面目。

(四)发票的形式真实性需要政府识别吗?——以虚开增值税发票为例的分析

发票的形式真实性具有交易真实性的独立证明力吗?如果没有独立证明力,那就没有交易真假辨别的决定性意义。下面以虚开增值税专用发票为例进行分析。

增值税专用发票对外贸企业意义重大。出口退税一直是外贸企业最主要的利润来源。退税认定依据、退税金额、何时退税等都依凭增值税专用发票。最近,福建出版外贸等四家企业状告福州市国税局不予退税和追缴退税案,就是所谓国税局认定其虚开增值税专用发票引起。其实涉及不予退税和追缴退税的企业多达十几家,金额高达数亿元,在不予退税或追缴后,这些企业基本就没了活路,因此,一些企业或是解散员工,一走了之,或是直接转行。这对福建的外贸行业产生了极大的影响和冲击。

四家外贸企业状告福州国税局的根本,在于其前后两个自相矛盾的行政行为。即福州国税局此前根据与四家外贸企业发生交易的生产企业所在

---

① 张小平:《企业所得税管理当中发票的证据效力》,《税务研究》2006年第12期。

地国税机关出具的回函，证实不存在不予办理出口退税和暂不办理出口退税的情形，为各出口企业办理了出口退税。但相隔数月后，福州国税局又根据与这四家企业发生交易的生产企业所在地国税稽查局向其发来的《已证实虚开通知单》和《确认虚开增值税专用发票的证明》，向上述企业（包括未提起诉讼的其他外贸企业）作出不予退税和追缴退税的认定。

为什么会出现前后两个自相矛盾的行政认定？深思后我们发现，福州国税局第一个行政认定，仅仅是以四家企业从与其发生交易的生产企业取得的增值税专用发票通过了福州国税局增值税防伪税控系统的审核下作出的，并未进一步核实交易主体的资格及其交易的真实性。增值税专用发票通过了防伪税控系统的审核说明了什么？它仅仅说明了增值税专用发票符合政府认定的法定真实性，并不能证明交易的存在或交易的真实性。这也是为什么国税局随后对其前一个行政行为作出了否定性认定的原因。同时这也说明了，所谓发票的"专用性""防伪性"仅仅能够保证其形式上的真实，不能保证交易的实质真实。

从本案来看，要证实增值税发票不是虚开，至少要在以下几个环节保证其真实性：一是四家企业及其与这四家企业发生交易的生产企业，如江苏省宿迁市，安徽省宿松市、东至县、祁门县、旌德县等地的 28 家生产企业之间确实发生了交易，且都是真实的交易；二是所有参与交易的企业都有增值税发票资格；三是发生交易的企业所在地国税局之间对发票真实性验证（形式真实性和实质真实性，即不仅要通过防伪税控系统审核，还要证明其发生了真实的交易）的衔接链条要完整，不能出现纰漏。交易任何一方所在地国税局工作上的疏漏或不严谨，工作人员的玩忽职守或滥用职权，都会使其真实性验证出现问题，本案即是如此。①

发票内涵的政府确认与市场确认的相同点在于：都需要确认发票背后的真实交易的存在。以 2012 年 6 月曝光的爱马仕包造假为例，爱马仕包造假正成为近期网络上的热点话题。造假成功的秘密在于利用了消费者的误解和偏信。而能够成功利用消费者的误解和偏信却始于一张小小的香港发票。在所有经营所谓正品爱马仕包的外贸商均表示，他们所发的每一货物中，都会附带一张香港的购物发票，以此向消费者显示货物为香港销售

---

① 案例资料参见张望《4 千万出口退税成空，四企业罕见起诉福州国税局》，《21 世纪经济报道》2012 年 6 月 20 日。

的正品。玄机恰恰在于此，因为与大陆不同的是，香港发票与西方的交易自治型发票制度相同，是由市场自发形成而不是由政府识别的，即交易主体在交易发生时自主决定交易的记载形式和内容。所以，货物所附带的香港购物发票本身不存在虚假问题，关键是发票背后所依附的交易记载的真实性。但问题是，香港地区为了保护消费者隐私，拒绝通过发票来查询消费记录。因此，这张发票仅仅只是象征性的意义，并无实际的作用。或者说，消费者执意要进行验证，国际大牌的检验流程通常为六个月，如果没有正当的理由，通常检验费用需消费者自掏，这几乎和再买一个新包差不多，高昂的检查费与漫长的等待都会迫使消费者放弃验证。所以，通常消费者在看到香港的正品发票之后都会选择相信，而这正是假爱马仕包经营成功的关键。① 显然，无论发票的内涵是由政府设定复杂的验证系统来检验，还是由市场主体直接确认，都是对发票本身形式真实性的确认，都没有决定性意义，其实质真实都必须来自交易真实的验证。

既然发票的内涵由政府识别，还是市场自发决定，仅仅都是就发票形式真实性意义而言，并不能说明交易的真实性，本身就表明了发票的地位只能是附属性的，即附属经济交易而存在，对发票真实性的验证只能来自其依附的经济交易真实性的验证。既然在经济交易发生的时候，发票的内涵就已经由市场进行了自发确认，那么，政府还有必要在此基础上进行选择性识别吗？由于政府对发票的识别是在市场交易基础上的选择性识别，因此，与市场自发型发票不同的是：政府复杂化了发票内涵的识别程序，推高了不必要的验证成本；政府部门及其工作人员以公权力介入私主体的市场交易中，开辟了权力寻租的最大空间；在税收、报账利益的激励下，各主体重新进行了利益上的分化组合，也由此创设了一个特殊发票犯罪行为：虚开增值税发票犯罪。

虚开增值税专用发票是如何产生的？虚开行为的表现？哪些交易主体需要增值税专用发票？从《刑法》第 205 条所规定的虚开增值税专用发票犯罪，可归纳出的虚开行为有：为他人虚开、为自己虚开、让他人为自己虚开、介绍他人虚开行为之一的。何谓"虚开"？表现为两个方面：一是没有货物购销，或者没有提供或接受应税劳务，为他人、为自己、让他

---

① 参见何泽《造假爱马仕的秘密："神奇"的香港发票》，《21 世纪经济报道》2012 年 6 月 28 日。

人为自己、介绍他人开具增值税专用发票；二是有货物购销，或提供或接受了应税劳务，为他人、为自己、让他人为自己、介绍他人开具数量或者金额不实的增值税专用发票的行为。简言之，所谓虚开，既包括在没有任何商品交易情况下的凭空填写，也包括在有一定商品交易情况下的不实填写。前一种是虚假注册公司，从税务部门领购到真实发票以后，给需要发票而没有发票的人凭空填开。后一种是正常的公司（或企业）收取一定费用，利用自己的发票给别人代开发票，税金由受票方负担。显然，对于前一种，开票人以获取开票费，受票人以获取税收抵扣优惠的方式共谋税收利益；后一种，开票人在不损失税收利益并获得开票好处费的同时，受票人可享受税收抵扣上的利益，从而实现双方共赢的目的。

立法能够通过加强发票管理，从而遏制虚开增值税发票行为吗？《发票管理办法》（2011）增设了关于网络发票的规定。第二十三条："国家推广使用网络发票管理系统开具发票，具体管理办法由国务院税务主管部门制定。"2012年7月13日，国家税务总局关于《网络发票管理办法（征求意见稿）》第二条："在中华人民共和国境内使用网络发票管理系统开具发票的单位和个人办理网络发票管理系统的开户登记、网上领购发票手续、在线开具、在线查验和缴销等事项。"第五条："税务机关应根据开具发票的单位和个人的经营情况，核定其在线开具网络发票的种类、行业类别、开票限额等内容。开具发票的单位和个人开具网络发票应登录网络发票管理系统，如实完整填写发票的相关内容及数据，确认保存后打印发票。"第六条："开具发票的单位和个人在线开具的网络发票，经系统自动保存数据后即完成开发票信息的确认、查验。"等等。显然，网络发票的推广和普及应该是一个发展趋势，试图运用信息技术手段，通过在线领购、开具、缴销等一系列环节达到实时监控，有效防范虚开发票行为的目的。这对此前比较常见的虚开行为，即在发票联多开金额（多报销）而在记账联和存根联上少开金额（少缴税），形成"大头小尾"，能够达到遏制的目的。因为，税务机关可借此通过网络发票管理系统开具发票，直接监控纳税人开具的发票联信息，不必再依赖记账联和存根联信息。但这并没有杜绝所有的虚开行为，对于没有任何交易事实的虚开，或"除大头小尾"之外的有交易事实的其他不实虚开，此监控方法并不奏效。第十三条的规定恰好可以印证这点："开具发票的单位和个人必须如实在线开具网络发票，不得利用网络发票进行转借、转让、虚开发票及其他违法活动。"

网络发票并没有改变发票内涵政府识别的本质，对纳税人来说，发票领购、开具、缴销等不必再费时费力往税务机关跑，税务机关也不必大量印制、设专口专人发放、验证、缴销等，从这个意义上，确实减少了纳税人与税务机关的成本负担。但网络发票的领购、开具、验证、缴销等都按照政府严格的设定程序，并非交易者自主决定的。如国家税务总局关于《网络发票管理办法（征求意见稿）》第三条："网络发票是指符合统一标准并通过省、自治区、直辖市国家税务局、地方税务局（以下简称省税务机关）以上税务机关认可的网络发票管理系统开具的发票。"如果说网络发票遏制了发票造假的疯狂势头，那也只是针对制造假发票而言，如遍布街头巷尾的假火车票、假公司票、假住宿票等（并非火车站、公司、旅馆等开具的一种彻头彻尾的造假形式，用于满足一些个人、单位报账、抵账等需要）。对于发票实质上的虚假，如，发票形式真实，但无实质交易内容或此交易、彼记载等内容虚假的发票，并不能根本遏制。

因此，实施网络发票，政府虽然能够达到从发票领购、开具、检验、缴销等一系列环节的实时监控的目的，但也只是形式上保证其真实性。而且，权力发挥的空间越大、与利益联系得越紧密，就越不可能公正地行使。只要政府不从发票识别系统中退出，其工作人员在其中的权力寻租就从来不会停止。如果只是形式真实性监控，不能设计一个系统对交易真实的实时监控，无论多么完善、严格的形式监控，发票交易系统依然脱离经济交易系统独自运行，利用发票偷逃税就从来不会停止。

本章小结

历史地看，西方许多国家采用的是交易自治型发票制度，它是自古至今政府对私主体自由、平等契约精神的尊重。交易自治型发票表现为如下特点：一是发票形式上的自主安排；二是保证了发票内涵的稳定；三是体现了实质重于形式原则；四是符合市场经济发展的要求，促进、便捷了经济交易。与西方这些国家相比，中国采用的是政府识别型发票制度，它是中国历史发展中特有的转型市场向原生市场发展过渡中促生的，半市场、半行政的改良化产物。政府识别型发票表现为如下特点：一是识别标准二元，增设了发票形式性识别；二是识别标准多样、多变，增加了发票形式识别的难度；三是体现了形式重于实质原则；四是违背了市场经济自由、便捷的要求，阻碍并扭曲了经济交易。

交易自治型发票与政府识别型发票的根本差异在于：所导致的功能秩序不同。交易自治型发票保证了功能秩序的协调化运作：一是发票基本功能始终处于主体性地位。表现在本源功能的始终决定性；会计核算凭证认定的多样性、简便性；消费者维权功能的有效实现。二是发票延伸功能始终居于附属性地位。表现在所得型税收兼顾发票型税收制度，以及以票控税的现代化电子发票管理等方面。就所得型税收兼顾发票型税收制度而言，增值税不是主体税种，所得才是税收的主要来源，所得型税收保障基于单位的财务会计核算制度的规范与监督，则发票型税收负担就大大减轻了，这也是因此西方即使有利用发票偷逃税，也远没有在我国这么严重的一个重要的原因。就现代意义的电子化发票管理而言，电子发票是借助计算机系统进行数据的录入、处理、传输等，不再打印纸质发票。电子发票的最本质之处在于，对于信息接收者接收信息后，信息不可能被修改，纳税人根据有保证的完整的、真实的信息纳税。当簿记、文件通过计算机信息系统被保持、提交、接收或保存时，政府就有权审查那些被信息接收者处置的数据。被处置的数据以通俗易懂的形式接受政府审查。电子化发票手段的运用都是集中在经济交易本身真实性、便捷性、安全性的考虑上，电子化数据的处理和支付更加公开和透明，更易于被税务部门全面监控到，无须依赖发票本身，相应地，发票的税控功能也就没有那么广泛，没有那么强大。

而政府识别型发票恰恰促成了冲突性功能秩序。发票政府识别的关键点在于：增设了发票形式性识别并统一了识别标准。由此带来了一系列后果：一是自我增设了"假发票"的识别成本；二是监管者变成了发票利益当事人；三是激发了由"假发票"引发的地下非法制售业和专业开票公司的产生和繁荣；四是违背了市场交易的决定性规则；五是发票交易系统与经济交易系统分离，最终形成以延伸功能为核心的冲突性功能秩序。

发票形式需要专门性识别吗？无论多么复杂的形式识别，如果没有全面的对交易内容真实性的查验，除了付出高昂的形式识别成本，依然不能遏制利用发票偷逃税。而且，因为形式真实性的专门识别，一方面将对发票的识别首先转移到形式性识别，放任或忽略了对交易内容的查验，或者根本就是税务机关再无多余精力放在内容的查验上；另一方面因为增设了发票的形式性识别，也同时为不法分子及权力寻租部门创设了新的发票造假手段，即利用发票形式造假。发票形式识别程序越是复杂，识别成本越是高昂，就越是为不法分子制造更为隐蔽的偷逃税途径。从这个意义上，发票的形式识别不仅是对偷逃税制度漏洞的进一步拓展，更是创设了隐蔽的、多样的偷逃税手段。比较而言，交易自治型发票制度无须对发票的形式识别，即便有利用发票偷逃税，仅仅是在交易内容上做文章。从现实中所爆发的问题看，无论是发票的政府识别，还是市场的自发确认，从根本遏制利用发票偷逃税来看，都无法避免对交易内容真实性的查验，或者说仅仅进行交易内容真实性查验即可，这才是税控的根本。如果说形式真实性的检验是在发票交易系统内进行，实质真实性的检验是在经济交易系统内进行，而过多关注形式真实性检验，或者说将发票真实性检验简化为仅仅形式真实性检验的话，则发票交易系统必然脱离经济交易系统独自运行，那么，以虚假交易展开的各种发票造假手段就从来不会停止，专门的造假公司依然会盛行不衰。

目前，政府奉行的"全能型"发票管理方式，将经济交易活动与发票之间的决定与被决定的关系予以颠倒，将本应处于附属性管理地位的发票刻意拔高到对经济活动的主导性地位。在现实中表现为所有的经济交易活动开始围绕发票交易的需要而发生、发展而不是相反，同时这又反过来更促使政府对发票的更加全面、严格、具体、细致的"全能型"管理。但是，发票造假的日益盛行与国家立法对发票管理的日趋严格形成了巨大反差。"任何法律秩序的权威保障都以一定方式依赖于社会团体的一致行动，而社会团体的形成又在很大范围里依赖于物质利益的安排。显而易见，那些出于自己经济利益不断参与市场交易的人比立法者和无实际利益的法律实施者，更懂得市场和利益情势。"① 很明显，现在的发票管理体制促使了各利益主体利用发票制造虚假交易，使发票成为虚假交易的载体。发票作为核算工具，提供的是虚假交易信息，成为造假、掩盖真实交易信息的最有力工具。

因此，由政府统一印制发票，并由政府制定统一的发票识别标准，否定交易自治型发票，会无限放大发票的监管与控制成本，并使发票离本源功能越来越远。

---

① ［德］马克斯·韦伯：《论经济与社会中的法律》，张乃根译，中国大百科全书出版社1998年版，第33—34页。

第四章

政府利用发票控制税收对发票功能的影响

第一节 控税：政府介入发票法律关系的初衷

一 政府介入发票关系的本质

（一）税收的需要是政府介入发票关系的表象因素

从中西方政府对发票关系的介入来看，税收的确是个最直接因素。历史地看，自发票产生始，中西方政府都先后在不同的历史阶段开始介入到发票关系中，以实现税控的需要。直到今天，世界主要国家无论是采取交易自治型发票制度，还是采取政府识别型发票制度，借助发票实现税收依然是政府的一个主要职能。因此，税收似乎是政府介入发票关系的必然因素。实际上，税收的历史远远长于发票产生的历史（这里特指现代意义上的发票）。在发票产生之前，政府的税收就有了，"早在国家建立以前，部落联盟的机构和人员，由于处理社会事务的需要，就开始向居民征税。国家建立以后，征税更不必说"。[1] 在中国，土地税古已有之，自春秋晚期，普遍推行确立了数千年封建社会的"田赋"制度，此时设立了户口税、关市的商税、山林川泽税等主要税种；战国以后，税种更多，有房屋税、六畜税、织品税、泽鱼税等，而且征收手段、方式是多样的。[2] 在古代农业社会，无论中西方，耕地、耕畜、耕具、房屋、土地、谷物粮食等

---

[1] 王贵民：《试论贡、赋、税的早期历程——先秦时期贡、赋、税源流考》，《中国经济史研究》1988年第1期。

[2] 同上。

是家庭财产的主要象征，所以以耕地面积、粮食亩产、地契、房屋等为征税对象十分普遍。在古代斯巴达，税项主要为实物，有份地和食物两类，且以生活必需品的食物为主，表现为奶酪、无花果、肉食、货币、酒、大麦等。① 这样看来，没有发票，或无须发票，政府依然能够实现税收。因此，税收只是政府介入发票关系的一个表面因素，而不是决定因素。

（二）市场经济发展的需要是政府介入发票关系的本质因素

1. 政府征收成本的考虑

在中西方历史上，征税成本始终是政府考虑的重要因素。1662 年，威廉·配第在其《赋税论》中提出了"公平""简便""节省"三项原则。1776 年，亚当·斯密在其《国民财富的性质和原因的研究》一书中提出了"平等""确实""便利"和"最少征收费用"四原则。概括地说，政府税收普遍遵循的原则是，征收的全面性（公平）、普及性（效率）及便利性（成本）。征收的全面性是指纳税主体而言，人人有纳税的义务；征收的普及性是指征税客体而言，具有普遍代表性，如古代社会代表财物的房屋、耕地、耕具、粮食甚至牲畜等生产及生活必需品，以体现人人纳税义务的全面性；征收的便利性则是指征收的就近、方便的地域性及地方分配性原则。对于征收全面性、普及性及便利性三性的兼顾，其实都是从征收成本的角度考虑的。全面性、普及性是从总的税收效益上表现出政府相对低的征收成本，而便利性则从费用节约的角度直接体现了较低的征收成本。因此历史上，无论是从财物、所得，还是行为上作为征税的依据，其实都首先是在征收成本的前提下考虑税收实现的。"中国古代有关流转税征收过程中贯穿的包税制思想，从另一个角度反映出流转税的征收是有成本的，为了降低流转税的征收成本，封建政权采取的是往往给百姓加重税收负担的包税制、买扑制。"② 同样，现代市场经济制度所设计的主要税种——流转税，就为征管效率指明了方向，即最低成本原则。在这个意义上，当现代意义上的发票产生的时候，无论中西方看，商品经济都有了相当的发展，城市化的发展带来市场交易的集中、交易的频繁、规模扩大趋势，而每一次的财物流转都带来价值增值的可能。这种交易的发展方式开始成为财物象征的主要方式，成为中西方征税的主要对象。由于

---

① 参见祝宏俊《斯巴达的税收制度》，《西南大学学报》（社会科学版）2008 年第 3 期。
② 徐信艳：《中国古代流转税思想及其当代意义》，《人民论坛》2011 年第 7 期。

交易主体会计核算、维权的需要，交易内容开始以一种被称之为发票的记载形式表现出来。这样，当交易日益以一种更为普及的方式发展，交易流转所表现出的全面性、普及性，政府也日益以交易流转额作为税收征收对象时，此时对于记载交易流转额的发票来说，就当然成为政府最直接、最便利、最高效的征收工具。从征收成本上看，市场经济的发展所要求的征税的全面性、普及性和便利性，至今还没有比发票能够有更便捷、效率的征收依据。

2. 纳税人"交易、纳税"一体化完成的便捷性需要

把交易事实记载下来自古有之，表现了人们对财物支配管理的需要。现代经济的发展，交易的经常化，使人们开始以一种发票的形式作为记载凭证时，作为经营主体和消费主体，发票上的记载信息不仅能够满足经营者会计核算的需要，也能够同时满足消费者维权的需要。经营者与消费者又同时作为纳税主体，如果发票上的记载信息能够同时满足政府税收的要求，将大大减轻经营者、消费者的纳税负担。因此，当交易流转额日益成为政府倾向的主要征税对象，作为记载交易流转额信息的发票，在不仅满足了经营者与消费者的各自需求，还能同时满足政府的征税需要，从而也满足了经营者与消费者作为纳税人的纳税需要时，发票的这种"三位一体"功能当然成为交易当事人最受欢迎的交易与纳税凭据。

二 政府介入发票关系的后果

（一）发票法律关系由简单走向复杂

1. 平面型发票关系转向立体交错型发票关系

政府无论以什么样的方式介入发票关系，都使发票法律关系开始由简单变得复杂。在政府介入发票关系前，发票交易主体只涉及经营者与消费者。经营者与消费者作为交易关系的当事人需要发票承载不同的功能，即发票对经营者的会计核算功能和对消费者的维权功能。为促成交易的发生和持续交易的需要，这两级功能处在交易天平的两端，因为任何一方都没有额外获益的空间，交易主体对交易信息的掌握是完全对称的，没有发票造假和共谋的动机。此时发票上所体现的法律关系是简单的，那就是单一的平面型民事契约关系，即经营者承诺交易的存在和产品、服务等交易质量，以及违背承诺所担负的更换或赔偿责任等。但政府介入发票关系后，这种两极关系就打破了，出现了经营者、消费者与政府之间的交错型发票

关系。如，政府与经营者、消费者之间的税收征纳法律关系，经营者与消费者之间的民事契约关系。这两类关系同时存在，使税收征纳法律关系中涉及的税收利益，向经营者与消费者之间的民事契约关系渗透，使得此时的民事契约关系不再遵守交易事实真实性的约定，单方面或二者共谋偷逃税动机出现，而这又冲击了税收征纳法律关系。因此，政府介入发票关系所呈现的三主体间的立体交错关系，大大复杂化了发票法律关系。

2. 出现了不同发票制度下的法律关系

历史地看，政府介入发票关系在不同的发票制度下表现为不同的发票法律关系。西方许多国家主要采取的是一种交易自治型发票制度。在该制度中，为了尊重交易主体交易的自发性安排和交易的便捷性要求，政府并不对发票形式做特别的识别，只是借助发票实现税控的职能。从这个意义上，发票的税收征纳关系更体现为一种平等主体间的权利与义务的双向服务法律关系，那就是政府尽职尽责为纳税主体创造公平、有序、宽松的服务环境，在此基础上纳税人履行义务。同时，纳税人之间依然存在着交易自愿性的民事契约关系。

中国改革开放后所开始推行的政府识别型发票制度，创设了不同于交易自治型发票制度下的发票法律关系。首先是税收征纳法律关系特别强调"征"和"管"这种自上而下的管理理念，而不是服务理念，在一开始设计发票法律关系时，就首先体现为不平等基础上的权利和义务的单项行政法律关系，即政府的单项权力而无义务，或实质性义务；纳税人的单项义务而无权利，或实质性权利的关系。因此，这个行政法律关系的制度设计中，并不是首先要求政府对纳税主体公平、竞争、有序、宽松服务环境的满足，而是纳税人义务的首先履行。这种行政命令性的税收征纳法律关系，同样影响了纳税人之间的民事契约关系，使之也不再建立在平等的基础上，从而为纳税人之间民事契约关系的真实性交易基础在偏离的道路上大力推进。

因为发票的政府识别对发票形式上的特别关注，政府通过发票形式上的垄断保证其税控的实现，从而表现为现实中增设了涉及许多税收利益的交易主体，如一般纳税人、小规模纳税人、自开票纳税人、代开票纳税人、纳税机关及其主管人员等。在这些征纳税主体间，既要满足交易的需要，又要满足各主体税收利益的平衡，政府既是作为行政主体，又作为税收利益的交易主体，这些交织的法律关系十分复杂混乱。一般纳税人与小规模纳税人在增值税税率及抵扣资格方面的差别对待，而发票在印制、领购等诸多方面的法定标准与程序，使得纳税机关及其主管人员享有了自开票纳税人与代开票纳税人的资格授权，由此成为了间接交易主体，或者直接作为交易主体，成为代开票纳税人。显然，政府识别型发票制度下的法律关系不仅创设了不平等的民事契约法律关系，如小规模纳税人与一般纳税人之间，也创设了权力寻租的不公正法律关系，如自开票纳税人、代开票纳税人与征税机关之间等。

（二）利用发票偷逃税的机会主义行为出现，发票的真实性开始受到挑战

由于市场经济的发展促使政府介入发票关系，而且一开始就以税控的目的介入，使得从政府介入发票关系始，利用发票进行偷逃税就没有停止过，这一点，中西方完全相同。无论何种发票制度，税控，总是政府利用发票意图实现的职能。对于经营者与消费者来说，发票上的涉税信息总是自身利益之外的额外利益信息。政府利用发票税控的本质表明了发票上的记载信息开始有了税收这样的额外利益，因而具备了引诱纳税人借此偷逃税的动机。如果有通过隐瞒、改写发票上的记载信息而不被发现的可能，则这种偷逃税动机就会转变为现实。事实上，自政府介入发票关系实现税控以来，交易事实从来都是在交易主体间发生，作为直接交易的参与者，拥有完全交易信息。政府从来都不是交易的直接参与者，对交易信息的掌握来自直接交易者的提供，因而拥有不完全信息。这样，交易者通过隐瞒、改写交易信息欺瞒政府就有不被发现的可能，因为至今来看，政府也未有一套完善的监督机制能完全再现交易者真实的交易场景，所以偷逃税就经常变为现实。对于交易自治型发票制度下的偷逃税，表现为不提供、少提供、改写交易信息等交易内容的方式实现；对于政府识别型发票制度下的偷逃税，除具备所有交易自治型发票制度下的偷逃税手段之外，还有其独特的利用发票形式实现偷逃税的更为复杂多样的手段。但是，无论哪种偷逃税手段，都是借助发票实现的，发票的真实性自此受到挑战。

（三）发票的主观功能出现，并呈现日益繁多的趋势

政府介入发票关系带来发票功能的最大一个变化就是，发票的主观功能开始出现。在交易自治型发票制度下，主要表现为税控功能，在政府识别型发票制度下，不仅表现为税控功能，还表现为报账功能、彩票功能等。不仅如此，政府识别型发票制度下的主观功能的设计，还随着政府管

理的需要和强化，其功能的地位和作用都在不断加强。理论上说，主观上的需要具有无限添加的可能，发票主观功能的出现，使发票开始履行政府主观需要的职能，并且呈现日益繁多的趋势。在与之前基本功能的合力作用下，发票功能体系的运作也呈现日益复杂的趋势。

三 政府介入发票关系的两种模式

历史地看，政府介入发票关系表现为两种发票制度下的不同模式：一是交易自治型发票制度下的"税控"模式。二是政府识别型发票制度下的"管理+税控"模式。

（一）交易自治型发票制度下的"税控"模式

在这种模式下，政府不需通过设定发票内涵，掌控发票的形式，只需借助发票上的交易记载信息实现税控的目的。这种税控模式表现为完全尊重市场经济的自生自发秩序，不仅表现为尊重交易内容的自发性市场形成，也表现为尊重交易内容记载形式的自发性契约达成。这种税控模式的实质，是在尊重市场交易内生秩序基础上的制度选择，是主观见之于客观的一种制度设计理念。因此，这种模式下的征纳税主体之间的关系，表现为权力主体对权利主体的服务关系，在此基础上促使权利主体实现纳税义务。这种合作而非对抗的征纳模式，在权力主体服务权利主体的机制设计中，凸显了权利主体权益优先，税收本质在"取之于民，用之于民"的原则指引下，税收利益终将回馈于权利主体权益的理念，特别表现为征税程序的公开、简便、易行等制约权力滥用原则；在权利主体实现纳税义务的机制设计中，特别表现为对纳税人纳税意识的培育和纳税人自愿申报等信任机制相结合原则。

（二）政府识别型发票制度下的"管理+税控"模式

在这种模式下，政府通过设定发票内涵，掌控发票形式，即通过全面管理发票形式本身从而实现发票税控的目的。这种税控模式的重点在于发票形式上的管理，而不是发票上的交易记载内容。对发票全面管理实现税控的企图，表明了该模式是在尊重交易内容的市场自发性与交易内容记载形式的行政强制性这个分裂机制下设计的，是奉行行政强制这个外生秩序基础上的制度设计，因而是客观见之于主观的一种制度设计。因此，这种"管理+税控"模式下的征纳税主体之间的关系，表现为权力主体对义务主体的管理关系，在此基础上强制义务主体实现纳税义务。这种对抗而非合作的征纳模式，在权力主体管理义务主体的机制设计中，凸显了权力主体税收利益优先，义务主体的正当权利需要被忽视的理念，表现为征税程序的复杂和不信任纳税人的机制设计。

第二节 "管理+税控"发票制度模式中的政府角色

一 作为发票的发行者

（一）遵循的是行政至上的偏向性理念

发票的印制数量、式样设计、版式更换、发放和缴销等环节都由政府统管，政府实际上取得了相当于货币领域的发行者地位。作为发票的发行者，政府在市场交易中的行政化管理手段运用，改变了市场经济领域中先交易、后发票的事实。

发票其实只是个交易记载凭证，无论是在交易自治型发票制度下，还是政府识别型发票制度下，都无法改变这个事实：没有交易的需要，没有交易的发生，发票就无从产生。因此，尊重交易事实，服从交易需要，保障交易秩序是市场经济发展的要求。任何不尊重市场规律，试图改变市场交易秩序，以牺牲其他交易主体利益来满足另外交易主体利益的行为，或者是以强力压制其他利益主体的需要来满足自我利益需求，都是对市场公平、公正秩序的破坏。

政府借助对发票的识别，实施发票的垄断管理，以满足自我财政税收的需要，却忽视了发票对交易主体的需要，而这个需要是与交易相伴相生，也就是与交易主体相伴相生的，并不因税控的需要而生，也不因税控的需要而改变。但是，政府通过对发票形式上的识别却改变了这个需要，或者说将交易主体的会计核算、报账、维权等需要绑定在税控需要的实现上，这是典型的行政至上思想在作祟。行政至上思想其实是长期计划经济体制遗留下的产物，是大政府、小社会，强政府、弱市场的写照。它反映了政府无所不能、无所不包的管理理念。在这个理念指引下，市场的自生自发秩序是不可靠的，政府的管理触角可以伸向经济的方方面面，私的即是公的，公私经常混淆，公利益可以绝对性压倒私利益。

（二）市场监管者兼参与者

作为发票的发行者，政府职责的履行，首先基于发票监制者的垄断地位，在试图借助对发票的形式管理，成为市场真实交易关系监督者的同时，也成为了市场交易参与者。

1. 发票关系的监管者

监制发票，仅仅是政府的一个识别环节，政府在监制发票时，就对发票的种类、联次、使用范围、领购数量等做了统一分配，因此，对于发票是否合规使用也当然归属政府职权范围，此时政府取得了发票关系监管者地位。监管表现为：一是领购、开具发票的单位和个人，要按规定领购、开具发票，向税务机关报告其发票使用情况，报送相关开票数据，税务机关也有权查验；二是规定了禁止虚开发票行为；三是禁止其他一些不合规使用发票行为；四是要求开具发票的单位和个人必须建立发票使用登记制度，并要有发票登记簿，按税务机关要求报告发票使用情况。①

2. 发票交易的参与者

税务机关有三种监督发票开具、使用、保管等行为：一是在发票的开具方面，对于使用税控装置开具发票的，要求按规定开具，并报送开具发票的数据。对于没有使用税控装置开具发票的，要求将说明资料报备税务机关，并按规定保存、报送相关开具发票的数据；② 二是在发票的使用方面，要求开具发票的单位和个人建立发票使用登记制度，设置发票登记

---

① 分别参见《发票管理办法》第十五：需要领购发票的单位和个人，应当持税务登记证件、经办人身份证明，按照国务院税务主管部门规定式样制作的发票专用章的印模，向主管税务机关办理发票领购手续。主管税务机关根据领购单位和个人的经营范围和规模，确认领购发票的种类、数量以及领购方式，在 5 个工作日内发给发票领购簿。单位和个人领购发票时，应当按照税务机关的规定报告发票使用情况，税务机关应当按照规定进行查验。第二十二条：任何单位和个人不得有下列虚开发票行为：为他人、为自己开具与实际经营业务情况不符的发票；让他人为自己开具与实际经营业务情况不符的发票；介绍他人开具与实际经营业务情况不符的发票。第二十四条：任何单位和个人应当按照发票管理规定使用发票，不得有下列行为：转借、转让、介绍他人转让发票、发票监制章和发票防伪专用品；知道或者应当知道是私自印制、伪造、变造、非法取得或者废止的发票而受让、开具、存放、携带、邮寄、运输；拆本使用发票；扩大发票使用范围；以其他凭证代替发票使用。第二十七条：开具发票的单位和个人应当建立发票使用登记制度，设置发票登记簿，并定期向主管税务机关报告发票使用情况。

② 参见《发票管理办法》第二十三条：安装税控装置的单位和个人，应当按照规定使用税控装置开具发票，并按期向主管税务机关报送开具发票的数据。使用非税控电子器具开具发票的，应当将非税控电子器具使用的软件程序说明资料报主管税务机关备案，并按照规定保存、报送开具发票的数据。

簿，并有义务定期向税务机关报告发票使用情况；① 三是在发票的存放和保管方面，要求开具单位和个人必须按税务机关的要求、期限和程序，不得擅自销毁。②

既然发票由政府识别，政府来监督发票的开具、使用和保管当无可厚非，但事实上，政府一方面作为监督者，一方面又在某些情况下作为发票开具人参与其中，当政府作为开具人时，谁来履行监督人的职责？是政府吗？那岂不是监守自盗？发票在履行政府税收分配职责时，由于中央与地方、地方与地方税收利益分配上的考量，发票在印制、监制章、税种、适用范围、领购、使用等各个方面都按地域做了详细的行政划分，然而交易是不按行政性地域划分来进行的，所以对于跨行政区域的交易，政府就充当了发票开具人或委托发票开具人地位③，那么，谁来监督税务机关作为开具人的履行情况？

如果没有监督会如何？税务机关作为开具人就有与虚假交易的开票人合谋，甚至自己直接开设虚开开票公司从中谋利，或者非法委托代开人获利；而对于造假公司来说，打着税务机关代开人的旗号开票却也省去不少麻烦，又成为一种隐蔽的造假手段，成就了相当一批造假公司，这种案例现实中相当普遍。许多涉及税务机关及其工作人员的偷逃税案例，相当多都是借助了税务机关代开人的名义。我们在之前的章节中已做过分析，此不赘述。

（三）管理者兼交易者

作为发票的发行者，一方面通过其发票监制者地位，取得发票管理的职能；一方面出于发票发行成本及效率的考虑，难免摆脱权力寻租的嫌

---

① 参见《发票管理办法》第二十七条：开具发票的单位和个人应当建立发票使用登记制度，设置发票登记簿，并定期向主管税务机关报告发票使用情况。

② 参见《发票管理办法》第二十九条：开具发票的单位和个人应当按照税务机关的规定存放和保管发票，不得擅自损毁。已经开具的发票存根联和发票登记簿，应当保存5年。保存期满，报经税务机关查验后销毁。

③ 参见《发票管理办法》第十六条：需要临时使用发票的单位和个人，可以凭购销商品、提供或者接受服务以及从事其他经营活动的书面证明、经办人身份证明，直接向经营地税务机关申请代开发票。依照税收法律、行政法规规定应当缴纳税款的，税务机关应当先征收税款，再开具发票。税务机关根据发票管理的需要，可以按照国务院税务主管部门的规定委托其他单位代开发票。

疑,从而使政府具备了管理者兼交易者的双性地位。

1. 发票的监制者

政府所设计的发票识别制度,首先是以发票管理者身份出现的,通过将发票纳入到政府统一管理之中,体现政府对发票垄断的唯一合法地位。如,《发票管理办法》第四条规定:"国务院税务主管部门统一负责全国的发票管理工作。省、自治区、直辖市国家税务局和地方税务局(以下统称省、自治区、直辖市税务机关)依据各自的职责,共同做好本行政区域内的发票管理工作。"

立法排斥了交易自治型发票,确立了政府识别的法定地位,就必然决定了政府在识别发票的连环程序中,扮演着多重角色。首先是发票监制者的角色。监制章是政府设计的体现发票合法地位的显著标志,因此,监制章的式样及其发票版面都必须体现政府的统一要求,其监制权也当然收归政府。监制章由政府垄断,一切与此不符的都是伪造,政府取得发票监制者地位。故此,2011年《发票管理办法》第十条规定:"发票应当套印全国统一发票监制章。全国统一发票监制章的式样和发票版面印刷的要求,由国务院税务主管部门规定。发票监制章由省、自治区、直辖市税务机关制作。禁止伪造发票监制章。而且为了便于政府监制权的行使,增加发票造假的难度和成本,还规定了发票实行不定期换版制度。"

由政府统一供给发票,从发票形式上看,将交易信息做了一个统一规范,形式鉴别简单化了,即没有监制章的都不是法定发票,某种程度上能节约交易成本。但问题是,政府是否有供给发票这个法定文本义务?如果有,那么强制为市场供给发票就是合理的。而且,仅从形式上考虑,确实具有简化识别的作用,但是,发票问题仅仅是个形式问题吗?

2. 发票的交易者

政府对发票的管理,是通过一些具体措施体现的,比如,通过指定发票印制企业,确定发票印制版式,何时换版,向购票单位和个人发售发票时收取管理费等。在此管理过程中,有时又往往成为交易者。以领购发票为例,对于外地来本地从事临时经营活动的单位和个人,需要领购发票的,税务机关可要求其提供保证金。这其实赋予了税务机关借此收取管费的权力。① 再以发票版式为例，发票版式印制、换版、工本管理费等都由各省税务机关确定。发售发票时，要收取工本管理费，那么何时换版、换版的频次，其实就决定了发售发票交易额的多少，此时，税务机关充当了交易者身份。②

二 作为发票的监管者

作为发票的监管者，政府的这个法定职能是立法赋予的，体现在《税收征管法》《发票管理办法》中，为了凸显并巩固政府发票税控中心的地位，《会计法》《消费者权益保护法》等进行了配合规定或司法实践中的弱化运用，从而暴露出许多问题。

（一）以税收为核心进行片面权限设定

1. 《税收征收管理法》及其实施细则的考察

征管，从字义上理解，就带有自上而下、强制、不由分说的意思。征管与被征管的关系就是主动对被动的关系，是一种不信任机制与对抗机制理念下的冲突关系。"征"与"管"，使权力从来都不是建立在尊重权利的基础上行使，所以整部《税收征收管理法》的天平必然向权力倾斜。如立法目的第一条："为了加强税收征收管理，规范税收征收和缴纳行为，保障国家税收收入，保护纳税人的合法权益，促进经济和社会发展，制定本法。"虽然立法目的中有保护纳税人合法权益的目的，但整部法除去附则之外，共八十八条里，只有第八条提到了纳税人的权利："纳税人依法享有申请减税、免税、退税的权利。纳税人、扣缴义务人对税务机关所作出的决定，享有陈述权、申辩权；依法享有申请行政复议、提起行政诉讼、请求国家赔偿等权利。"但该权利的行使依然以满足国家税收征收为前提，如第八十八条："纳税人、扣缴义务人、纳税担保人同税务机关在纳税上发生争议时，必须先依照税务机关的纳税决定缴纳或者解缴税款

---

① 参见《发票管理办法》第十八条：税务机关对外省、自治区、直辖市来本辖区从事临时经营活动的单位和个人领购发票的，可以要求其提供保证人或者根据所领购发票的票面限额以及数量交纳不超过1万元的保证金，并限期缴销发票。

② 参见《发票管理办法》第十条规定：发票实行不定期换版制度。《发票管理办法实施细则》第九条：全国范围内发票换版由国家税务总局确定；省、自治区、直辖市范围内发票换版由省税务机关确定。第十八条：税务机关在发售发票时，应当按照核准的收费标准收取工本管理费，并向购票单位和个人开具收据。发票工本费征缴办法按照国家有关规定执行。

及滞纳金或者提供相应的担保,然后可以依法申请行政复议;对行政复议决定不服的,可以依法向人民法院起诉。"而对于《税收征收管理法实施细则》来说,更是具体细化了征税机关的权力,看不到任何有关纳税人的权利,就是一部纳税人义务法。

任何一部法,都是有关主体关系设定的法,《税收征收管理法》也不例外。对于《税收征收管理法》来说,至少涉及两类主体:征税机关与纳税人。对于权利主体,如果没有设定权利,或权利的保障不够,或缺乏显而易见的程序性权利保障,都使权力得不到或不能得到有效制衡,那权力的滥用就在所难免,权利主体在法制外寻求自我保护以对抗权力也在所难免。1998年8月26日在第九届全国人民代表大会常务委员会第四次会议上,全国人大常委会执法检查组关于检查《中华人民共和国税收征收管理法》实施情况的报告中就反映出了权力滥用以及权利对抗等问题。征税机关的权力滥用表现在:一是超越税收管理权限,擅自制定减免税优惠政策。有的地方对股票上市公司只征收18%的企业所得税,甚至减半征收,全额退还。有的省则规定,生产型外商投资企业经营期在十五年以上的,免征地方税十年;非生产型外商投资企业经营期在十年以上的,免征地方税五年。湖南南方摩托车股份有限公司其国家法人股完全由中央单位持有,但株洲市税务部门放宽减免税政策,该公司1997年实现利润7544.58万元,全部免税。云南省建水县政府规定,凡达到要求的技改工程项目,给予负责人的奖金不纳个人所得税。二是混淆入库税种级次,截留中央收入。甘肃省1995年擅自将消费税1.5亿元改为增值税交入中央和地方金库,影响中央收入2125万元。三是一些地方还存在着"寅吃卯粮"、收过头税问题。如一些地方在当地出现财政困难或税收任务难以完成的情况下,采取预收企业税款和该退不退、该抵不抵、该免不免等方式,收过头税。权利对权力的对抗表现在:偷、逃、抗、骗税和欠税问题比较严重。1993年至1997年五年间,全国税务部门共查出偷、逃、抗、骗税纳税户分别达178.7万户、80.8万户、90.6万户、98.7万户和198.2万户,追缴税款、加收滞纳金和罚款分别为68.3亿元、150.5亿元、233.5亿元、484.5亿元和331.1亿元。湖南省1997年全省国税部门检查19922户企业,有偷、漏税问题的达16922户,占被查企业的84.9%。欠税现象更为严重。据国家税务部门统计,截至1998年,全国的欠税余额已达406亿元。截至1998年6月底,广东省国税系统企业各项工商税收欠税余额达 22.58 亿元,其中,欠缴增值税、消费税为 20.33 亿元,占总欠税额的 90%。浙江省截至 1998 年 5 月底,全省欠税余额达 25.32 亿元。此外,各地还普遍反映税外收费过多过滥,有些收费侵蚀税基,造成"费"挤"税",更加剧了税收征纳的矛盾。

虽然此次《税收征收管理法》实施情况的检查报告是发生在 2001 年《税收征收管理法》之前,但只要赋予政府的权力是绝对的、单向度的,缺乏对权利主体的权利保障的,则依然缺乏权利对权力的制衡,以上那些关于权力的滥用以及权利对权力的对抗问题依然还会存在。

我国《税收征管法》明确了发票的主管机关是税务机关,由此明确了发票为税收服务的基本职能①。《税收征管法》赋予政府在税收征收中的权力优势,也必然体现在《发票管理办法》中政府对发票管控的权力优势,以因此使发票为政府服务的税控职能成为其首要功能。

2. 实现税收目的的发票合法性设定

(1)《发票管理办法》是对《税收征收管理法》的具体贯彻

由于《税收征管法》明确了发票为税收服务的本质,发票成为税收实现的工具和手段,则发票的立法制度设计都紧紧围绕税收征收展开,发票所承担的税收实现职能,表明了《发票管理办法》是对《税收征管法》的具体贯彻。如 1986 年的《中华人民共和国税收征收管理暂行条例》,随后对应了 1986 年的《全国发票管理暂行办法》;1992 年的《中华人民共和国税收征收管理法》,随后对应了 1993 年的《中华人民共和国发票管理办法》;而且历次《税收征管法》都明确了税务机关管理发票的法定权力。1986 年的《中华人民共和国税收征收管理暂行条例》第二十八条:"发票由税务机关统一管理。未经县级或者县级以上税务机关批准,任何单位个人都不得自行印制、出售或者承印发票。除经税务机关认可的特殊票据外,发票必须套印县级或者县级以上税务机关的发票监制章。"1992 年的《中华人民共和国税收征收管理法》第十四条:"发票必须由省、自治区、直辖市人民政府税务主管部门指定的企业印制;未经省、自治区、直辖市人民政府税务主管部门指定,不得印制发票。发票的管理办法由国

---

① 参见《税收征管法》第二十一条:税务机关是发票的主管机关,负责发票印制、领购、开具、取得、保管、缴销的管理和监督。单位、个人在购销商品、提供或者接受经营服务以及从事其他经营活动中,应当按照规定开具、使用、取得发票。

务院规定。"2001年的《中华人民共和国税收征收管理法》第二十一条："税务机关是发票的主管机关，负责发票印制、领购、开具、取得、保管、缴销的管理和监督。单位、个人在购销商品、提供或者接受经营服务以及从事其他经营活动中，应当按照规定开具、使用、取得发票。发票的管理办法由国务院规定。"第二十二条："增值税专用发票由国务院税务主管部门指定的企业印制；其他发票，按照国务院税务主管部门的规定，分别由省、自治区、直辖市国家税务局、地方税务局指定企业印制。未经前款规定的税务机关指定，不得印制发票。"在《税收征管法》的旨意下，历次《发票管理办法》都首先呼应了《税收征管法》对发票承担税控职能的要求。如1986年的《全国发票管理暂行办法》第一条："为了加强税收管理和财务监督，有利于税收法规、政策的贯彻实施，保护合法经营，根据《中华人民共和国税收征收管理暂行条例》（以下简称《税收征管条例》）第二十八条、第二十九条的规定，制定本办法。"1993年的《中华人民共和国发票管理办法》第一条："为了加强发票管理和财务监督，保障国家税收收入，维护经济秩序，根据《中华人民共和国税收征收管理法》，制定本办法。"2011年的《中华人民共和国发票管理办法》第一条："为了加强发票管理和财务监督，保障国家税收收入，维护经济秩序，根据《中华人民共和国税收征收管理法》，制定本办法。"

（2）《发票管理办法》下的发票合法性特点

第一，合法性与事实性的分离。

《发票管理办法》中，由于设定了政府对发票识别地位，发票的合法性与事实性就出现了分离。因为发票合法性只是就其形式而言，所以，对于形式非法，但内容真实的交易凭证，对政府而言，就是假票真开，不被认可，但对于交易主体的会计核算、报账、维权来说，因为是真实的交易记载，其功能并不受到丝毫形式上的影响。政府识别型发票，从形式上看，不被认可的发票分为假票假开、假票真开、真票假开。这里就出现了合法性与事实性的冲突，对于第二种假票真开的情况，即形式虚假、内容真实的交易凭证，尽管对交易主体而言，甚至对税务机关征税而言有实际意义，却被排斥在合法凭证体系之外。对于第三种真票假开的情况，即形式真实、内容虚假的发票，在不验证其内容真实性或无法验证的情况下，却被纳入合法凭证，经济交易的事实真相被扭曲了。

第二，合法性认定依据的片面性。

一是成本考虑方面的。

发票由政府统管，从印制企业资格的审查、指定、印制权、监制权在中央与地方、地方与地方的分配，发票领购、开具、换版、缴销等以行政区划为单位的监管权力的划分等，监管无不全面、无不细致。政府试图通过严格管理发票，实现税收利益以及严格按照行政区划分配税收利益，因此，在发票形式上尽量满足行政权力划分的特点，以实现发票为中央、地方财政税收服务的特点。这也就是发票为什么有全国监制章、省监制章，为什么有各地各不相同的防伪标记等。政府识别发票，就形式而言，通过法定标识做了统一，确实节省了发票辨识的成本，因为全国监制章、防伪标记只有一个，而各省只负责自己监制章、防伪标记的识别。然而，如果进一步深究，识别成本真的就节约了吗？交易并不只在自己行政区划发生，行政区划之间乃至国际之间的交易十分盛行，那有多少版本的发票及其对应的不同行政区划的识别标识，都在考验着政府识别的联网系统及其敬业精神。而且，这只是就形式意义而言。发票仅仅是形式上的问题吗？如果不是，那么在形式上统一识别标准来达到节约成本的目的就是自说自话。因此，政府识别发票达到成本节约的目的一开始就是一厢情愿的，因为一开始在合法性认定上就是片面的，那就是忽视了最根本的发票内容真实性的认定。

二是选择性认定方面的。

发票的政府识别，首先从形式上做了选择性认定，对于有政府识别标志的认可为合法发票，对于没有政府识别标志的，排斥在合法发票系统之外。这种形式上的选择认定同时也为政府对发票的真假甄别划定了一种简化识别的标准，因为形式真假识别是不可绕过的，而且交易往往涉及多个利益链条交织的交易主体，需要多个部门配合，一般情况下，只对发票做形式真假识别的简化性处理。这样，从形式上来看，真票假开的问题，除非发现异常或接到检举，否则是放任不查的，这也是为什么现如今许多的虚开发票的大案要案都在形式真实性发票的问题上大做文章的原因。政府对发票形式上的选择性认定，将对发票真假的查验引向了主要针对形式性的查验，或者说正是政府在中央与地方之间试图通过发票达到分配税收利益的目的，设置了复杂而高昂的形式识别与验证成本，从而也不得不使政府将有限的成本和精力放在了形式性发票的查验上，这不得不说是这种设计体制的欠考虑之处。

（3）税控功能下的发票合法性本质

税控功能的不可替代性及有效性的发挥，决定了交易的事实性与主观设定标准冲突的情况下，事实性为唯一的判断标准，因此，合法性不是主观设定，是事实决定的。在发票没有政府统管，仅承载税控功能时，发票仅仅是实现税控的一个工具，它并不安排交易的发生，也不影响交易的发生和市场走向。因此，交易主体的交易需求决定着交易的发生，交易的发生决定着发票的记载内容，这种事实性就表明了发票的合法性，无须形式上的选择。如果说发票的记载内容有意虚假而达到偷逃税的目的，那也与发票形式无关，因为在不用发票税控的国家，比如日本，通过账簿等实现税收，依然也可以在账簿上作假达到偷逃税的目的。所以，在西方许多国家，只要记载交易事实的凭证，哪怕是不如实记载的凭证，都是合法性发票，不存在形式性选择问题，真假发票只在事实真相的查验。

当发票通过政府统管实现税控功能时，发票合法性在形式上就做了主观设定，交易事实在形式上就对应了真、假两种截然不同的情况。而且，通过管理发票实现税收利益的分配，在管理者角色多重的情况下，即管理者兼交易者、监督者兼参与者、分配者兼分享者的境况下，发票就不仅仅是实现税控的工具，更是改变交易、重新安排交易、影响交易，从而最终影响税控实现的工具。"管理＋税控"模式下的发票，由于政府进行了选择性识别，从而有改变市场交易秩序、税控失灵被放大的风险。

3. 服务税收目的的会计核算和报账的发票合法性设定

就会计核算来说，以一定的记账方法和计量手段如实反映财物的来龙去脉，是财物所有人对经营者的要求。在两权分离的现代化生产情况下，发票作为记账的原始凭证之一，是会计核算不可或缺的重要凭证，因而必然充当了体现所有人与经营者之间受托责任之职。就报账来说，解决的是资金的拨款单位（所有人）与使用人之间的资金信用关系，其间通过发票衔接信用。发票所体现的这两种关系与税收的实现并没有必然的联系，也就是说，只要存在着会计核算和报账的需求，只要有对交易如实记载的原始凭证，这两个关系就是存在的。

在我国，发票作为政府税控实现的主要工具和手段，其所承担的为私主体服务的会计核算和报账功能在政府税控需要的冲击下开始退居其后，私主体利益让位于公主体利益的后果就是，发票的会计核算和报账功能受到政府税控实现的制约，表现在《税收征管法》的立法设计中，服务于私主体的会计核算和报账依据也打上了政府识别的法定印记。如《税收征管法》第十九条,"纳税人、扣缴义务人按照有关法律、行政法规和国务院财政、税务主管部门的规定设置账簿,根据合法、有效凭证记账,进行核算"。何谓合法、有效记账凭证?其中之一当然是政府设定的法定发票。此时,如果有一类原始凭证,尽管交易内容是真实的,但如果没有经过政府识别,不被确定为法定发票的话,则不被纳入到会计核算和报账体系中。《会计法》第十四条规定:"会计机构、会计人员必须按照国家统一的会计制度的规定对原始凭证进行审核,对不真实、不合法的原始凭证有权不予接受,并向单位负责人报告。"所谓不真实、不合法的原始凭证,其中之一当然是不符合政府发票形式上的要求,尽管其记载内容是真实的。当发票承担着政府税控的职能,具体通过会计核算与报账作为实现途径的时候,政府对发票的形式识别必然将会计核算与报账的依据进行了形式认定。这种形式认定,排除了那些有真实交易而形式不合规的凭证,而对那些以形式真实为基础的大量虚构交易及无交易的凭证予以入账核算。当这些大量扭曲经济交易事实的形式真实的发票为入账依据的时候,发票税控失控不仅损害了政府的税收利益,也同时因为会计核算和报账功能受到损害使得私主体利益受到严重损害。

  不仅如此,从立法的制定主体看,《税收征管法》与《会计法》都是由全国人民代表大会常务委员会制定通过,二者的法律位阶相同。从立法目的看,《税收征管法》主要是保障国家税收的实现,为公主体利益服务。[①]《会计法》主要通过规范市场交易主体的会计行为,为私主体经营管理活动服务。[②] 政府借助发票的形式识别,通过具体的会计核算和报账机制来满足税控的需要,却忽略了经营主体基于真实交易基础上的会计核算与报账的需要。当政府对发票形式进行法定识别的时候,相比较《会计法》中基于交易事实的会计核算和报账依据,外延大大缩小了。但在公主体利益为首要满足的前提下,尽管各自的立法目的不同,《会计法》会计核算与报账依据依然屈从了《税收征管法》统领下《发票管理办法》中

[①] 参见《中华人民共和国税收征收管理法》第一条:为了加强税收征收管理,规范税收征收和缴纳行为,保障国家税收收入,保护纳税人的合法权益,促进经济和社会发展,制定本法。

[②] 参见《会计法》第一条:为了规范会计行为,保证会计资料真实、完整,加强经济管理和财务管理,提高经济效益,维护社会主义市场经济秩序,制定本法。

对于发票的形式要求，从基于交易事实的核算依据转向基于交易形式的核算依据。表明了长期以来，在公私利益的制度配置中，公主体利益至上的思想。

（二）重公轻私的倾斜性利益保护，而非整体市场秩序维护

发票最初是作为交易主体的需要产生，所以首先是服务于私主体的。虽然发票后来成为一种国家税控的工具，但是服务于私主体的需要并没有改变，其证明功能及其会计核算功能与维权功能依然存在。但是由于发票成为国家实现税收的工具，而且在我国，以政府识别的方式介入到发票管理达到税控的目的，这就在法律法规的设计上，体现了很强的重公轻私的思想。以《税收征收管理法》统领下的[①]《发票管理办法》一开始就忽视了其他交易主体的需要。如果说1986年的《全国发票管理暂行办法》还有保护经营者私主体的目的，如第一条："为了加强税收管理和财务监督，有利于税收法规、政策的贯彻实施，保护合法经营，根据《中华人民共和国税收征收管理暂行条例》第二十八条、第二十九条的规定，制定本办法。"2007年的《发票管理办法》修订草案还有保护消费者权益的目的，如第一条："为了加强发票管理和财务监督，保障国家税收收入，维护经济秩序，保护消费者合法权益，根据《中华人民共和国税收征收管理法》，制定本办法。"其他历次《发票管理办法》，包括现行《发票管理办法》就都只有一个目的，那就是国家税收利益的实现。2011年《发票管理办法》第一条："为了加强发票管理和财务监督，保障国家税收收入，维护经济秩序，根据《中华人民共和国税收征收管理法》，制定本办法。"以公主体的利益实现为唯一目的，违背了均衡配置各主体利益的公平原则，这种倾斜性利益保护的立法制度设计必然以侵害其他主体的利益为代价。尽管《会计法》以私主体的利益保护为目的，但当政府的税控需要会计核算和报账作为具体实现工具的时候，而发票又承担着税控的职能，此时，会计核算与报账的依据就由最初交易主体之间的交易事实凭据转变为政府法定性识别的交易形式凭据，即发票。《会计法》的立法目的开始让位于《税收征管法》及其下的《发票管理办法》的立法目的。如《发票管理办法》第

[①] 参见《中华人民共和国税收征收管理法》第二十一条：税务机关是发票的主管机关，负责发票印制、领购、开具、取得、保管、缴销的管理和监督。

二十一条规定:"不符合规定的发票,不得作为财务报销凭证,任何单位和个人有权拒收。"何谓符合规定?即是第十条规定:"发票应当套印全国统一发票监制章。"政府对发票的法定识别,驱使《会计法》进行了相应回应。《会计法》第十七条:"会计机构、会计人员对不真实、不合法的原始凭证,不予受理。"这里所谓的不真实、不合法的原始凭证并非从交易事实的角度而言,而是指的交易形式。在我国,具有真实交易事实的交易凭证并非就是发票,而是形式上经政府法定识别的交易凭证才是发票。所以,真实与否,合法与否都是从交易形式而言。原始,指的是一种客观、真实和不可复制。所谓原始的交易凭证,当然是从交易内容而言。当《会计法》中将会计核算和报账的原始凭证从形式上界定为真实与否、合法与否的时候,其后果是对于形式真实而内容虚假的凭证作为合法的入账依据,对于形式虚假而内容真实的凭证作为非法的入账依据。如果原始凭证的真假不取决于形式,上面的情况正好相反。而正是这种不取决于形式的作为核算和报账依据的原始凭证才是如实、客观地反映了交易主体的交易事实,才符合为交易主体的经营管理活动服务的立法目的。因此,当政府对发票形式进行法定识别的时候,在公主体利益为首要实现的原则下,也连带了对会计核算依据的原始凭证进行了法定识别。事实来看,对原始凭证的法定识别,颠覆了原始凭证以事实为依据的根基,放大了人为操作的空间,会计核算和报账为私主体利益服务机制失灵,而这反过来又根本损害了政府的税收利益。这种局面的形成,正是长期以来我国制度设计中,公主体总是不适当侵蚀私主体利益的结果。

(三)忽视其他利益主体的法律制度设计

1. 忽视了经营者以事实为依据的会计核算目的

(1)《会计法》确立了会计核算的税收目的

会计本身是交易主体对经济事实的确认行为,原始凭证是会计核算确认的法定依据之一。对于原始凭证的规定,《会计法》确立了以税收为核心的导向思想。《会计法》第十四条规定:"会计凭证包括原始凭证和记账凭证。办理本法第十条所列的经济业务事项,必须填制或者取得原始凭证并及时送交会计机构。会计机构、会计人员必须按照国家统一的会计制度的规定对原始凭证进行审核,对不真实、不合法的原始凭证有权不予接受。"这里面哪里有关于税收的规定呢?且看其中所谓不真实、不合法的原始凭证不予接受的规定。发票作为原始凭证的主要凭证之一，不真实、不合法的原始凭证主要就是指不真实、不合法的发票了。而发票则是税控的主要工具，其合法性在《税收征收管理法》及其《发票管理办法》中有专门规定，《税收征收管理法》第二十一条规定："税务机关是发票的主管机关，负责发票印制、领购、开具、取得、保管、缴销的管理和监督。单位、个人在购销商品、提供或者接受经营服务以及从事其他经营活动中，应当按照规定开具、使用、取得发票。"《发票管理办法》第五条规定："发票的种类、联次、内容以及使用范围由国务院税务主管部门规定。"因此，不真实、不合法发票就是指不被税务机关认可的发票，也就是不符合政府法定的监制章、版式及防伪标记的要求。当会计核算依据的原始凭证从内容记载的真实性角度，对应了形式真实——合法性发票和形式不真实——非法性发票这样两种情形，而这种形式上的划分恰恰是应税控的需要而产生的时候，我们可以说会计核算已经失去了以事实为依据原则，具有了首先为税收服务的目的。

（2）《会计法》下的发票合法性特点

第一，合法性确认标准与事实性分离。

《会计法》中规定了对于不真实、不合法的原始凭证不予接受的规定，并不是从交易主体交易需要的角度的实事求是的规定。对于交易主体来说，会计核算的目的是什么？既是首先为自己经济管理的需要，也是经营者为所有者履行受托责任的需要，更是为投资人提供高质量会计信息质量的需要，因此真实的信息记载是会计核算的本质，至于凭证的形式如何都无须考虑。至于政府无论是借助发票实现税控，还是借助账簿、财务报表实现税控，真实的交易记载也是其本质的因素考量。但是，当发票从形式上被政府分离为合法与非法时，而又强加给会计作为法定核算依据时，会计核算的确认标准就与事实发生了分离，不仅仅是记载真实交易的原始凭证，还必须是所谓政府识别制度下的形式合法性凭证。真实性是会计的生命之源，离开了真实性，会计就从根本上丧失了存在的必要。2006年2月《企业会计准则－基本准则》第2章第16条规定：应当按照交易或者事项的经济实质进行会计、计量和报告，从而明确了会计实质重于形式的原则。但是，"在我国，当国家强调要求会计反映的经济事项必须符合有关法规的时候，问题就发生了。人们宁肯以盖有单位公章和执法机关公章却失去真实性特征的凭证为会计依据，也不愿用经手人亲自签名认可的符合真实性特征的不合规凭证入账"。① 这种会计合法性确认标准与事实性的分离,其实反映了法律形式合理性与会计实质合理性的矛盾。

第二,是政府识别型制度下的合法性。

政府在将发票作为实现税控的工具时,为了实现对发票的全面控制,简化发票的管理,将所承载其他功能的发票合法性也纳入到政府识别制度中,使得发票无论在承载任何功能时,都在形式识别上做了统一。如《税收征收管理法》第十九条,"纳税人、扣缴义务人按照有关法律、行政法规和国务院财政、税务主管部门的规定设置账簿,根据合法、有效凭证记账,进行核算"。《发票管理办法》第二十一条,"不符合规定的发票,不得作为财务报销凭证,任何单位和个人有权拒收"。相应的,《会计法》就做了如下规定:"会计机构、会计人员必须按照国家统一的会计制度的规定对原始凭证进行审核,对不真实、不合法的原始凭证有权不予接受。"因此,发票所承载的多种功能在政府识别制度下是有顺序的:发票首先是为税控服务的。其次,发票才是为报账、会计核算服务的。发票因税控的需要,其合法性从形式上由政府做了识别,因此,在报账、会计核算上,发票的合法性也被纳入到政府识别制度中。

(3) 会计核算功能下的发票合法性本质

会计核算是经济交易客观需要的产物,是为市场交易主体服务的,其产生与发展都不是必然为税控服务的。发票的税控功能作为主观设定的功能不能,也不应改变会计核算的本质。二者之所以发生冲突,甚至会计核算功能依附税控功能运作,主要是当税控借助发票实现的时候,税控与会计核算的实现都同时依据了发票上的交易信息,因而功能发生了重合,即发票不仅为经营者、所有者、投资人的会计核算服务,还同时为政府税控服务。而政府需要发票实现税控的主导地位,决定了税控功能的优先地位。这种功能秩序上的颠倒,使得税控功能设计的主观性,改变了会计核算以事实认定为依据的客观性本质。

发票不仅直接承载税控,如增值税等流转税,还间接承载所得税等税控。就企业所得税来说,原始凭证是企业收入、费用、利润核算的依据,因而具有税控的作用。既然原始凭证在会计核算中具有税控的作用,政府

---

① 杨世忠:《企业会计信息质量及其评鉴模式与方法研究》,立信会计出版社 2008 年版,第 80 页。

必然将其纳入到合法性识别制度中。一旦会计核算依据的不再是记载交易事实的自发性交易凭证，而是政府识别后的法定交易凭证，必然冲击了会计核算为市场交易主体服务的宗旨。如果说因为服务税控而改变了会计核算目标，则会计核算当初的经济交易的客观需要遭到主观设定的改变。事实正是如此，原始凭证的真实性不再是按照交易记载的事实判断，而是按照形式合法性要求认定，必然将一部分不符合法定形式要求却内容记载真实的记载凭证排斥在可接受凭证之外。会计核算功能的客观性乃至不可替代性决定了，在客观性目标与主观性目标冲突的情况下，客观性需求为唯一的判断标准。因此，会计核算的合法性不是主观设定的，是交易事实决定的。

2. 忽视了消费者维权的需要：《消费者权益保护法》的考察

（1）以交易事实为依据的保护规定

市场交易活动，完全以经营者、消费者的自愿、平等为前提，并按双方事先达成的交易契约履行各自的义务。经营者，作为商品和服务的提供者，对其供给的商品和服务质量拥有完全信息，为了保障消费者的人身和财产安全，《消费者权益保护法》作出了相应规定，如第七条："消费者在购买、使用商品和接受服务时享有人身、财产安全不受损害的权利。消费者有权要求经营者提供的商品和服务，符合保障人身、财产安全的要求。"这就要求经营者供给的商品和服务符合法定的或约定的质量规定。如，第十六条："经营者向消费者提供商品或者服务，应当依照《中华人民共和国产品质量法》和其他有关法律、法规的规定履行义务。经营者和消费者有约定的，应当按照约定履行义务，但双方的约定不得违背法律、法规的规定。"但是，经营者供给的商品和服务，质量如何？是否履行了法定的或约定的义务？那就需要一定的客观性依据予以判断。现实看，绝大部分的商品和部分服务的质量问题，一般都是交易后发生，有些甚至交易后很长一段时间，比如可能几年后才发生。所以，对当时交易事实予以固化的书面交易凭证非常必要，它至少显示了两大作用：一是显示了经营者对消费者承诺的商品和服务质量的义务，该义务以消费者享有的信息知情权、质量保障权等公平交易权为前提，如第八条："消费者享有知悉其购买、使用的商品或者接受的服务的真实情况的权利。"第十条："消费者在购买商品或者接受服务时，有权获得质量保障、价格合理、计量正确等公平交易条件。"二是显示了经营者若违反对消费者承诺的商品和服务义务，消费者有获得赔偿权。如，第十一条："消费者因购买、使用商品或者接受服务受到人身、财产损害的，享有依法获得赔偿的权利。"显然，对交易事实记载的交易凭证，既是交易发生时，经营者向消费者承诺的权义凭据，也是交易发生后，承诺未如实兑现的责任落实凭据。所以，该交易凭证只能是基于交易的发生及其交易事实的如实记载。如，第二十一条："经营者提供商品或者服务，应当按照国家有关规定或者商业惯例向消费者出具购货凭证或者服务单据；消费者索要购货凭证或者服务单据的，经营者必须出具。"

（2）政府对发票的形式性识别忽视了消费者维权的需求

在《消费者权益保护法》的规定中，第二十一条只是表明了购货凭证或服务单据作为交易发生时的事实记载凭证，并未特指这种交易凭证就是发票。但在《税收征收管理法》及其实施细则，以及《发票管理办法》中，都指明了交易凭证的法定形式为发票。而且，在《会计法》中，也间接指明了发票作为原始凭证的法定地位。这样，发票的法定性，排斥了仅仅交易主体之间自制的交易凭证，尽管这些交易凭证如实记载了交易事实，如，商场的电脑小票，经营者的维修单据、收发货单据等。以上立法规定往往导致了对《消费者权益保护法》第二十一条中所指的购货凭证或者服务单据的曲解，即将这些购货凭证或者服务单据曲解为发票，发票因此取得了维权功能。实际情况正是如此，尽管《消费者权益保护法》中没有任何关于交易凭证就是发票的规定，也没有任何只有法定的发票才是维权凭据的规定，但从现实所反映出的大量消费者维权诉讼案看，如果消费者交易时没有取得发票，或发票不真实，即使有电脑小票、发货单据等交易事实证明凭据，也难以成功维权。而发票的政府识别制度，不是出于交易事实的首要考虑，因而不能全面满足消费者的维权需要。不仅如此，发票对于同一交易主体具有功能的多样性及不能同时满足性，比如报账功能与维权功能，如果实现了报账功能，就意味着牺牲了消费者的维权需求。

三 作为发票的利益分享者

如果政府仅仅是监管发票的交易，则还是市场监管行为，但更多的是，在政府履行监管职能过程中，往往又取得了税收利益分配者的职能。而作为税收利益的分配者，往往因其分配缺乏监管，又成为实际上的税收利益分享者。

（一）权力的触角伸向权利，权力与权利的边界交叉重合

政府作为发票的监管者，必然肩负着打假的职责。一旦政府在形式上对发票进行真假甄别，必然将识别的触角伸向各个管理链条，从而将权力的触角伸向权利，实践中表现为借管理之名，行交易之实；借监督之名，行参与之实；借分配之名，行分享之实。作为发票利益的分享者，政府的权力开始与权利的边界交叉重合，那就是，以税收为核心的权力寻租对私益的谋求，或者推动着合谋利益的出现。当权力越过权利的边界，权力主体就既不是为公利益服务，也不是为私主体利益服务，而是为一己私利服务。当权力与权利出现了融合时，会极大激发权力主体的谋私欲望，因为作为经济人的权力主体，与谋取私益的权利主体没有本质不同，最大化自己的利益是其理性选择。政府设计的发票识别流程，一旦在履行其管理职能中弥合了权力与权利的边界，就为以权谋私提供了最大的隐蔽空间。

（二）"自我利益"目的的管理者

政府的局限性在于：政府不能成为交易的直接出票人，因为交易的发生是经营者与消费者共同决定的，而不是政府，但又要获取交易票据上的税收利益。因此，政府既要从发票上取得利益，又不能成为直接的出票人，是隐藏在发票背后中的利益人。从这个意义上，经营者与消费者作为交易的出票人，政府作为借助发票取得税收利益的人，表明了发票在满足不同交易主体需要的时候，既要有顺序先后的满足，还要有客观需要先于主观需要的满足。按照先交易、后发票的顺序，经营者与消费者是交易的出票人，决定着交易的发生，又是客观性需要。而政府是借助发票取得税收利益的人，既表明了发生于交易后，又表明了是主观性需要。

显然，交易自治型发票是市场化内生力量的秩序安排，具有平衡交易主体利益的目的；而发票的政府识别是行政外生力量的秩序安排，一开始就首先是为政府税控服务的，因而具有忽略交易主体利益、对政府利益倾斜性服务的目的。因而，这种外生秩序力量的安排，由于政府的自我利益目的性，天然就具有颠倒应然秩序的冲动。"外部秩序是一种源于外部的秩序或安排，即人造的秩序。由于这种人造的秩序是刻意创造出来的，所以它们始终是（或一度是）服务于该秩序的创造者的目的的。内部秩序是一种自我生成的或源于内部的秩序，即增长的秩序，自生自发的秩序。由于自生自发秩序不是创造出来的，所以我们没有理由说它具有一个特定

的目的，尽管我们对这种秩序之存在的意识，对于我们成功地追求各种各样的目的来说也许有着极为重要的意义。"①

因此，在政府识别型发票制度下，因为颠覆了传统的先交易、后发票的市场经济秩序，实行先发票、后交易的半行政化半市场化的管理秩序，这样，一切以政府税收实现为首要目标，由此改变了经营者与消费者的出票人地位，政府取得实际出票人地位。政府出票人地位的取得，以对实际交易主体利益的忽视为代价，表明了政府识别型发票制度一开始就不是对所有发票使用者利益保护的均衡化设计。该制度所设计的政府出票人地位，从一开始就使政府成为了"自我利益"目的的管理者，从而成为发票利益分享者。目前看，政府所设计的一套发票管理办法，实践证明是失灵的：利益分配与交易本身出现了脱节。

（三）分配者兼分享者

1. 税收利益的分配者

政府通过发票分配税收利益，首先是将发票纳入到政府统一管理之中，以体现发票为税收服务的本质，如《发票管理办法》第四条："国务院税务主管部门统一负责全国的发票管理工作。省、自治区、直辖市国家税务局和地方税务局（以下统称省、自治区、直辖市税务机关）依据各自的职责，共同做好本行政区域内的发票管理工作。"

政府通过发票印制权的分配，体现了其分配者的角色。增值税专用发票由于在流转税中举足轻重的地位，因此，由国务院税务主管部门负责指定企业印制，其他发票，由各省市税务机关指定的企业印制。同时，规定了以招标方式确定印制企业的资格。②

政府通过发票分配税收利益，当然是利益分配者角色。政府作为税收利益的分配者，对交易的影响是，将交易成本通过发票设定下来。一是通过划定发票的种类、联次、内容以及适用范围来确定税收总额，并通过划

---

① ［英］弗里德里希·冯·哈耶克：《法律、立法与自由》（第一卷），邓正来等译，中国大百科全书出版社 2000 年版，第 55—57 页。

② 参见《发票管理办法》第七条：增值税专用发票由国务院税务主管部门确定的企业印制；其他发票，按照国务院税务主管部门的规定，由省、自治区、直辖市税务机关确定的企业印制。禁止私自印制、伪造、变造发票。第八条：税务机关应当以招标方式确定印制发票的企业，并发给发票准印证。

定发票种类在中央与地方的分配来确定税收利益的分配;① 二是通过印制权的分配达到税收利益分配的目的。因为各地之间发票互不通用，印制权的分配就一定程度上锁定了发票领购额和开具额，这些必然决定了税收利益的多寡;② 三是通过发票领购地和开具地的限定实现税收利益的地方分配。发票的领购和开具一般限于各省之内，而跨省之间的开具需要各方协商，这也就决定了税收利益的分配份额。③

但是，经济交易者、发票交易者与寻租人之间，为了降低交易成本或获得额外税收利益，会在税收成本与交易利润之间转换。如在经济交易者之间，一般纳税人与小规模纳税人，会围绕税收抵扣利益的公平和交易的需要之间进行转换。因为这个转换实现的需要，就必须借助发票交易者的参与，这就催生了大量名不副实的虚开发票公司。因为交易的复杂性及互通有无性，政府在设计这个发票制度实现税收在中央与地方、地方与地方之间分配的时候，必然是与交易现实总是冲突的。如发票在各省印制、领购、开具和使用，而交易却是经常跨省的;发票领购、开具、使用的数额事先是审核确定的，但对于一次性、零星的交易等不适用。因此，税务机关代开发票或委托代开发票权就诞生了，权力寻租之门也由此打开了。这些恐怕都是当初政府在设计发票识别制度时欠考虑的。

问题的关键在于，这种税收所设定的交易成本，最初是由当事人之间的交易决定的，并非税务机关分配的。因此，交易成本最初取决于是否遵守法律，对交易的信用是否遵守的问题。当政府通过发票识别进行税收利益分配的时候，交易成本就不再是当事人之间的交易安排，而是交易主体之间的发票安排。当交易主体基于自我利益考量进行不当发票安排时，政

---

① 参见《发票管理办法》第五条：发票的种类、联次、内容以及使用范围由国务院税务主管部门规定。第七条：增值税专用发票由国务院税务主管部门确定的企业印制；其他发票，按照国务院税务主管部门的规定，由省、自治区、直辖市税务机关确定的企业印制。禁止私自印制、伪造、变造发票。

② 参见《发票管理办法》第十四条：各省、自治区、直辖市内的单位和个人使用的发票，除增值税专用发票外，应当在本省、自治区、直辖市内印制；确有必要到外省、自治区、直辖市印制的，应当由省、自治区、直辖市税务机关商印制地省、自治区、直辖市税务机关同意，由印制地省、自治区、直辖市税务机关确定的企业印制。禁止在境外印制发票。

③ 参见《发票管理办法》第二十五条：除国务院税务主管部门规定的特殊情形外，发票限于领购单位和个人在本省、自治区、直辖市内开具。省、自治区、直辖市税务机关可以规定跨市、县开具发票的办法。

府的税收利益安排目的就落空了。

2. 税收利益的分享者

政府还通过领购数额、种类、版次更换、划分开具地等确定其分享者地位。一是通过领购种类、数额上的规定确定了分享数额，加之版次的不定期更换及发售时管理费的收取，可借此创造并分享交易利润；二是为保证各省分享数额，开具仅限于各省市内开具，不得违反规定跨行政区域邮寄、携带发票；三是为保证事先确定好的分配数额及便于查验，规定了不得携带、邮寄、运输空白发票出入境。[①]

实际上，《发票管理办法》就是一部税收利益分配法，通过税种、版次、使用范围等规定，来确定总税额，又通过印制权、领购地、开具地等分配，来实现税额在中央与地方之间，地方与地方之间的分配。而这一切必须通过发票形式上的设置差异来完成，如增值税的监制章和防伪标记必须是全国统一的，以保障中央税的特点，而其他税，由于必须体现各地差异性来完成最初的分配原则，所以其监制章、版式及其防伪标记等必然不同。因此，各地财政税收的保障及保障机制的不同设计，使承载税控功能的发票在形式上体现了各不相同的特点，使得发票一开始作为政府识别的工具发挥税控的职能时，必然表现出程序复杂、烦琐的特点。这种复杂、烦琐的发票识别程序在实现各地税收分配利益的同时，一方面拔高了政府自我识别成本，另一方面却为交易主体提供了隐蔽的偷逃税空间，创设了多样的偷逃税手段。

第三节 政府过度介入与增值税改革中的发票税控风险

一 增值税改革与发票税控的关系

（一）增值税主体税种地位的进一步强化

我国1994年税制改革，开始广泛推行欧洲发票型增值税制度，对商

[①] 参见《发票管理办法》第十条：发票实行不定期换版制度。第十五条：主管税务机关根据领购单位和个人的经营范围和规模，确认领购发票的种类、数量以及领购方式。第二十五条：发票限于领购单位和个人在本省、自治区、直辖市内开具。第二十六条：任何单位和个人不得跨规定的使用区域携带、邮寄、运输空白发票。禁止携带、邮寄或者运输空白发票出入境。《发票管理办法实施细则》第九条：全国范围内发票换版由国家税务总局确定；省、自治区、直辖市范围内发票换版由省税务机关确定。第十八条：税务机关在发售发票时，应当按照核准的收费标准收取工本管理费。

品生产、批发、零售和进口环节普遍征收增值税。增值税由国家税务总局负责征收，税收收入中的 75% 为中央财政收入，25% 为地方收入。进口环节的增值税由海关负责征收，税收收入全部为中央财政收入。增值税在中国虽然实行的时间并不长，但早已成为中国最主要的税种之一。目前为止，增值税的收入占中国全部税收的 60% 以上，是最大的税种。增值税因其主体税种的地位及按环节征收的特点，使国家在有关发票的印制、填开、使用、监管等方面都有特别严格的、专门的规定，因而增值税发票被冠以"专用"的名号。财政部、国家税务总局 2011 年 11 月 17 日正式公布营业税改征增值税试点方案（2012 年 1 月 1 日起，在上海等地实施）。2012 年 7 月 25 日，国务院总理温家宝主持召开国务院常务会议，决定自 2012 年 8 月 1 日起至年底，将交通运输业和部分现代服务业营业税改征增值税试点范围，由上海市分批扩大至北京、天津、江苏、浙江、安徽、福建、湖北、广东和厦门、深圳 10 个省（直辖市、计划单列市）。随着营业税改征增值税从部分城市试点，到逐步正式推行全国的发展趋势，增值税的作用，及其作为主体税种的地位都在进一步强化。

（二）增值税对发票具有特殊依赖性和挑战性

相对于普通税控而言，发票对于增值税控具有特殊依赖性，表现在，普通税控虽然也是以发票作为征收的依据，但没有像增值税按环节征收，凭票抵扣的制度规定。因此，普通发票税控机制的设计原理是简单的，即每一次购销活动的完成，对于买卖双方来说，就相应完成了税的缴纳。如餐饮业、交通业、通信业等服务业，商业零售业等，每一次交易完成按规定的税率扣除相应的税额为应纳税额即可，税的征收计算是清晰、简单的。如果某一购货方或劳务接受方、销货方或劳务提供方所依据的发票不真实，或不开具发票，或发票记载金额与实际不符等，也只是对发票开具方单方税收利益带来影响，不会连锁影响到接受方的税收利益。而增值税专用发票的税控机理则不同，增值税征收实行凭发票注明税款进行抵扣的制度，这就使增值税专用发票不仅具有一般发票的功能，而且成为销货方计算缴纳税款的依据，以及购货方用以抵扣进项税款的凭证。因此，增值税实行的是环环相扣的抵扣制度，税的征收在最后环节实现，而且每一购销环节缴税的真实性都会连锁性影响到最后货物购买人的纳税利益，税的缴纳与购销环节之间的关联，使购销双方之间的纳税行为都不是独立的。增值税这种环环相扣的抵扣制度，导致了对发票的这种特殊依赖性，也带来了对发票税控制度设计上的挑战性。

二 增值税改革需要更加完善的发票税控机制

增值税是以商品（含应税劳务）在流转过程中产生的增值额作为计税依据而征收的一种流转税。从计税原理上说，增值税是对商品生产、流通、劳务服务中多个环节的新增价值或商品的附加值征收的一种流转税。实行价外税，也就是由消费者负担，有增值才征税，没增值不征税。但在实际当中，商品新增价值或附加值在生产和流通过程中是很难准确计算的。

在增值税征收过程中，纳税人可以通过有效扣税凭证上记载的已缴税款（进项税额）实施对所购货物或所供应税劳务已缴税款（销项税额）的抵扣。这样，纳税人所缴税款的多少就取决于增值税专用发票上有关销项税额与进项税额记载的多寡。增值税发票本身的真实性及其合法使用，增值税专用发票上如何注明销项与进项税金不仅决定了购销双方的经济利益，更成为能否保障国家税收实现的关键。增值税按环节征收的特点必须保证各个购销环节的衔接及各个环节缴税的真实性，任何一个抵扣链条发生断裂或其中某个环节缴税不真实，都为税款流失埋下隐患。在税款抵扣中，如果销售货物或提供应税劳务不缴税或少缴税，增值税专用发票上不注明或少注明税款，作为应税货物或劳务的最后购买方，不仅不能抵扣或不能充分抵扣税款，还要承担之前环节他人未缴或少缴税款的义务，同时又损害了国家的税收利益。

因此，增值税征收是个精细的以发票控税的制度设计，它的精细设计就在于任何购销环节都必须保证如实缴纳税款并在增值税专用发票上予以注明，同时还必须保证其中的购销链条不能断裂。通过按环节征收，最终实施按票抵扣的制度建立起对发票的"专用"管理，从而有效建立相关纳税人之间的利益制约。增值税专用发票的制度设计试图以这样一种环环相扣机制实现税款自我控制的目的，从而成功地实现偷逃税行为的控制。

三 目前的增值税改革制度设计具有发票失控风险

（一）增值税"发票失控"的制度诱因

"增值税是整个流转税的一个组成部分，是对整个商品生产与流通过程中的每个环节的增值额课征,并以发票为链扣,使整个商品生产与流通的销售额或营业额靠增值额环环扣紧为一整体链条。"① 从发票增值税控作用的机理来看,围绕"发票"这个链扣,有效的增值税征收取决于两个关键点:一是购销环节各个链条必须有效衔接,不能断裂,以保证抵扣制度的有效贯彻;二是按票抵扣制度必须要求发票本身的真实性。对于第一个关键点要求制度设计必须均衡,制度覆盖的纳税主体必须全面。对于第二个关键点要求制度设计必须杜绝发票造假、代开、虚开发票行为的产生。从现实增值税"发票失控"现象看,增值税发票控制的制度设计都没有达到两个关键点的要求。一是现有增值税发票控制的制度设计是失衡的。制度失衡表现在覆盖的受惠主体不全面,即增值税控将纳税人分为一般纳税人与小规模纳税人,将小规模纳税人排除在适用主体之外。在市场经济活动中,一般纳税人与小规模纳税人作为市场经济活动不可或缺的主体,之间必然发生大量的经济交易活动,增值税只面向一般纳税人,与市场经济秩序所要求的交易活动主体之间的平等竞争关系产生了冲突。在商业社会,人们习惯于填开能够满足他们需要的标准型发票。在零售阶段,没有符合实际的填开发票的需要,因为在大多数情况下,顾客没有允许的扣除额,因而不需要增值税发票。在大多数情况下,小规模交易人和个体商人在零售店购买商品,必须做一些特别安排来维持税收扣除的可能性。② 一旦经济活动发生在一般纳税人与小规模纳税人之间,发票设计的环环相扣链条因为不能同时在购销双向主体之间发生作用,必然发生断裂。同时凭票抵扣的税收利益向一般纳税人的倾斜必然使不能适用的小规模纳税人自行寻找一种替代制度以实现利益的平衡。而现实中,小规模纳税人是大量存在的,小规模纳税人与一般纳税人之间的经济活动亦是大量地、真实地存在着的。从某种程度上,关于某些纳税人类型或者某些商品类型的不同带来的不同税收地位所创造的免税额,通常会带来固有的行政管理问题,会出现非法制造或贩卖发票以及发票黑市现象。这些问题都是源自免税商品和服务与应税商品和服务的竞争。③ 交易主体之间纳税优惠

---

① 叶少群:《海峡两岸税收制度比较》,中国财政经济出版社2008年版,第36页。

② Lindholm, Richard W. VAT Lessons from Overseas, *Tax Executive*, Vol. 32, Issue 2 (January 1980), pp. 132—151.

③ Bogan, Eugene F. Federal Tax on Value Added-What's Wrong with It-Plenty, A, *Taxes-The Tax Magazine*, Vol. 49, Issue 10 (October 1971), pp. 600—619.

的不均衡,为不利纳税人追求制度之外的均衡利益提供了强烈的动机;二是增值税以发票为抵扣的唯一依据的制度设计,凸显了发票在交易双方之间以及税务部门计征税款方面的特别重要地位。尽管在计算增值税上,世界上有两种主要的可选择的方法,即发票抵扣型增值税法和减除型增值税法(应税额为收入减除费用),但目前绝大多数国家都实施发票抵扣型增值税法。发票是增值税借以运转的工具,特别是对于抵扣型增值税机制的适用。① 计征增值税最关键的在于保存增值税发票。增值税发票制度要求买卖双方对于所有的交易都要保存发票,以便能够通过追查买卖双方的增值税发票,查获欺骗行为以及确认正当交易。② 发票能够证明在发送商品或接受服务中,一个人接受或支付特定数量的货币。就增值税而言,它表明了发票的重要性。作为税务机关纳税和扣除的主要工具之一,发票链便于核查增值税制度的正常运作。③ 进项税额抵免取决于买者从卖者接受的发票。这些发票详细记载了销项增值税额,以及买者与卖者的增值税登记号码。交易人需要发票是为了取得能够减少自己增值税义务的进项税额。增值税发票创建一个文件线索,该线索给税务管理当局提供了一个独立的关于销售公司销售情况的信息来源,这样有助于税务管理当局实施增值税。④

  显然,增值税环环相扣的抵扣链条的制度设计,发票不仅成为证明交易双方权利与义务不可或缺的工具,也成为税务部门准确计征和查实税款的依据。如果税务部门能有效地监管到增值税发票是否源于真实的交易事实,这的确是个值得称道的精巧的制度设计。如果发票交易系统始终依附于经济交易系统而运作,税务部门通过监管经济交易系统从而达到监管发票交易系统的目的,或者反之亦然,则监管是有效的,发票型增值税制度的运作也就是有效的。一旦发票交易系统脱离经济交易系统独立运作,只

---

① Lindholm, Richard W. VAT Lessons from Overseas, *Tax Executive*, Vol. 32, Issue 2 (January 1980), pp. 132—151.

② Turnier, William J. Designing an Efficient Value Added Tax, *Tax Law Review*, Vol. 39, Issue 4 (Summer 1984), pp. 435—472.

③ van Overbeek, Walter B. J. Electronic Invoicing in Europe, *EDI Law Review*, Vol. 1, Issue 4 (1994), pp. 263—276.

④ Grinberg, Itai, Where Credit is Due: Advantages of the Credit-Invoice Method for a Partial Replacement VAT, *Tax Law Review*, Vol. 63, Issue 2 (Winter 2010), pp. 309—358.

监管发票交易系统是无法监管到经济交易系统的,那么,任凭发票交易系统的监管多么严厉,监管都将是无效的,则发票型增值税制度的运作也必然是无效的。当发票交易系统脱离了依附其上的经济交易系统独自运作时,真实的交易信息无法被监测到,偷逃税行为必然是肆无忌惮的。在极其复杂的美国商业社会,对于非常有价值的、贵重的商品来说,每一张发票的丢失、被盗或者毁损都将是纳税人的灾难。这也表明了关于伪造发票和不适当的发票,将会带来严重的行政管理问题。① 这也正是美国至今也未引入增值税的一个重要因素考量。欺诈、伪造发票和收据始终困扰着中国税务官员。直到现在,通过使用假发票和虚假收据作弊是容易的,因为税务当局缺乏资源来跟踪文件和比较纳税人的报告。②

在一起江苏省连云港市公安、税务联手破获的虚开购销废旧物资发票案中,3家公司在无实际货物交易的情况下,以收取开票金额1%—1.3%的开票费为条件,先后向江苏、上海和山东等地的36家企业虚开废旧物资销售发票和增值税专用发票9000多份,虚开发票金额达7.2亿元,涉及税款7000多万元。这起巨额偷逃税案的发生正是利用了凭票抵扣的制度设计漏洞,通过虚开用于抵扣税款的发票,在没有任何真实交易的情况下,成功达到了偷逃税目的。③ 两个关键点之间又是相互作用的,制度设计的失衡必然促使经济交易主体在制度之外寻找一种可替代制度以弥补税收利益的失衡,而凭票抵扣制度恰恰为这种制度替代提供了一种机会主义契机,那就是通过虚开、代开发票等非法手段达到增值税抵扣在所有交易主体之间共享的目的。当经济活动主体通过发票交易实现增值税抵扣的共享时,增值税所设计的通过发票实现环环相扣从而建立纳税人利益制约的自我控制机制就失灵了。不仅如此,以票抵扣的特有发票制度,催生了大量以伪造增值税专用发票为目的的职业团体,更是便利了纳税人实施偷逃税,成为国家大量税收流失的制度

---

① Bogan, Eugene F. Federal Tax on Value Added-What's Wrong with It-Plenty, A, *Taxes-The Tax Magazine*, Vol. 49, Issue 10 (October 1971), pp. 600—619.

② Sommers, Amy L.; Phillips, Kara L. Assessing the Tax Administration Law of the People's Republic of China, *Loyola of Los Angeles International and Comparative Law Journal*, Vol. 18, Issue 2 (February 1996), pp. 339—370.

③ 朱崇霞:《异常资金流"引曝"虚开发票案》,http://www.chinesetax.cn/tax/fapiaoguanli/200911/5480818.html, 2011 - 12 - 10 访问。

祸根。

（二）两个相互排斥的交易系统的形成是滋生"发票失控"的制度土壤

所谓两个相互排斥的独自运作的交易系统，即发票交易系统和经济交易系统。从发票最初作为商事交易证明的凭证看，没有交易主体之间的经济交易，发票无从产生。因此，发票交易系统与经济交易系统反映的是同一个交易事实。只不过经济交易系统对交易事实的反映是即时的，无论对于经营者会计核算的需要，消费者维权的需要，还是国家税收管理的需要来说，这种即时的交易信息都具有易逝性的特点，因而需要予以固化。发票的作用就是对这种即时的、易逝的信息的书面固化，因而，发票交易系统对交易信息的反映是长久的，能随时再现的。经济交易系统决定着发票交易系统，发票交易系统通过事后反映的方式再现了之前的经济交易系统。对发票交易系统的监管实质上就是监管经济交易系统，对经济交易系统的实时监管实质上是在同时跟踪发票交易系统的运作。经济交易系统与发票交易系统的关系表明，只要是存在着真实的交易，发票的交易就是真实的。但是经济交易系统与发票交易系统的关系同样表明，发票交易系统是否依附于经济交易系统运作，取决于发票对交易事实的确认是否遵循了市场机制的运行规律。如果发票对交易事实的确认受到非市场因素的干扰，发票交易系统就有了脱离经济交易系统独自运作的机会。在我国，市场交易主体的交易受到政府税收管理的影响，发票对交易事实的确认受到政府管理权力的强制安排。进一步说，政府通过行政权力重新界定发票内涵的方式，现实中出现了对交易事实的确认存在着发票与非发票并存的局面。政府不是通过"市场"对交易事实确认的方式，而是通过"行政干预"对交易事实选择确认的方式，严格来说是一种改变的方式，是我国目前存在发票交易系统脱离经济交易系统独自运作的根本制度诱因。

这样，发票所具有的税收管理职能不是依附而是独立于发票的证明功能存在和发展，必然出现对于一个交易事实，却同时存在两个独立并存的交易系统的怪异现象，即基于客观交易需要的经济交易系统和基于税收管理需要的发票交易系统。政府首先通过监管发票交易系统意图实现税收的目的，忽视了以真实交易为基础的经济交易系统的监管，是一种本末倒置的监管方式。

就我国目前的"发票失控"来看,无论是增值税纳税主体利益不均衡的设计,还是普通税控有瑕疵的制度设计,如定额发票,都只是提供了偷逃税的可能,但发票交易系统与经济交易系统各自独立运作,则为这种偷逃税的可能性转化为现实性提供了坚实的制度基础。发票交易系统脱离经济交易系统独自运作的最大恶果就是,由于既不能通过监管发票交易系统来证实真实的经济交易系统,也不能通过实时检测经济交易系统来跟踪发票交易系统,那么在发票交易系统内,予以发票造假就有了无限的空间。

(三)现行发票的冲突性功能秩序有放大增值税"发票失控"的风险

我们如果仅从增值税控与普通税控制度设计上来探讨发票的税控功能,则必然对于制度设计上的问题会通过制度的完善或改进来解决。但如果我们是从发票所承载的所有功能及其关系的视角来探讨发票税控功能问题,则就不仅仅是,或者说根本不是发票税控制度的完善或改进问题。既然发票不仅仅承载,也不当然就承载税控功能,对于发票税控问题就应当基于整体发票功能关系的视角作出全面的判断。从我国发票税控功能来看,其实质是政府通过强制发票管理达到控税的目的。政府对发票管理的高度重视,试图借助发票实现政府财政税收的需要,将发票税控推到所有功能之中的中心地位,使一切发票功能的运作都围绕实现税控的目的展开。政府对发票税控功能的需要冲击了发票会计核算功能与维权功能对经营者与消费者的需要,在各种需要不能同时满足各主体的所有利益,不得不为此放弃其他功能的时候,因为各主体税收利益的需要改变了经济交易活动主体对发票基本功能的需要,使发票基本功能的地位不适当退居到税控功能之后,这种发票功能之间关系的不正当改变使得原有发票功能之间的协调性运作遭到破坏。

发票冲突性功能秩序形成的根本,正如之前章节所分析的,是政府识别型发票制度选择下的结果。政府识别型发票制度最大的特点,就是利用对发票形式的监管达到检验交易真实性的目的。但事实表明,越是对发票形式的监管,越是偏离了交易事实,而增值税对发票的依赖性,使得发票增值税控的风险被放大了。

第四节　发票与税控关系的域外制度参鉴

一　发票与税控关系的域外考察

（一）美国完全自发性交易凭证及其税控的非主要性

美国并没有我们在立法意义上所指称的发票[①]，所谓的发票（invoice）是在其产生的初始意义上而言，只是交易事实证明的作用，实际上就相当于我国的电脑小票、消费单、各类收据、维修票据等交易凭证。美国的这种交易凭证，就是经济交易的证明性凭证，既是会计核算的凭证，也是纳税的依据，同时，也可以作为消费者报销和维护权益的证据。比如在信用卡交易中，销售凭证被包含在持卡人和信用卡发行者之间的合同内，是信用卡交易中消费者维护权益的第三个合同。如果消费者对出售的商品或服务有质量质疑，银行就可依据销售凭证撤销对销售商的赊欠。作为交易记载的一个凭证，交易事实是关键的，记载形式因交易主体的不同可以不同，这样，交易凭证不需要税务部门统一监制，各个商家或服务提供者可以自行设计其格式。随着计算机技术及网络化的普遍使用，目前都是商家通过计算机开具发票给消费者，税务部门则通过联网系统实时监控交易行为，消费者可据此入账或作为申报所得税时的扣除凭证，在商品购买后也可凭此凭证退还所购货物。因此，从政府统一监制的角度看，美国在各种经济交易中都没有我们立法意义上所谓的发票，只是具有我国收据意义上的交易凭证开给付款方。但从合法的角度看，美国商家自行开具的各种形式的交易凭证与我国立法意义上的发票又具有同等效力，都可称之为我国立法意义上的发票。因为美国的发票虽然是商家和服务者自制的，只要是市场交易产生的，对交易事实的信息记载，政府就予以认可其合法性。这样，在全美大大小小的交易场所几乎都用自制的收据这样的交易凭证，收据上所购物品的单价、总额、交易单位和税收等都一目了然。

既然发票的合法性是由市场交易决定的，美国税务机关就不负责收据

[①] 立法意义上的发票是指按照我国发票管理办法的规定，由政府统一监制、发售、领购、缴销的票据。该票据与收据根本不同的是，政府作为监管主体成为发票必不可少的承载主体。发票上没有印有政府统一的监制章，则只能是收据而非发票了。

的印制、开具、使用等形式管理本身,但负责收据所记载交易信息数据的监控,以此来判断纳税人是否诚实纳税。因此,美国的税务部门将商家的电脑与税务部门联网,这些电脑的数据会通过互联网传入到税务部门的数据库,并对它们实行监控、稽查。这样,消费者拿着收据就可以作为报销凭证。同时,"税务机关根据纳税人的申报进行查对时,如果发现纳税人有虚假的行为,那就罚个倾家荡产,所以发票的使用没有税务机关的介入"。①

美国税控系统的设计奉行的是既尊重纳税人,又服务于国家税收的双重理念。因此,美国联邦税务局在全国范围内建立了计算机税务管理系统,计算机征管网络贯穿于从纳税申报到税款征收、税源监控、税收违法处罚等税收征管的全过程,不仅极大地方便了纳税人,创造了良好的社会效益,而且大幅度地降低了征税成本,提高了征管和稽查效率。在征管和稽查效率方面,美国联邦税务局分工明确、各司其职。如,总部设立一名副局长,专门负责信息化建设并兼任首席信息官。副局长下设两个专门负责信息化建设的部门:一个负责业务需求,另一个负责技术开发,负责全国的税务信息化建设。同时,在数据处理透明度和处理机构完整性衔接方面也有一套成熟的监控机制。如在全美国和各州建立2个全国性和10个地区性的数据处理中心,以接收纳税人的申报和缴税支票,把申报数据录入计算机并进行校验。经过分类处理后,把数据发往总部计算机中心处理后,再把资料返还给服务中心,由其发往各地区税务局。在对纳税人服务方面,联邦税务局专门设立了信息系统服务部,负责信息系统的更新和维护工作,在满足税务机关需要的同时,也更好地服务了纳税人。②"有关资料显示,美国税收征收率高达87%,税收成本率约为0.5%。"③

美国联邦税务局的设置无疑体现了其政府的"服务型"本质,通过制定《纳税人权利法案》体现了对纳税人权利的特别尊重。不仅如此,美国在每个州还设有独立于官方税务机构、专为纳税人提供帮助的"纳税人援助服务处"(Taxpayer Advocate Service),其主要职责就是协助纳税人

---

① 吴东华:《定额发票的宪政解读》,郑州大学硕士学位论文2006年。
② 参见梁俊娇、王颖峰《美国联邦税务局的内部机构设置及对我国的借鉴》,《中央财经大学学报》2009年第4期。
③ 邱慈孙:《美国税收管理的特点及启示》,《涉外税务》2006年第7期。

解决纳税过程中遇到的困难，以使大部分税收问题都能得到较公正和及时的解决。这种服务型主要体现在以下几个方面：一是按纳税人的特点在全国分设四个业务部，每个业务部下再设机构为纳税人服务，以便能够为性质相同的纳税人提供更为均等化的服务，如在纳税申报、税款缴纳等方面提供专门服务。二是设立全国纳税人援助官，以便在纳税人面临重大困难时，通过签发援助令帮助其解决。三是设立专门的税务行政复议机构，以便在纳税人与税务机关的税务争议发生及其处理过程中，在优先考虑纳税人利益的前提下予以解决。[1]

美国能够成功地通过对交易数据的监管来达到税控的目的，主要是借助了先进的计算机系统来完成。美国计算机软件设计、运用比较到位。税务部门的信息数据不仅包括来自纳税人自己有钩稽关系的数据，也包括来自联邦或其他州的税收信息。在将纳税人的申报信息通过扫描识别或手工识别输入计算机后，对于是否能够准确申报的判定，主要是借助了计算机数据库系统对数据的比对分析。经过数据库对数据的分析比对，也就自动性地检测识别了错误申报资料，这种自动检测下的准确性所自动生成给纳税人重新申报的信件，使得工作质量和效率都有了很大提高。[2]

美国税收征管以纳税人自觉申报为基础，虽然美国有相对成熟的计算机数据监管机制，但实践中，更有一套全方位的税源控管机制防止纳税人偷逃税：一是纳税人识别号制度。在美国，无论是个人还是公司，作为纳税人都有自己的识别号。对于个人，都有一个终生不变的 9 位数社会保障识别号；对于公司，只要开业就需领取识别号，只有领取了注册税号后才能获得银行账号。因为，在美国，1 万美元以上的交易均需用支票结算，所以，识别号制度可以依托各种金融机构提供涉税信息。二是所得双向申报和预扣预缴制度。由于个人所得税是美国的主体税种，采取所得申报双向机制具有个人与公司相互制约的作用。不仅个人自己要在规定期限申报缴税，而且公司雇主也要申报雇员工资所得，并从雇员工资中代扣代缴税款。这种申报制度，不仅在于培养纳税人申报意识，同时通过公司又进行了加强制约个人可能的偷逃税动机。那就是，如果个人申报数少于公司申报数，则将收到税务局要求其重新报税的信件。三是税收协调措施。对于

---

[1] 参见邱慈孙《美国税收管理的特点及启示》，《涉外税务》2006 年第 7 期。
[2] 同上。

货物在各州之间流动的常态性,特别是网上购物导致的税收流失问题,美国许多州开始重视与其他州的税收管理协调。[①]

但在美国,增值税是个始终未被采用的税种。增值税是财政体制的支柱,在世界上有 130 多个国家实行,包括除美国之外的所有经济合作与发展组织国家。[②] 目前世界上采用增值税的国家已达 170 多个。对于发票型增值税来说,计征增值税最关键的在于保存增值税发票。增值税发票制度要求买卖双方对于所有的交易都要保存发票,以便能够通过追查买卖双方的增值税发票,查获欺骗行为以及确认正当交易。[③] 美国之所以始终未采用,主要取决于三种因素的考虑:第一,税负公平的考虑。在美国,公平是税制改革的首要考虑目标。增值税在税率上力求采用有限或单一的比例税率,具有累退的性质:收入越高的阶层,实际承担的税负占总收入的比重则越低;收入越低的阶层,实际承担的税负占总收入的比重越高。这样,有违公平目标的增值税很难被采纳。第二,税务成本的考虑。增值税的税务成本包括征税成本和纳税成本。据美国财政部 1984 年的估计:假如审计比率为 2.2%,实行一项简单的增值税需要增加 20694 名税务人员,当整个税制完全运转起来,征税成本预算总额将达到 7 亿美元。国会预算办公室估计:用欧洲型增值税征收 1500 亿美元税收的话,征税成本在 50 亿—80 亿美元,或者说是税收收入的 3.33%—5.33%。在英国,增值税的税务成本与税收收入的比率只比个人所得税低一点,个人所得税是 4.9%,增值税是 4.7%。在瑞典,实施增值税比所得税更昂贵,增值税的税务成本占税收收入的 3.1%,而所得税只有 2.7%。国内外的资料都表明:增值税显然不像人们认为的那样是一个简单的税种,它的税务成本很高。正如所有实施增值税的国家一样,法国要求纳税人开具广泛的增值税发票,开具增值税发票不仅增加了交易成本,也增加了领受成本。发票内容必须包括:购买者全称和地址;每一项目所应用的增值税率;不仅就商品和服务的单位价格开具增值税发票,还就总价开具增值税专用发票;增值税发票的数量。在大多数情况下,还要求企业对每月增值税的返还予

---

① 参见邱慈孙《美国税收管理的特点及启示》,《涉外税务》2006 年第 7 期。

② Grinberg, Itai, Where Credit is Due: Advantages of the Credit-Invoice Method for a Partial Replacement VAT, *Tax Law Review*, Vol. 63, Issue 2 (Winter 2010), pp. 309—358.

③ Turnier, William J. Designing an Efficient Value Added Tax, *Tax Law Review*, Vol. 39, Issue 4 (Summer 1984), pp. 435—472.

以传送和归档。① 第三，逃避税的考虑。"增值税实行的抵扣办法，虽有相互稽核的作用，但增值税发票管理工作的复杂性，同时也产生了逃避税的动机。"② 由于以上因素的考虑，美国始终没有采用发票型增值税，在美国也就没有利用增值税发票进行偷逃税的可能。

(二) 日本联网式交易凭证及其税控的非决定性

在日本，几乎所有的商店和超市都使用电脑收款结账，而税务机关则通过电脑的流水记录进行查税。③ 这是因为，日本在国税厅、11个国税局以及524个税务署形成了全国计算机管理网络系统。而通过与银行进行联网，国税局信息中心能够对银行传送的税款入库信息进行统计，并进行信息化的税源监控与征收，同时接受税务署传送的纳税人基本情况和申报信息。④ 因此，在日本，同样没有对发票进行税务机关的统一管理，几乎所有的企业给消费者开具的发票都是通过计算机打印出来的，详细记载了消费金额、数量、地点、时间以及品名等信息，而这些电脑的日常流水记录就是日本税务机关进行税务稽查的主要对象。因此，在日本，发票除用来进行会计核算外，其主要功能就是对商事交易活动细节进行证明。

同世界上大多数发达国家一样，增值税也是日本税收来源之一。但在增值税征收手段上，日本与其他任何发达国家都不同，不是发票型增值税，而是减除型增值税。发票型增值税的最大特点是凭票抵扣，所以发票显得特别重要，是不可或缺的；而减除型增值税却不要求依靠发票来征收。尽管在计算增值税上有两种主要的可选择的方法，即发票抵扣型增值税法和减除型增值税法（应税额为收入减除费用），但目前绝大多数国家都实施发票抵扣型增值税法，而日本则是唯一一个使用减除法计征增值税的发达国家。减除型增值税与发票抵扣型增值税最本质的不同在于，减除型增值税对发票的要求不是必须的。⑤ 有两种计算增值税的方法：发票抵

---

① Childs, James W. Commentary: Does the United States Need an Alternative Tax Base, *Akron Tax Journal*, Vol. 3, pp. 155—204.

② 张玉晔:《美国为何不征收增值税》,《税务》2003年第9期。

③ 顾向东:《假发票地下经济的市场营销分析》（一）, http://www.chinaacc.com/new/287/294/348/2006/2/ma83337311111260021687-0.htm, 2011-6-12 访问。

④ 曾飞、葛开珍:《国外税收信息化管理的经验及借鉴》,《税务研究》2001年第8期。

⑤ Grinberg, Itai, Where Credit is Due: Advantages of the Credit-Invoice Method for a Partial Replacement VAT, *Tax Law Review*, Vol. 63, Issue 2（Winter 2010）, pp. 309—358.

扣型增值税法和减除型增值税法。减除型增值税法目前只有少数国家，比如日本在采用。减除型增值税法并不要求有明确的与其相联系的发票。①

此外，日本国税征管的特点，大致可概括为"五化"：一是征管法制化。日本的税收征管法律体系既参照了德、法"成文法"模式，又兼容了英、美"判例法"模式，税收法律条文详尽而周密。二是管理制度化。日本纳税申报制度的核心，即蓝色申报制度可根据纳税人守法纳税程度决定其能否享有某些税收优惠。三是监察高效化。如果纳税人申报有误，税务机关可在依法调查的基础上对申报额予以更正。调查根据性质有任意调查和强制调查。"任意调查"是经纳税人同意后进行的，"强制调查"的对象是故意偷税者。税务机关行使"强制调查"时，比照刑事案件的搜查方式进行调查。日本从1986年开始配备的特别国税监察官（特别国税查察官），主要对各地区的税务、经济资料信息进行全面收集，一旦发现偷税嫌疑，立即进行秘密调查，确定偷税的规模和手段。在查明事实的基础上，从法院取得调查批准书，据此进行强制调查。实践看，日本的税务监察工作是富有成效的。据统计，1989年至1993年间，日本法院处理的804宗税务案件中，有803宗被判为有罪。四是处罚严格化。日本对纳税人的税务违规行为有严厉的处罚和制裁标准。如纳税人所得申报不实，按实际数与申报数之间的差额，处以10%—15%的罚金；如果采用欺诈手段偷骗税，按应补税款处以35%的罚金。五是办税社会化。一方面大力推广税务代理制度，另一方面建立"纳税储蓄组合"。这样，不仅有利于提高纳税人的纳税积极性，保证税款及时足额入库，而且每当新的税收法规颁布时，还一定程度促使纳税人配合税务机关进行纳税宣传，真正起到了协税护税的作用。②

(三) 欧盟非官方意义上的增值税发票及其税控依赖性

在欧盟，大多数国家都征收增值税，其发票在承载商事交易信息证明这一主要功能外，更具有抵扣税款的功能，使得发票的重要性主要体现在增值税的征收上。在增值税发票的发源地——欧洲，"要求经销商签发发

---

① Cheung, Bolivia S. W. ; Chui, Alice P. L. Comparison of the International Monetary Fund and the People's Republic of China VAT Policies, *International Tax Journal*, Vol. 30, Issue 2 (Spring 2004), pp. 10—16.

② 参见胡世文、王铭远《日本的国税征管制度》，《中国税务》2000年第4期。

票,并在发票上注明应纳的增值税税款"。① 这样的要求主要是基于这样的一个认知:销售和购货记录都是每个企业标准会计制度的组成部分,适当的簿记制度及其记录的准确性,在不至于增加大多数企业额外负担的情况下,对企业的财务管理来说又是至关重要的。此外,欧盟只规定纳税人必须向其他提供货物与劳务的纳税人开具发票,但在零售环节或者除此之外的任何交易活动中却没有这样强制性的开具发票要求。② 这样,在实行增值税的许多国家和地区,有不少国家采用发票注明税款进行抵扣。根据欧洲增值税模式,尽管有相反的主张,看来,税收必须显示所有发票。卖方根据所得发票归集销项税额,并在发票上显示税收额,以及对于卖方已经支付的进项税额也是通过发票表明其已承担的纳税义务。③ 但是,在这些征收增值税的国家里,大多数的政府都不会要求纳税人使用官方制定的发票格式。一般情况下,纳税人开具的发票只需要标明交易活动所适用的增值税税率、增值税税额以及增值税的商品或劳务的净单价和总价等几项主要内容即可。甚至在一些国家,比较小规模的销售商根本不需要使用官方发票,发生经济往来时只开具一般性的收款收据就可以了。

(四) 韩国自制式发票及其税控的间接管理

韩国的企业不使用统一发票,除了发票设计要符合税务部门的规定,不同的行业要设置不同的栏目,发票开始使用时需在税务部门备案外,发票由企业自行印制,税务部门对发票印制的式样、颜色、规格、用纸一律不予过问。这是因为韩国有完善的税收监控体系,加之良好的纳税环境和国民纳税意识,使韩国的税务管理部门并不特别重视所谓统一发票的作用,发票基本上只是作为一种记录交易结果的书面凭证,并不具有更多管理职能上的意义。④

对于发票的一些作用,韩国与我国较为相似,如在充当商事交易的证明、会计核算依据外,还具有税控的功能。但韩国对发票的管理采用的是

---

① 顾向东:《假发票地下经济的市场营销分析》,http://www.chinaacc.com/new/287/294/348/2006/2/ma83337311111260021687-0.htm,2010年5月20日访问。

② 同上。

③ Bogan, Eugene F. Federal Tax on Value Added-What's Wrong with It-Plenty, *Taxes-The Tax Magazine*, Vol. 49, Issue 10 (October 1971), pp. 600—619.

④ 胡云根:《发票制度的改革与税控制度的创新》,http://www.mxlt.gov.cn/html/2009-07/5741.html,2011年9月30日访问。

间接管理制度，即政府或税务机关并不强制发票的统一印制、统一格式、统一纸张、统一开具方式，企业可根据需要自行印制发票并自行管理。但关于纳税人的会计核算却有着极其严格的要求，如要求纳税人必须对其银行收支明细、债权债务明细、现金往来明细、小费收入登记等详尽交易情况予以记录并保管。① 由于韩国也是实行增值税的国家，因此对增值税发票的控制也十分严格，在对增值税专用发票交易内容记载的核查方面，韩国的财政部往往利用计算机系统进行大规模的交叉核对，通过占发票总额40%的核对率，据此达到对增值税税源85%的控制。② 在这样严格的管理下，假如纳税人不按规定进行发票使用和管理，其自身利益将会受到很大的伤害。

（五）我国台湾地区统一发票制度及其税控的非专用性

台湾与大陆发票管理制度的一个共同之处，是以票管税。其特点是通过政府对发票形式的强制统一来达到直接管理、控制税收的目的，因而体现了发票管理上的明显行政色彩。具体表现为税务机关以权力者的身份限制纳税人自印发票和使用非税务发票，强制纳税人使用由税务机关统一监制的发票，这就是台湾的"统一发票制度"。③

台湾自1951年起至今，一直实行这种严格规范的"统一发票制度"。为配合统一发票制度的实施，以鼓励消费者积极索票的方式，又随后推行了"有奖发票"制度，并成为后来大陆"有奖发票"制度推行的起源。但是台湾的统一发票制度在适用主体上的普遍性而表现出与我国大陆增值税发票"专用性"的根本不同。由于统一发票可以普遍性地在交易时获得，对于营业人来说，不存在因主体上的"专用"导致的所谓"珍贵"问题，因而抑制了纳税人的虚开发票动机，税款偷逃的可能性也就因此大为降低。④

显然，台湾增值税的征税范围是属于"大范围"的范畴。根据台湾的税务相关规定，所有的货物销售与劳务提供都在增值税的征税范围，凡在台湾岛内进行货物销售、劳务提供及货物进口时发生的任何交易，均属

---

① 叶少群：《台湾统一发票制度对大陆的启示》，《发展研究》2009年第8期。
② 贾绍华：《中国税收流失问题研究》，中国财政经济出版社2002年版，第292页。
③ 参见叶少群《海峡两岸税收制度比较》，中国财政经济出版社2008年版，第64页。
④ 同上。

增值税课征对象。就征收工作而言，由于征税范围非常广泛，少了许多额外规定，税收的环境反而较为公平，使得税务相关规定的实际操作反而更为方便和单纯，充分地体现了税收的中性原则和效率原则，税收的征管工作显得较为轻松。就纳税主体来说，增值税主体征收的广泛性，不存在混合销售或兼营问题，少了许多判定的烦恼，这样，纳税人也少了许多避税的动机。①

因此，与大陆不同的是，作为台湾统一发票制度中的增值税，是就整个营业税征管而言，各类发票之间也只有联次与填写内容的不同，任何营业人，涉及增值税的缴纳，都必须也都有权利使用统一发票，政府也鼓励人们使用，没有歧视性规定。由于在台湾没有增值税"专用"发票的说法，只有"统一发票"的概念，在保证税收收入渠道畅通的同时，一定程度减少了纳税人利用发票逃避税的动机。如1951年，台湾的"统一发票制度"结合了流转税类（主要是营业税）税率的大幅降低相运行。该制度实施前，在营业税税率高达30%的情况下，税额入库并不多。而该制度实施后，在营业税税率降到5%左右（特种行业除外）的情况下，每年税收收入却不降反增，从而成为推动台湾经济发展、保证台湾税收收入增长的重要手段之一。②

（六）我国香港地区计算机票据及其税控的非依附性

与西方的发票制度相同，香港不必像内地税务局那样统一印制发票，公司董事局可以根据公司的业务性质自行印制发行，只要加盖公司印章，并由负责人签署后即可生效。这种意义上的发票准确来说更像是内地的收据或购物清单，只是在香港都是通过计算机开具的。这样，在香港购物时所取得的由计算机打印的购物小票，由于能够得到香港税务局的认可，当然也就可以作为报销凭证。同时，由于香港公民的纳税意识较强，税款的征收主要由纳税人申报与税务机构审核来完成，并不特别依附发票。因此，香港的发票不仅主要充当经济交易证明的商事凭证，也主要用于会计核算。

所以，与内陆不同的是，香港没有国内意义上的书面"发票"，但是在香港购物却有和"发票"一样等同的"票据"——invoice。在香港取得

---

① 叶少群：《海峡两岸税收制度比较》，中国财政经济出版社2008年版，第46—47页。
② 参见叶少群《台湾"统一发票制度"对大陆的启示》，《发展研究》2009年第8期。

的票据通常就是我们国内意义上的发票，可以作为入账凭证，一般跟收据分别不大，这跟国内的情况又不一样。香港的发票是可以由企业或团体单位印刷或电脑打印的，例如某公司使用电脑打印一张单据出来，在抬头或写上发票（或英语 invoice）字样，就已经是正规发票了，当然必须要有公司盖章及签名章。

二 域外经验及其制度参鉴

（一）交易事实的证明功能是一切发票功能的基础

1. 发票所承载的基本主体地位不变

世界上许多发达国家和我国香港地区很少有官方监制意义上的统一发票，都普遍采用一种方式：税务机关只规定有关发票应包含的基本内容，发票则由企业自行设计、印制、使用及保管。政府不对发票的格式作统一规定，各企业、商家可自行设计、印制本单位的发票，只要具备了交易信息记载的原始性、真实性、特定性的票据都可称之为发票，这样，很多计算机打印的购物小票就是我们立法上所称之为的发票，各种样式的由商家开具的购物小票因为都是基于真实交易的基础，因而都具有合法地位，避免了我们国家的发票原始性与合法性、合法性与真实性、真实性与特定性不符的现象。说明在西方，重视的是实质的交易内容，而非交易形式。因为税的征收是基于真实的交易，只要能够证实交易的真实性，就能保证税收的真实。这样，以票控税由于重在交易的真实信息，因而控在"税"本身，而不是"发票"，发票只是证明交易的一个辅助手段。

因此，在世界许多国家和地区，发票自始至终的一个首要功能就是对交易事实的证明功能，无论是作为衍生功能的会计核算功能、维权功能，还是作为延伸功能的税控功能，都是以此为出发点的。尤其是税控功能，正是因为以发票证明性功能为基础，政府才不对发票的内涵与外延作特别的规定，而是尊重市场交易事实本身的一个应然状态。这样，发票内涵是统一的，即真实的交易信息，外延是多样的，即商家开具的各种购物凭证。正是发票内涵的统一与外延的多样，重发票实质不重形式，保证了凭证所记载的交易信息的真实性，这恰恰是发票税控功能发挥的根本。发票税控功能的发挥以证明性功能为基础，说明在西方，尽管发票作为一种税控的工具是政府主观添加的产物，但是证明功能作为发票的本源功能，会计核算功能与维权功能作为发票衍生功能的主体地位并没有因此而改变。

2. 政府发挥"控税"而非"管票"职能

在西方发达国家，政府"以票控税"是基于税收服务理念。既然发票是控税的一个手段，税收服务理念表现在，政府在使用发票控税中特别关注两点：一是该手段的使用并不是为了改变基本经济交易事实；二是该手段的使用不以给纳税人增加额外负担为原则。这样，政府对发票的管理原则表现在两点：尊重市场原则与保障纳税人利益原则。对市场的尊重表现为不是改变原有市场交易主体之间的交易状态，而是以原有交易主体之间的交易状态的交易事实予以确认。发票既然源自真实交易信息记载的需要而产生，则只要是具备这个特点，无论交易主体之间记载凭证形式如何都可确认为合法性凭证，政府只要对这种交易凭证予以确认即可，没有必要也不应该予以重新设定。所以在西方，发票本身是不需要管理的，各种形式的记载真实交易信息的凭证都被合法地认为是发票。对纳税人利益的保障表现为税收征管的简便易行及程序性的公开公正原则。如美国注重对纳税人权利的尊重和保障，将纳税服务理念贯穿于税收征管的全过程，以法律的形式赋予纳税人与义务相对等的权利。1996年6月30日，美国签署通过新的《纳税人权利法案》。基于税收服务理念，美国以票控税通过两种手段相结合完成，即税务报表的全程化计算机程序处理与个人纳税申报相结合。根据从各经济活动部门所取得的经济信息，美国税务计算中心使用已编制设计的程序，自动对纳税人纳税申报情况进行分类、编码、审核、信息汇总等处理，如果纳税人的申报资料与计算中心掌握的信息不符，则对纳税人发出通知，要求其提供资料并解释。对于纳税人少报税款的，则及时征收应补税款入库；如果纳税人多报税款，则退还多缴纳税人的税款。[①] 只有基于这样的税收服务理念，政府才是真正发挥"以票控税"而非"以票管税"的职能，"以票控税"的根本在于利用发票达到"控税"的目的，确切地说，是通过发票上所承载的交易信息的有效控制来达到"控税"的目的，发票是实现"控税"的辅助性手段；"以票管税"的根本在于通过"管票"达到控税的目的。确切地说，通过管理发票本身，判断发票是否符合立法上的形式规定来达到控税的目的，这种"管票"的税控方式，往往忽视对发票所记载的交易信息的监控使得税控目的难以实现。我国目前发票税控功能与西方最大的不同就在于，西方政

---

① 参见孙承《美国税收征管的几个显著特征》，《吉林财税》2000年第1期。

府发挥的是以票控税职能，我国政府则发挥的是以票管税职能。"控"表明了政府税收的客体性、平等性、服务性理念，"管"表明了政府税收的主体性、强制性、压迫性理念。"控"与"管"一字之差，表明了同为发票延伸功能的税控功能在发票功能中的地位具有本质差异。在西方，发票税控功能依然是处于基本功能的依附性地位，而在我国，发票税控功能则取代了基本功能，成为受政府政策主导的主体性功能。这样，发票功能之间的关系也因此予以根本改变。

（二）政府利用发票控税并不具有必然性，且存在差异性

1. 从各国主体税种结构看"发票"控税的重要程度

国家的税收取决于所开征的税种，并非任何一个税种的征收都与发票有直接的联系。发票对征税的直接作用主要在于流转税，如营业税、消费税、关税、增值税等。因此，发票在控税中的重要程度取决于各国主体税种的结构。主体税种是相对于辅助税种而言的，以税种在税收体系中的地位和作用为划分标准所归纳的一类税，主体税种是普遍征收的税种，即在一国税收制度中占主导地位，起主导作用的税种，决定税收体系的性质和主要功能。其基本特征是：（1）在税收收入总额中占较大比重；（2）调节幅度较宽，作用广泛，是体现政府税收负担等政策的主要载体；（3）其税收制度相对稳定，征税制度的变化影响整个税制体系的变化。现代各国主体税种的类型主要有以所得税为主体税，以社会保险税为主体税，以流转税为主体税等几种。历史地看，各国主体税种结构总是在不断地变化发展。

美国税种结构的演变较为清晰。18世纪末到19世纪中叶，美国的主体税种是关税。从1861年起，商品经济逐渐兴旺，国内消费税在总税收收入中的比重不断上升。1902年，美国的流转税（含货物税和关税）收入在总收入中占37.5%，财产税和遗产税占62.5%。而在联邦政府的税收收入中，流转税占92.5%。此时，流转税和财产税在美国税种结构中起主导作用。1913年，美国第16次宪法修正案赋予联邦政府以所得税征收权，美国税制开始向以所得税为主体过渡。此后，所得税法几经调整和完善，税收收入增加很快，到1982年，在联邦全部税收收入中，个人所得税收入占47.6%，具有所得课税性质的社会保险税收入占32.9%，公司所得税占7.5%，形成以上述三种所得税为主体的税制格局。目前，美国税种结构框架以所得税（含个人所得税、社会保险税、公司所得税）

为主体税种，流转税和财产税等辅之。

　　日本税种结构的构建是从19世纪70年代开始的。1871年，日本废除各藩苛捐杂税，开征专卖特许税等33种税。1873年，向土地所有者征收3%的地租（即土地税），此时国税收入中有88%来自地租。1887年，日本引入所得税。1899年，修改所得税法，设立按法人所得、公债和公司债券利息、个人所得划分的分类所得税。1905年引入遗产税。随着日本经济的重心从农业转向工商业，所得税逐渐成为重要税种。1940年，日本将原所得税分为分类所得税和综合所得税两种，对公司单独开征法人税。"二战"后，日本重构税制，受美国经济学家建议的影响，日本开始形成以个人所得税和法人所得税为主体的税种结构。从税种收入比重情况看，日本所得税收入在20世纪50年代和60年代已达到50%以上，在70年代至90年代初，更上升至60%以上，现在基本保持在55%—60%。目前，日本税种结构框架以所得税类（含个人所得税、法人所得税）为主体税种，流转税、财产税次之。

　　英国征收直接税的时间较早。18世纪前，其税收主要来源是人头税、土地税（什一税、十五抽一税）、房产税（灶税、窗户税等），其后随着商品经济的发展和生产的扩大，流转税逐渐兴起，如关税、消费税等。直至1799年，英国在世界上首创个人所得税。"二战"后，英国对税种体系加以完善。1973年，英国加入欧共体以后，更是采取一系列改革措施，如将基本所得税和附加所得税合并，引进增值税。1979年5月，为降低通货膨胀率，鼓励私人资本的发展，在税制方面积极进行改革。自此，英国税制每年都根据需要作某些调整变化，财政大臣根据当年需要和国际情况，向国会提出当年的税收政策措施，经议会讨论批准后，列入国家财政法案，即形成当年的税制，任何人都无权变动。进入90年代后，英国进一步将税收政策作为鼓励私人投资、刺激经济增长的重要手段，如个人所得税和公司所得税都降低税率，扩大增值税的征收范围，并将增值税标准税率由1990年的15%上升至1993年的17.5%，这样，增值税收入比重有一定提高。简而言之，虽然英国在欧盟各国中是唯一大幅提高增值税比重的国家，但其增值税税基仍然在各国中最为狭窄。从税收收入比重看，英国各税种收入变化较小。1985年，个人所得税在英国总税收收入中占比为27%，到1995年仍为27%；公司所得税1985年为12%，1995年为9%；社会保障税1985年为18%，1995年为18%；特别货物税和劳务税

1985年为14%，1995年为14%，唯有增值税上升较大，1985年为15%，1995年为19%。这也是英国近10年来税种结构明显的特点。目前，英国税种结构中，所得税（个人所得税、公司所得税、国民保险税、投资所得附加税、资本利得税）、流转税（增值税、消费税、关税）、财产税（遗产税、地方财产税）是其重要税种。

法国税制的构建是从20世纪初开始的。1914年，法国引入所得税。1917年开征营业税。此后，营业税比重超过所得税。1954年，法国引入增值税。在法国目前税收结构中，以所得税（个人所得税、公司所得税、社会保障税、学徒税）、流转税（增值税、消费税、关税、金融活动）、财产税（继承税、赠与税）为主体税种。

德国税制的构建始于19世纪中叶。1871年德意志帝国成立，颁布所得法，此时税收收入主要依靠消费税、关税等。1916年开征商品销售税（1918年改为周转税）。第二次世界大战后，当时的联邦德国多次改革税制，1968年引入增值税，取消周转税。1990年德国统一，使用前联邦德国的税法。德国的增值税收入较高，但增值税税率在所有欧洲国家中一直是最低的，只是在1998年4月才将增值税税率从14%提高到15%。所得税是其主体税种，流转税次之，以1995年的数据说明：个人所得税在全部税收收入中占比为27%，公司所得税为3%，社会保障税为43%，增值税和消费税为17%，特别货物和劳务税为9%。总体上看，德国在80年代后期以来，税收政策取向是重视流转税的作用并适当提高其比重，所得税则略有降低。目前德国税种主要以所得税（个人所得税、公司所得税、预提税）、流转税（增值税、贸易税、营业税、不动产交易税、关税）、财产税（净资产税、遗产税、赠与税、不动产税）等构成。

2."发票"控税在世界主要国家和地区的地位与差异

税收是一个国家财政的重要支撑力量和稳定因素。一国的主体税种结构决定着其税收来源、征税手段和依据。历史上看，世界一些主要国家往往通过调整其主体税种结构来满足其财政的需要。税种结构的调整改变，意味着税收来源的调整改变，因而带动了税收征收手段和依据的调整改变。一国的总税收取决于不同的税种、税率及其结构中所占的比重。不同的税种，其征收的手段和依据可能不同，如增值税和所得税。前者依凭发票，而后者依凭所得。因此，发票只是税收征收的依据之一，并非唯一。税控是否取决于发票或主要取决于发票，其在征税中的地位要看一个国家税种结构中的税种主体及其比重。

从世界主要国家主体税种结构的发展趋势看，所得税日益成为一些主要经济发达国家税种的主体。就美国和日本来说，所得税在其流转税中的比重最大。尽管个人和公司所得源于营业额和成本之间的计算，发票作为营业额与成本记载的书面凭证有一定作用，但所得可依据账簿记录直接核算得出，并实施票账核对机制，发票的作用有限。对于在流转税中最依赖发票控税的增值税种来说，美国至今都未采用增值税，而日本的增值税种不同于欧盟等各国，采用的是不依赖于发票的减除型增值税种。因此，对于美日这样的经济发达国家，发票在税收中的地位并不显著。相较于美日，欧盟各国则是世界上最早实行发票型增值税的国家，发票在税收中的地位要显得重要的多。但欧盟各国发票型增值税适用所有的交易主体，体现了其制度设计的公平原则，以最大可能保证抵扣链条的环环相扣，充分发挥凭票抵扣制度的设计优势。此外，相比较增值税日益成为我国最重要的主体税种，发票控税的作用日益凸显，欧盟各国最重要的主体税种并非增值税，而是所得税。由上看来，各国税种结构的差异、征收手段的差异以及税种适用主体的差异等，都表明了发票控税的地位和作用有着显著的差异，也进一步说明了发票控税是一种主观设计的功能。

在我国台湾地区，发票内涵虽然与我国大陆一样是由政府确认的，但其"统一发票制度"的"统一性"在于税种的适用主体是平等的，即增值税的适用主体面向所有纳税人。有学者比较分析了台湾与大陆发票管理制度的诸多差异，思考后得出两点显著差异：一是流转税制度的差异导致的发票管理制度的差异。在台湾，流转税即营业税，增值税被称为"加值型营业税"，人们知道的更多的是这个"营业税"，很少说到"增值税"。因此围绕着流转额实行的发票管理，是站在整个营业税的整体性上进行的，而不是专门针对某种税来考虑，并且，即使是"增值税"，绝大部分的行业，只要出现流转额，且有增值因素的，尽可能地都被划入增值税的征税范围，实在不便于征收增值税的才被征收总额型营业税（该税与大陆的营业税相似）。因此，台湾增值税的征税范围很宽，能比较充分地体现增值税的优越性。大陆在税制的设置上把营业税与增值税完全隔开，把增值税的征收范围设置得相对较小，而营业税征税范围则相对较大，并在两类大税中实行完全不同的两类发票，把增值税专用发票的使用局限在很小的范围内①,并且,大陆对于小规模纳税人的管理尤为严格,纳税人一旦被定为小规模纳税人,就不能随意改变,并与增值税专用发票隔断了一切联系,从而也就隔断了小规模纳税人与一般纳税人交易的通道。二是发票类别设置的差异。与税制结构的设置相适应,大陆发票分为增值税专用发票及普通发票两大类,并且这两类发票在申请购买、开具、使用以及票面内容结构等方面完全不同。普通发票采用价内税形式,主要用于一般纳税人销售增值税免税物品、对象为消费者的销售、小规模纳税人销售货物或应税劳务、营业税纳税人销售劳务等;增值税专用发票采用价外税形式。它作为销货凭证、销项税额凭证和增值税进项税额抵扣的凭证,为一般纳税人交易时使用。这两类发票各有宽广的使用范围。由于增值税征税范围很小,许多非增值税纳税人无权拥有增值税专用发票。即使作为增值税纳税人的小规模纳税人也无权领用、开具、索要增值税专用发票,如果小规模纳税人向一般纳税人销售货物,必须开具增值税专用发票,也应由税务机关代开,发票上注明的税额为按销售额以征收率计算的进项税额。这种规定阻断了一般纳税人和小规模纳税人、其他非增值税纳税人的联系。"因此大陆的发票管理体现了比台湾更为突出的直接的行政管理特点和歧视性特点,它使大陆的发票特别是增值税专用发票有了很高的'含金量',从某种意义上说,拥有了发票就是拥有了某种特别的资源或权利。这是许多纳税人不开发票、逃避税和部分犯罪分子铤而走险的动力源。"②

在我国,随着"营改增"的全面铺开和深入,增值税在我国流转税额中的比重持续上升,一度占到70%以上,成为我国第一大税种。这与所得税日益成为世界上大多数经济发达国家最重要主体税种的发展趋势根本不同。增值税的凭票抵扣制度表明了发票在我国的控税地位和作用非常显著。而我国政府对发票的形式识别以及增值税适用主体的歧视性,使得政府在付出比任何国家都高昂的监管成本的同时,依然遭受着形形色色偷逃税行为所带来的巨大的税收损失。

---

① 自2011年我国营业税改增值税试点工作始,至2016年5月1日全面营改增试点范围在全国的铺开,营业税逐步退出历史舞台,增值税的适用范围被大大拓宽了。

② 叶少群:《台湾"统一发票制度"对大陆的启示》,《发展研究》2009年第8期。

（三）实施严厉的税收保障措施

1. 严厉的法律保障措施

在西方，偷逃税被认为是最严重的经济犯罪行为之一，并且自税制引入始就产生了。人们不愿意纳税，并且采取各种手段，诸如利用税法这种合法手段进行避税以减少税款的支付。逃税则是指非法和有意采取的不履行合法纳税义务的行为。个人和公司通常通过少报所得、销售或财产；夸大扣除额、免除额或贷款额；或者对于适当的税收返还不予归档等方式进行逃税。① 因此，在西方，税收保障主要是通过严厉的税收惩罚措施来体现。没有政府会宣称依靠一个税收系统和纳税人的责任意识就能够保证税收义务的履行。一些有责任心的人毫无疑问会履行他们的纳税义务，但是许多其他的人将不会自觉履行。随着时间的流逝，这种责任意识的作用将会淡化，因为那些自觉履行纳税义务的人将会发现他们如何被那些不履行纳税义务的人所利用。这样，纳税必须要成为一种公民的法律责任，随之产生的就是对于纳税不遵从必须受到惩罚。② 通过严厉的税收惩罚措施促使公众形成高度自觉的纳税意识，也是防止税收流失的成功经验。税收惩罚措施一般包括经济惩罚和刑事惩罚两类。

在美国，维护纳税人的合法正当权益是纳税人自觉依法纳税的基础。但是，与此同时美国税务机关对偷税者的处罚却相当严厉。美国国内收入局下设犯罪调查中心，其使命就是运用法律手段进行财务调查，防范和打击各种潜在的财务欺诈行为及导致的税收欺诈和犯罪，从而培育公众对税收系统的信心和纳税遵从。③ 根据美国联邦和州法律，逃税是一种刑事犯罪，将会判处监禁、罚款或二者兼有。④ 美国对故意拖欠税款或者有意不提交纳税申报表，伪造申报表欺骗税务机关等行为都规定了严厉的处罚措施。首先，税务部门有权冻结、查封违规者的银行存款和其他财产，对于

---

① James Alm. Tax Evasion. http://www.urban.org/books/TTP/alm.cfm, 2012 年 3 月 21 日访问。

② Joel Slemrod. Cheating Ourselves: The Economics of Tax Evasion, *Journal of Economic Perspectives*, Vol. 21, Number 1 (Winter 2007), pp. 25—48.

③ 邓力平：《税收与会计信息失真治理：文献回顾与展望》，载郭庆旺《公共经济学评论》Vol. 3, No. 1, 中国财政经济出版社 2007 年版。

④ Joel Slemrod. Cheating Ourselves: The Economics of Tax Evasion, *Journal of Economic Perspectives*, Vol. 21, Number 1 (Winter 2007), pp. 25—48.

补缴的税额均课以利息并处以罚款；其次对有意偷逃税的行为，不仅追究其5年以下徒刑的刑事处罚，还将处以10万美元以下（企业则50万美元以下）的罚款，或外加法庭开支。① 对于公司纳税人逾期申报纳税的，除按应缴税额的5%—25%予以罚款外，还对拒绝税务人员审计的行为处以每次罚款500美元的惩罚。对于已经查处的偷税行为，不但要收回所偷税款及利息，而且还要处以75%的罚款，严重的更要查封财产并判刑5年。正是这种严查重罚的做法，才起到了杀一儆百的作用。② 在加拿大，对久拖税款不缴纳的，可以采取查封拍卖纳税人财产抵交税款的强制措施。而在日本，涉税犯罪案件分为秩序犯罪和偷税犯罪。对于应纳税额申报不实的，即秩序犯罪者，一般处以1年以下徒刑或课以20万日元以下的罚金；日本重罚用欺诈手段偷逃税款者，"对偷税犯罪者，一般处以5年以下徒刑或课以20万日元以下的罚金，罚金为应补税款的35%"。③ 严厉的惩罚措施，常常会罚得倾家荡产，人们不敢轻易逃税，更不轻易投机取巧利用发票偷、漏税款。

2. 严厉的行政惩罚及舆论保障措施

西方对纳税人不实申报等偷逃税行为，都有一套严厉的处罚和制裁标准。在日本，对于纳税人不按规定期限进行纳税申报，将会处以应缴税款15%的罚金；对于纳税人可能采用欺诈的手段进行偷骗税的，将会处以应补税款35%的高额罚金。此外，对于那些超越规定期限申报的纳税人，在税法规定的缴纳期满后20天，税务机关将发出催缴通知单。如果催缴通知单发出10天后还未缴税的，税务机关可依法进一步采取严厉措施，冻结其财产。④ 有的国家则不仅采取最终令其停业的严厉惩罚措施，而且还会充分利用公众媒体的不良信誉曝光制度予以配合使用，达到向未履行纳税义务的纳税人敦促、施压的目的。如哥伦比亚国家税务局，不仅被授权向那些偷逃税公司，即那些不向顾客开具发票（或收据），或开立一个以上账户的公司行使停业处罚权，而且税务当局还同时在被勒令停业的商店门前贴出"因逃税而停业"的公告，随后，电视节目也予以相应报道。

---

① 孙承：《美国税收征管的几个显著特征》，《吉林财税》2000年第1期。
② 胡勇辉：《借鉴国外经验治理我国税收流失》，《当代财经》2004年第3期。
③ 胡世文等：《日本的国税征管制度》，《中国税务》2000年第4期。
④ 参见胡世文等《日本的国税征管制度》，《中国税务》2000年第4期。

在土耳其，为防止纳税人不使用发票的偷逃税行为，税务机关在各地派出检查人员进行大量巡查，对于多次偷逃税的，采取渐次更重的惩罚。如，第一次发出警告，第二次给予罚款，第三次勒令停业。而在玻利维亚和乌拉圭，对于那些不遵守税法或增值税有关规定的纳税人，有关部门将广泛实施暂停营业的惩罚。对于那些发票开具不合格的公司，处以至少关闭7天的惩罚。[①]

本章小结

市场经济的发展，交易流转的普及，政府基于税收成本的考虑，纳税人基于交易、纳税一体化完成的便捷性需要，使发票以无可比拟的优势成为二者共同需求的工具。因此，税收只是政府介入发票关系的表象，而市场经济发展的需要才是推动政府介入发票关系的本质因素。自政府介入发票关系后，至少产生以下三个后果：一是发票法律关系由简单走向复杂。表现为平面型发票关系转向立体交错型发票关系；出现了不同发票制度下的法律关系。二是利用发票偷逃税的机会主义行为出现，发票的真实性开始受到挑战。三是发票的主观功能出现，并呈现日益繁多的趋势。

目前看，政府介入发票关系表现为两种模式：一是交易自治型发票制度中的"税控"模式。该模式下的征纳关系，是在首先尊重纳税主体间平等契约关系的基础上，表现为权力主体对权利主体的服务关系。这种税控模式的实质，是在尊重市场交易内生秩序基础上的制度设计，表现了征纳主体间的一种合作性关系。二是政府识别型发票制度中的"管理+税控"模式。该模式的重点在于发票形式上的管理，试图对发票形式上的全面管理实现税控的目的。该模式下的征纳税主体之间的关系，首先表现为权力主体对义务主体的管理关系，在此基础上重新设计了纳税主体间的不平等契约关系。该模式的本质是奉行行政强制这个外生秩序基础上的制度设计，体现了征纳主体间的一种对抗性关系。

从现行《发票管理办法》的制度设计看，"管理+税控"的政府介入模式，表现为管理的过度介入，导致政府角色多重下的错位安排，进而管

---

① 参见安体富等《西方国家税源管理的经验及借鉴》，《税务研究》2002年第4期。

理职能向经济交易主体不当倾斜或过度延伸。概括地说，立法推动政府过度介入发票管理，将政府同时置于发票的发行者、监管者及利益分享者的不当地位。

政府对发票关系的过度介入，推动了税控功能的过度化发展，由此冲击了发票会计核算功能与维权功能对经营者与消费者的需要。当发票不能同时满足各主体的使用需要，不得不为此放弃其他功能的时候，税收利益的首要满足改变了经济交易活动主体对发票基本功能的需要，使发票基本功能的地位不适当退居到税控功能之后，这种发票功能之间关系的不正当改变使得原有发票功能之间的协调性运作关系遭到破坏，"发票失控"开始形成。

就我国目前的"发票失控"来看，无论是增值税纳税主体利益不均衡的设计，还是普通税控有瑕疵的制度设计，如定额发票，都只是提供了偷逃税的有限的制度漏洞，但在我国的政府识别型发票制度下，发票交易系统与经济交易系统各自独立运作，则无限地放大了这种偷逃税的制度漏洞。发票交易系统脱离经济交易系统独自运作的最大恶果就是，由于既不能通过监管发票交易系统来证实真实的经济交易系统，也不能通过实时检测经济交易系统来跟踪发票交易系统，那么在发票交易系统内，予以发票造假就有了无限的空间。而在目前的营业税改征增值税的税制改革中，随着增值税的主体税种地位进一步强化及增值税对发票的特殊依赖性，进一步凸显了发票税控的作用，同时也带来了对发票税控制度设计上的更大挑战性。

总之，过分强调发票的税控功能，会降低或稀释发票应当承载的本源功能。在我国，怎样使发票既能为税所用，又不被税所困，必须在功能上和制度设计上为发票解套。

通过对美、日、欧盟、韩国、我国台湾地区和香港地区发票与税控关系的考察，可为我们提供如下制度参鉴：第一，交易事实的证明功能是一切发票功能的基础。一是发票所承载的基本主体地位不变。二是政府发挥"控税"而非"管票"职能。第二，政府利用发票进行控税并不具有必然性，且各国还存在着差异性。发票作为控税的一个手段和依据，从各国主体税种结构的角度看，它既不是必然存在的，也不是唯一的，更不是最重要的。第三，实施严厉的税收保障措施。一是严厉的法律保障措施。主要是通过严厉的税收惩罚措施来体现。通过严厉的税收惩罚措施促使公众形成高度自觉的纳税意识，也是防止税收流失的成功经验。税收惩罚措施一般包括经济惩罚和刑事惩罚两类。二是严厉的行政惩罚及舆论保障措施。有的国家对纳税人的税务违规行为规定严厉的处罚和制裁标准，如日本。有的国家充分利用公告、媒体等对不履行纳税义务的纳税人进行曝光，并有权责令其停业，如哥伦比亚。

第五章

发票功能协调化的路径选择

第一节 发票功能的理念回归

一 发票功能有限理念

历史地看，发票最初就是商事交易的一个凭证，其本源意义上就是证明性功能。但是，随着经济的发展，发票的使用范围被不断扩大。并且这种扩大呈现出由客观性功能（经济发展的需要）向主观性功能（经济管理的需要）、主观性功能日益超过客观性功能的发展趋势。发票主客观功能的颠倒使得发票最初的商事交易证明性功能，以及由此衍生的会计核算功能和维权功能日益让位于基于经济管理需要的延伸功能。从理论上看，只要是主观管理的需要，即可以无限地赋予发票更多的延伸功能。但是，发票存在的作用和价值不是取决于延伸功能，而是取决于基本功能，没有发票的基本功能，延伸功能便不可能存在。发票基本功能的有限性，即发票只是作为证明功能、会计核算功能和维权功能来说，数量和作用上都是有限的。发票的延伸功能，因管理的主观需要性，是可以无限添加的。如果将发票基本功能与延伸功能混淆，甚至错误地认为延伸功能是发票的主要功能，因而无视、弱化甚至取代基本功能的话，则就将发票功能的认识引入到一个误区，即发票功能的数量和作用都是无限的。目前，无论是政府还是市场主体，对于发票的认识都存在着这样一种扭曲发票功能的理念：发票是万能的，发票的法律地位高于任何其他的交易凭证。这不仅体现在发票功能的历史发展过程，表现为发票功能一次次被添加，延伸功能的链条不断加长，延伸功能的地位不断增强，还体现为立法的发展过程，延伸功能的地位不断被拔高，作用不断被强化。但现实情况却是，发票各功能之间的运作是无序和混乱的。发票功能的无序和混乱,是无视发票基本功能有限性的必然结果。将延伸功能不断地延伸,这种延伸不仅表现在功能的数量上,更表现在功能发挥的作用上。这就人为改变了发票功能之间的有序状态:将发票延伸功能置于基本功能之上,不仅导致基本功能与延伸功能之间的紊乱,也导致延伸功能之间的紊乱。更重要的是,基于发票功能无限性的错误理念,对于现实中所爆发出的问题,也总是寻求添加更多的功能或是强化现有的某一延伸功能去寻找解决途径,而不会从功能有限性角度去思考功能之间协调性问题。例如,对于税控功能失控问题,现实中无非两种解决办法:一是再赋予发票彩票功能来辅助税控功能作用的有效发挥。二是强化发票税控功能,即通过更加严格的管理手段来保障税控功能的实现。这是基于典型的发票功能无限性理念。

在我国,基于发票功能无限性理念最典型地体现在发票的税控功能上。作为发票延伸功能的税控功能在我国获得了强大的地位。地位的强大性表现在,发票所有的功能都是围绕税控功能展开,而且还具有世界上许多国家都不具备的政府强烈的管理色彩。这样,发票的本源功能被忽略了,发票的衍生功能,即维权功能和会计核算功能被蚕食了,发票功能之间的协调性遭到破坏。

从交易事实的证明凭证到税收利益的保障凭证,诚然,发票之所以具有这么多功能,发票功能之间关系的改变,无疑是制度强制性赋予的结果。既然发票的基本功能是经济发展的客观需要,延伸功能是经济管理的主观需要,则基本功能决定着延伸功能的存在和发展而不是相反。这样,发票功能的有限性是由基本功能的有限性决定的,而目前制度强制性赋予发票若干延伸功能,并进而改变发票功能的关系就是有违发票功能发展的客观规律。纠正制度强制性所导致的发票功能的紊乱,就必须基于发票功能有限理念。发票功能的有限性理念不仅体现在功能数量的有限性上,即延伸功能所添加的数量应是有限的,而且还体现在功能作用的有限性上,即延伸功能的作用不能超过,更不能替代基本功能。

二 发票基本功能优于延伸功能理念

目前,对于发票功能之间的关系,由于不能基于正确的认识理念,刻意拔高了发票的延伸功能。这种刻意拔高,是政府对发票控税的过分依赖和过度管理造成的。政府对发票税控的过分依赖,不但刻意拔高了发票的报账功能，还刻意拔高了发票的彩票功能。刻意拔高的报账功能，冲击了发票的会计核算功能，不但损害了单位的会计核算系统，还更加损害了税控功能；刻意拔高的彩票功能，在带来更高的管理成本的同时，从长久看，也无助于税控功能的根本改善。政府对发票税控的过度管理，不但刻意拔高了政府管理的作用，还刻意拔高了发票的证明力。政府刻意拔高管理的作用，大大增加了管理的复杂性，由此大大增加了管理成本，但却未因此获得相应的管理收益。刻意拔高的发票证明力，却损害了发票对消费者的维权功能。而在立法层面上政府对发票管理的日益强化，更是误导了人们对发票功能的正确认识。仅靠加强发票管理、缩小发票的外延、丰富发票的内涵，从而强制性改变发票功能之间应有的协调关系，是不能从根本上解决问题的。

如果不能正确认识发票功能的历史地位，不厘清发票功能之间的关系，不基于发票功能有限理念，则发票功能会被无限制地放大，导致各种社会经济问题更加严重。既然发票基本功能决定着延伸功能的存在和发展，则基本功能就是发票的本质功能，延伸功能是发票的辅助功能。丢弃了本质功能，发票的辅助功能就没有任何存在的意义。基于此，我们应转变对发票功能的错误认识理念，回归到发票基本功能应优于延伸功能的正确认识上。

基于发票功能之间关系的准确定位，转变目前发票功能无限的错误理念，树立发票基本功能优于延伸功能理念，是今后发票制度改革的目标。但理念的转变及实现还需要一个循序渐进的过程。从制度上看，目前我国的财务会计制度、财政税收制度、交易支付制度等都不够完善，还落后于西方发达国家，如果实行"一刀切"式的发票功能的急速调整，即废弃发票的延伸功能，仅保留发票的基本功能，虽然发票功能之间的冲突得以解决，发票功能不再超载和紊乱，但在目前还未有更好的税控机制可以替代的情况下，这种盲目性功能调整可能会造成更大量的税收流失，国家财政更无法保证，滋生的社会经济问题会更多，甚至会影响到整个国家的稳定。而且，从西方经验来看，大部分国家都保留了发票税控功能，取消发票税控功能的极端做法很少存在，发票税控功能在西方的运作总体良好，没有导致发票功能的超载和紊乱，说明发票的税控功能本身没有问题，只要秉承基本功能优于延伸功能理念，发票功能之间能够协调运作，税控功能就具有保留的价值。因此，在我国，一刀切式的解除发票税控功能的做法缺乏制度准备，或者说也没有解除的必要。从意识形态上看，因为国家本位思想导致的长期的政府政策及立法的错误引导，对于发票功能的错误认识纠正也难以一蹴而就，还需要政府及公众的共同努力。从发票功能发挥错位的惯性力量上看，对其运行的错误轨道纠正也还需要缓慢减速后才能改向正确的轨道。针对以上现状，我们通过过渡期、剥离期两个阶段来逐步实现发票功能。

发票功能的过渡期是为剥离期做制度上的准备。首先通过发票立法目的纠正，在制度层面纠正错误的立法导向、政策导向，还原发票依附于交易事实的本来面目。其次通过政府与发票的偏向性法律关系调适，解除发票基本功能依附于延伸功能的错位法律安排。发票功能的剥离期实质上是体现发票功能协调运作的具体实现过程，即通过税控功能的改善、经费项目以票报账功能的取消、彩票功能的取消、纳税人权利意识的培育、发票违法惩罚机制的加强等来实现。特别值得注意的是，剥离并非是将延伸功能从基本功能完全剥离，而是将延伸功能数量可添加的无限性思想剥离；将税控功能中国家的管理思想剥离；将税控功能目前的中心地位剥离。剥离的目的就是要将发票延伸功能真正还原为基本功能的附属性地位，从而真正实现发票功能之间的协调化运作。

第二节　发票法律关系的调适

一　发票是否需要管理

（一）政府实行"全能型"发票管理的弊害

实际上，目前我们的发票立法，是停留在一个政府对发票的全能性管理这样一个意图阶段。从发票的印制、发售、领购、使用、缴销等各个环节无不渗透着政府的管理思想，而且2011年发票立法的修订，更是将政府对发票的管理细微化。如对于发票的印制，不仅规定了由国务院或省、自治区、直辖市等指定企业印制，更是对印制企业资格做了详细规定。但是通过管理想解决的问题（控税）却没有解决，只有一部分有效，一部分无效，而无效的这一部分带来的社会弊害非常严重，这种发票管理，事实上证明是失灵的。发票控税无效不仅表现为交易不开发票、少开发票、真实交易虚假记载、此交易彼记载等，那还只是基于真实性发票上的造假，还只是基于有交易基础上的造假，从这个意义上，造假还是有限的；发票控税无效最大的问题则是利用假发票造假，是基于无任何交易事实的彻头彻尾的造假，无论从虚拟交易事实、交易金额来说都具有造假无限的可能，因而虚假发票是个后患无穷的东西，它产生的弊害比我们用发票产生的正面作用要大得多，负外部性比其正面作用要大得多。

2011年2月1日实施后的发票管理办法中，修订了22条（总共45条），原来发票定义没有改动，但却体现了几个明显特点：一是发票行为的范围作了拓展。包括印制、领购、开具、取得、保管、缴销，体现在第二条、第三十条；二是强化了税务机关对发票的印制管理，体现在第七条、第八条、第九条；三是强化了发票的使用管理，体现在第二十四条；四是强化了税控发票的监管，体现在第三十五条、第三十六条、第三十七条、第三十八条、第三十九条、第四十二条。

政府试图通过全面管理发票实现税控，并借助发票达到税收利益在中央与地方、地方与地方之间分配的目的，故此发票的每一种类都必须在发票形式上体现中央与地方、地方与地方之间的差异。这样，政府对发票的管理，首先从形式上表现出来，也必然首先在形式上有了真假之分。政府对发票的管理，从形式上看，假发票就有三种：假票假开、假票真开、真票假开。而前两种假发票，在政府不介入发票管理，不予对形式上专门选择设定的时候，也就没有形式真假问题，也就不存在这两种形式上的假发票，从这个意义上，所谓形式虚假发票的假发票是政府管理发票特别创设出来的。也因此在中国，围绕形式虚假发票的造假活动十分猖獗。同时，也因为政府管理发票，所确立的形式真假鉴别标准，使得真发票不断成为假发票无穷制造的母体。这在虚开发票案中特别典型。

在政府对发票全面管理体制下，围绕形式上的发票造假的日益盛行与国家立法对发票管理的日趋严格形成了巨大反差，值得思考的是：发票需要政府介入管理吗？

（二）发票"需要"管理的决定性因素

发票需不需要管理取决于其三大功能的现实作用：一是税控功能的发挥，二是会计核算制度能否跟上，三是报账功能的实现。现在暴露的问题是，通过发票控税，税却逃掉、漏掉了，而且逃税、漏税数额巨大，手段多样，方法更加专业、隐蔽，监控成本日益高昂；核算制度在我们现在实行严格发票管理的这种体制中，仍然是一个虚假交易横行、假发票横行的这样一个体制。很明显，现在的发票管理体制促使了各利益主体利用发票制造虚假交易，使发票成为虚假交易的载体。发票作为核算工具，提供的是虚假交易信息，成为造假、掩盖真实交易信息的最有力工具。通过会计核算生成的财务报表既反映了企业一定时期的资产负债状况，也反映了其经营状况，不仅成为企业内控依据，也成为企业纳税依据。当发票提供虚假交易信息，会计核算生成的财务报告不再真实时，对企业本身来说，内控意义丧失，对外来说，管理部门的税控功能失效，如果企业还是上市公司的话，则还损害了广大社会公众和投资人的利益；报账制度更是催生了假发票的盛行，国家资金使用的限制性以及使用人使用资金的合规性要求，虚假交易的流行成为必然。当下的各种购物卡的流行，实行先支付后消费的模式，更是出现了监控的真空地带。如果说购书发票在报销时还需要同时出具电脑小票以防止虚假交易的话，则对于购物卡这种先支付后消费的模式则不适用了，这就更是使发票记载内容名不副实，虚假交易更是明目张胆，使报账对虚假交易的认可更加简便易行，不仅助推了民间腐败，更助推了官场腐败，使得全社会都在这种自我利益追求的道德沦丧中迷失而浑然不觉。

因此，发票的三大功能在目前的发票管理体制下都不能实现，而且发票税控功能的失效连带并加剧了会计核算功能的失效，发票报账功能的推行反过来助推了发票税控功能的进一步失效，三种功能的实现不断反复陷于恶性循环。显然，如果发票"需要"管理，从三大功能实现的角度看，其管理方式与管理手段都需要重新予以思考。就目前发票管理方式看，正如之前探讨的，是贯彻了国家对发票"全能型管理"的意图，这个意图实践证明是有问题的；就国家对发票管理手段来看，无论是税控功能还是报账功能，都是通过管理"发票"本身而非发票所承载的经济交易事实来实现的。这种管理手段，实践证明是导致发票交易系统独立在经济交易系统体制外运作的一个根本原因，成为虚构交易事实发生的大量假发票盛行的一个助推力量。

二 发票立法目的的调适

（一）树立"有限"政府的管理理念

从起源和发展上看，发票始终都是交易事实的证明凭据。交易事实是由交易内容决定的，交易内容则是由市场交易主体决定的。凡交易内容中具备基本的交易要素，如交易主体、品名、金额、日期等就可起到证明的作用，完全不受任何形式上的制约。因此，发票的印制、开具、缴销等都是交易主体之间自行决定的。税的本质在于真实的交易事实，发票之所以能承载税控的职能是基于交易内容的客观记载，无须形式上的任何强制。作为市场公平秩序的维护者，政府只是通过制定交易规则和维护交易规则来确保市场经济秩序的正常运行，而不是直接参与，甚至强制改变市场交易主体的交易活动。实践来看，我国政府意图通过全面深入管理发票来保障税收的实现，通过编号和防伪等法定的识别标记，政府的管理深入到发票的申请、印制、领受、缴销等各个环节。由于政府不是经济交易主体，无法决定交易内容，所以，对发票的管理其实是交易形式上的管理，像编号和防伪其实都是发票上的记载形式，而非交易内容。但是，当政府通过发票形式上的管理满足税收需要的时候，市场主体之间的交易内容开始受制交易形式，这根本违背了基本的交易秩序。其带来的后果是，由交易内容决定的一个经济交易秩序，而且只能是一个交易秩序开始演变成围绕两个要素展开的相互独立运行的经济交易系统下的混乱交易秩序：一个是围绕"税收"这个要素展开的发票交易系统。在这个系统内，政府需要发票保障税收收入，交易主体如何在满足政府这个"需要"的前提下实现不缴或少缴的目的？既然政府对发票的全程管理主要借助形式查验系统，如何满足发票的形式真实成为交易主体的一个突破口，政府与交易主体间税收利益的争夺表现为发票利益的争夺。交易主体间的发票交易活动，以及消费者被承诺价格折让或其他优惠承诺的情况下与交易主体合谋所进行的发票交易活动始终无法停止。一个是以交易内容展开的交易秩序，在消费者没有平衡预算、冲账报账等的需求下，由于没有索取发票的动机，而对交易者又有税收利益的情况下，交易不开发票，只开收据是普遍存在的。这种真实的交易内容被排斥在目前政府的发票管理体制外，没有任何的税收意义。真实（一种形式真实）的发票交易活动对应着虚假的经济交易活动，造成税款的大量减少或流失；真实的经济交易活动却因没有发票依然造成税款的大量流失。这种局面的形成，正是政府深入介入发票管理的结果。长期以来，因为政府无所不能、无所不在的管理思想，通过发票形式上的管理已经介入到交易主体的经济活动之中，经济交易市场充斥着大量专门针对发票交易的虚假交易活动，严重干扰了正常的市场经济秩序，使得政府越是严格发票管理，监管的成本就越高，税款流失就越多；越是全面发票管理，监管秩序越混乱复杂，偷漏税手段越是层出不穷。显然，要树立有限政府的理念，政府必须从交易主体的经济活动中全面退出，不再进行发票的政府识别，还原交易内容决定交易形式的根本经济秩序，这需要从制度层面将"全能"政府回归为"有限"政府。

(二) 以事实属性为依归

发票始终是交易内容的证明凭据，其原始特性是能够证明的根本。作为一种原始凭证的存在价值，基于的是一种交易事实。既然是交易事实，就是客观的、不可复制的。发票既然是一种客观存在，这种市场自发交易下的为交易主体服务的客观存在就是合法的。在我国，当立法赋予政府对发票形式识别的职权，发票不再基于交易事实，而是基于交易形式，发票成了一种主观存在，主观的就是合法的。发票由客观性的内涵转向了主观性的形式，是政府对发票"全能"管理的结果。发票法律属性的主观性认定导致了客观性认定下所没有的混乱局面：大量基于交易主体间交易事实的原始性凭证在缺乏政府法定识别标记的情况下，丧失了税控与维权的合法性，既造成了政府税收的流失，又使消费者维权陷入困境，实际上使这种真实交易凭证的证明价值完全丧失。而这种交易凭证证明价值客观性的丧失完全是人为干预的结果。同时，当发票的客观性转变为主观性，那些依凭发票形式上的真实，却没有任何交易事实或虚假交易的经济活动在发票税控的意义上取得了合法性。政府对发票的管理，合法交易对应非法发票、非法交易对应合法发票，交易与发票的关系陷入到一个合法即非法、非法即合法的无解悖论中。这种发票法律属性与事实属性的冲突，是政府通过立法对发票进行形式识别，导致发票法律属性不依归事实属性的结果。事实上，作为发票的一种应然属性，事实属性才是发票存在的价值，其他一切属性都以此为依归。一旦发票的客观性根基动摇，事实属性丧失，作为交易内容证明凭据的价值也就丧失了，失去了证明的价值，发票的税控功能、会计核算与报账功能、维权功能等也都统统丧失了。

显然，政府对发票的法定识别，是行政手段介入交易过程，体现为政府对市场主体交易自由权利的干预和强制安排的结果，不是维护而是破坏了正常的市场交易秩序。"市场化内含着一些基础性的法治命题：私人的权利与自由必须得到法律的平等尊重；私人的权利与自由不受未经自己同意的强制。"① 这种对发票法定识别的制度设计,以政府税收利益实现为唯一目的。当法律在制度设计上成为维护某一特定主体利益工具的时候,法律所追求的公正、公平、正义的基本原则就丧失了。"法律只为那些在整体上并不为任何人所知道的众多的不同目的提供手段。因此,就目的的一般意义而言,法律并不是实现任何特定单个目的的一种手段,而只是成功追求大多数目的的一个条件。"②

"全能型"发票管理是没有依据发票本源功能基础上的制度设计,因此,从这一制度设计初始,就以政府需要为第一,甚至是唯一的制度理念改变了发票功能之间的应有关系。从此,发票的税控功能决定着发票的证明功能、会计核算功能与维权功能,发票的税控功能一旦失灵,事实上总是失灵的,基于税控需要的大量虚假交易的发生或大量不开、少开发票等行为,都使发票的"证明性"功能丧失,由此带来会计核算功能与维权功能的丧失。当发票本源功能与衍生功能都是围绕延伸功能在运作时,所有的主观见之于客观的经济活动变成了客观见之于主观的经济活动。实践表明,我国现有的发票立法制度设计将发票的法律属性凌驾于事实属性之上,颠倒了发票功能秩序,人为破坏了经济交易秩序,无论对于政府还是交易主体,带来了一损俱损的后果。因此,必须改变政府对发票形式识别的立法设计,回归交易主体交易事实决定的基本原则,也就必然回归到交易内容决定交易形式的有序经济环境中,这才是经济活动和税收实现的本质。

(三) 均衡各主体利益需要

政府对市场经济活动的管理所表现出的无所不在、无所不能的思想,是自我利益至上和不信任他主体行为的结果。表现在发票的立法制度设计中,政府全方位、事无巨细的发票管理都建立在纳税人天然就有着偷漏税这样强烈动机和倾向的前提基础上,因而是一种政府权力与纳税人义务的分裂机制和对抗机制设计。"纳税人诚实纳税推定权在我国现行法律中是缺失的。所谓诚实纳税推定权,是指纳税人有被税务行政机关假定为依法诚实纳税的权利,是税法应当确立、纳税人应当享有的最重要的基本权利

---

① 李昌麒:《经济法理念研究》,法律出版社 2009 年版,第 234 页。
② [英] 弗里德里希·冯·哈耶克:《法律、立法与自由》(第一卷),邓正来等译,中国大百科全书出版社 2000 年版,第 176 页。

之一。"① 发票立法以税收实现为首要目的，并体现为政府无所不在的权力和交易主体无所不在的义务，这种反差也误导着纳税人错误的税收意识：政府的税收利益是自己的税收损失，对抗情绪及其偷漏税的机会主义行为在所难免。尽管政府也采取一些激励措施引导消费者索取发票，但在面对经营者价格折让等优惠条件面前仍显得不堪一击。现实中看，经营者与经营者、经营者与消费者之间合谋不开发票，或开假发票现象十分严重，使政府对发票的管理陷入到越严越假、越假越严的治理怪圈中。需要注意的是，对政府税收利益倾斜性保护的立法意图不能实现，恰恰是发票在立法制度设计上，以税收实现为核心，对发票形式进行法定识别，忽视纳税人的应有权利，进而被纳税人合力造假侵蚀政府税收利益化解的结果。如果制度的设计不遵从一种内在市场经济运行规律，不是一种相关交易主体之间的合作共赢机制，任何强制的手段都不会起作用。如果基本的权利和尊严得不到保障，义务的履行便没有了动力和保障。无处不在的造假风气的形成可能正是法律制度不当设计激发甚至激化的结果。公民义务的履行愿望源于其取得的权利。诚信素质缺失的社会风气往往助长无处不在的造假和偷漏税行为，而一种社会风气形成的根源又往往存在于国家的法律制度缺陷之中。②

政府之手需要无处不在吗？"有时市场本身就可以更有效地解决一些我们习惯认为需要政府运用立法不断干预的问题。尽量通过市场的运作来解决一些似乎是需要或者可能通过政府管制之类的法律活动来解决的问题，这是最容易为我们所忽略的，成为我们立法决策的一个盲点。"③ 政府意图借助发票实现税控最大的失败在于，由于政府不是经济交易活动的交易主体，无法决定和改变交易内容，只能通过记载交易内容的发票管理实现税控的目的。既然无法决定和改变发票上所记载的交易内容，只能通过管理发票形式达到税收实现的目的。这样，政府对发票形式上的管理所导致的政府与纳税人之间税收利益的争夺，发票交易决定经济交易的条件和局面形成，结果就根本改变了交易内容决定交易形式的有序经济秩序。这正是政府对发票的主观需要取代了市场经济对发票的客观性要求的结

---

① 刘剑文：《纳税人权利保护：机遇与挑战》，《涉外税务》2010年第5期。
② 参见吕方《"诚信"问题的文化比较思考》，《学海》2002年第4期。
③ 苏力：《法治及其本土资源》，中国政法大学出版社1996年版，第102页。

果。因此，立法的制度设计必须遵从基本的市场经济规律，考虑相关主体的利益需要，否则，立法者的立法意图必将落空。"在完全相互依赖的市场上，有许多情况是立法者始所未料的，因为市场是建立在私人利益基础上的。正是这些怀有私人利益的当事人会千方百计地歪曲法律的真正意义。"①

我国目前的发票立法制度设计，由于没有考虑相关主体的利益需要，政府与交易主体之间的利益是对立的。政府通过发票的形式管理不适当介入到交易主体的交易活动之中，表现为政府与纳税人之间针对发票交易的一种税收利益争夺。政府与市场各司其职才能保证经济的有序运行。因此，解除发票为政府税收实现为首要职能的立法目的，也就解除了政府对发票形式识别的法定职权。当政府不再决定发票的形式，而是由交易主体的交易内容决定时，我国的政府识别型发票制度就回归为交易自治型发票制度，和谐有序的交易秩序将逐步形成，才有利于纳税人纳税意识培育，法律制度设计才可能因兼顾各主体利益真正回到公平、公正、有序的轨道。

三 政府在发票法律关系中的定位与定向

（一）明确政府的服务性地位

我们不仅在之前论证了交易自治型发票制度下的政府"税控模式"的本质及其必要性选择，而且从立法设计的角度深入剖析了发票政府识别制度下的政府"管理＋税控"模式的弊端。实际上已经指明了政府的职能是保护市场交易主体的正常交易秩序，通过市场规则的制定和维护，而不是直接干预交易主体经济活动的方式来保障交易主体的正当利益。因为规则的预设和诱导功能，必须体现相关主体权义的平衡以及相关主体间利益的平衡。只有这样能够保障各主体利益平衡的规则设定，才能使主体真正从内心产生对这样法律目的的认同，按照法律预设的轨道运行，才会产生一个合作共赢机制。因此，任何一部法律制度的设计都不能是利益主体间绝对权威与无限服从关系，政府与市场主体间的关系亦是如此。正如卢梭在其《社会契约论》中指出的：如果立法制度所设计的双方关系是绝

---

① ［德］马克斯·韦伯：《论经济与社会中的法律》，张乃根译，中国大百科全书出版社1998年版，第34页。

对权威与无限服从的关系,那么,这个制度约定必定是无效的。① "可以说,纳税人与政府之间存在一个税收契约,而税务机关作为连接契约两主体的纽带,它的征税行为必须具备尚法、诚信、平等的契约精神,国家的征税目的主要是为了保证公民能在其保护下源源不断地从社会资源中获得收益。"② 如果政府参与市场经济活动,在利益争夺中,必然有借助其优势权力干预经济交易过程,甚至交易结果的天然倾向,必然体现为政府与市场主体间的压制与屈从关系。当政府只是通过市场规则的制定与维护来保障市场经济秩序时,才真正体现为市场主体利益服务的本质,而这反过来又真正保障了政府的利益。显然,要将我国目前《税收征管法》中政府对纳税人的管制关系转变为服务关系,必须选择政府发票管理的"税控模式"。这样,我们就解除了政府的发票识别制度所追求的发票形式管理下的政府对市场主体居高临下管控的法律关系,回归政府对市场主体的服务性本质。

(二) 确立政府与市场主体的平等法律关系

我国的《税收征管法》始终体现了政府税收利益保障的原则。而政府将发票作为税收实现的工具,通过发票的形式管理意图达到税收实现的目的。政府对发票形式管理的合法性及其各项职能体现在《发票管理办法》的制定中。显然,无论是《税收征管法》还是《发票管理办法》,税收利益至上的立法目的是以保障政府利益为首要原则,因而体现在与其他利益主体关系的设计中必然是不平等的。前已述及,《税收征管法》实质上是政府权力与纳税人义务法,而不是各主体权义平衡法。《发票管理办法》通过政府对发票形式上管理的规定,强制将税的本质基于交易事实改变为基于交易形式,强制干预了交易主体的交易活动,因而牺牲了其他主体的合法正当利益。如《会计法》由于屈从《税收征管法》及其《发票管理办法》税收至上的权威,其以真实的交易事实为根基的原始凭证异化为以交易形式为根基的原始凭证,使会计核算和报账的真实性依据丧失。而对于消费者维权的要求,又受到报账体制的冲击和形式真实性的简单化处理,使得消费者一旦将发票用于报销或丢失发票,或商家拒绝开票,则

---

① [法] 卢梭:《社会契约论》,何兆武译,商务印书馆 2003 年版,第 5 页。
② 陈玄、王建超:《我国税收征管中契约精神的构建》,《吉林工商学院学报》2008 年第 1 期。

即使有其他证明性交易凭证，也难以被作为证据采信。因此，以单个主体利益至上的法律制度设计是一种利益失衡的制度设计，有违法律倡导的公平、公正原则，解除政府利益至上的思想，以维护多元主体利益平衡的平等法律关系是法律制度设计的方向。

（三）恢复会计核算认定的事实性依据

发票作为会计核算时的原始凭证之一，其所提供的交易信息的真实性程度深刻影响着会计核算功能的发挥。原始凭证表明了其客观性，乃至真实性的本质，而真实性源于交易内容而非交易形式。形式依托内容而存在，表明了交易内容是唯一的，形式可以是多样的。真实性是会计核算的生命。但是，当《会计法》为了政府税收利益的实现开始屈从《税收征管法》及其《发票管理办法》对发票形式法定识别的时候，会计核算中的原始凭证开始不适当地承载了法定识别的职能，迎合发票控税需要的合法性要求，使得原始凭证的合法性认定从最初基于交易内容开始基于交易形式，会计核算凭证的唯一性开始走向多样性：既有基于真实交易内容但形式虚假的凭证，亦有基于虚假交易内容但形式真实的凭证。这样，该入账核算的没有入账核算，如前者，而不该入账核算的却入账核算了，如后者，市场秩序更为混乱，监管程序更为复杂、成本更为高昂。因此，只有在法律制度的设计中明确政府市场秩序维护者的服务性本质，解除政府对发票的形式管理职能，才能真正恢复会计核算认定的事实性依据，也才能真正恢复发票由交易内容决定的本来面目。

第三节　发票功能的制度改进

一　发票功能关系的重整

（一）发票基本功能决定性地位的历史回归

发票基本功能的回归在于将以延伸功能为主、基本功能为辅的关系转变为以基本功能为主、延伸功能为辅的关系。确切地说，就是要解除目前发票税控功能的中心地位。发票税控功能中心地位的解除取决于两点：一是不能人为改变市场交易活动的本来面目，不仅体现为经济交易系统，也体现为证实经济交易活动的发票交易系统。既然经济交易活动中，只涉及经营者与消费者两类基本主体，则作为附属于经济交易活动的发票交易也只能体现为经营者与消费者两大基本主体,才能保证发票交易与经济活动交易的一致性。这样,政府作为无关交易主体必须退出发票交易系统,而发票也恢复其本来的历史面目,其原始属性才能与合法性相统一。二是发票税控功能的作用必须弱化,而不是强化。既然发票税控功能是一种延伸功能,是依附于基本功能而存在,其作用就是依附性的,就是有限的。离开了基本功能,其就不能独立发挥作用。这样,政府发票税控的重点就会转移到监控经济交易活动的过程,而不是发票本身,对于发票只是起到辅助证明经济交易活动事实的作用。既然发票并不具有税控的决定性,又不具有唯一的税控性,则发票税控功能的弱化不仅表现在政府税控重心的转移,还表现在发票税控结构的调整上。这样,发票基本功能的回归才能得以实现。

发票基本功能的决定性地位回归不仅表现在发票税控功能中心地位的解除上,还表现在以票报账功能和彩票功能的改进或取消方面。同样作为延伸功能的报账功能和彩票功能,由于其对基本功能的依附性,当与基本功能发生冲突时,只能通过改进或取消延伸功能以保持功能之间的协调性运作而不是相反。这样,当发票基本功能决定性地位回归的时候,发票的报账功能和彩票功能的历史命运无非两种:或者改进或者取消,以保证发票基本功能作用的有效发挥。

(二)发票延伸功能附属性地位的历史回归

1. 改进发票税控功能

第一,遵循税负的"量能负担原则",避免制度性不公导致的发票造假行为。

税收公平有助于抵制纳税人利用发票偷逃税的违法动机。就税收公平原则而言,不仅是指纳税人之间的公平问题,更是征纳双方的税负公平问题,即国家与国民之间的税收负担要公平,西方称之为量能负担原则或应能负担原则。量能负担原则的底线包括以下五部分:一是最低生活费不课税原则;二是生存权财产不课税或轻课税原则,如住房;三是物价上涨与自动调整物价税制度;四是扣除方法,即扣除掉一些收入项目。我们目前税收扣除项目太少,而西方很多国家个人所得税税前扣除项目或退税项目很多,如抚养儿童、培养大学生、保险金、住房基金、就业和培训开支、业务费用、交通费等,这些都是要做扣除或者是退税的项目;五是退税。即对个人缴纳的所得税予以部分退还。

"量能负担原则"对于企业来说,就是企业依法纳税额不应超过其正常营利额,否则企业营利目的不能实现,正常的可持续经营无以为继,必然导致制度性违法行为的发生。目前我国企业税负结构反映出的现实问题就是:企业税负过高,尤其是中小企业、小微企业,高额税率已不堪重负。有统计结果表明:我国目前企业税负成本8%左右,美国为0.5%,日本只有0.138%。我国企业税负成本尤其对于面临生存困境的小微企业来说是致命的,其应当承担的税额已超过了其微薄的利润额,如果不予以发票造假偷税漏税,则不可能生存。"中共中央党校国际战略研究所副所长周天勇表示,在增值税率不降低、小微企业的税收不降的情况下,如果加强现在的手段法制化的话,对一些民营制造业、小微企业,包括一些服务业是一个很严重的打击,90%的企业不偷税漏税肯定会倒闭。"① 在不偷税漏税就面临生存威胁的情况下,这些企业如何选择可想而知。如果有制度漏洞可以化解现行的税制,从而摆脱生存上的困境,则机会主义行为必然发生。既然发票承载着税控功能,则偷逃税也必然借助发票实现。既然现行的发票税控功能的制度设计使得发票交易系统能够独立于经济交易系统之外运作,则偷逃税就能够成功地借助这个发票交易系统得以实现。"如果小微企业继续承担较高的税赋水平,而它们却在现实中通过很多方式不同程度地消解着这个现行税制,那么不仅不利于它们的经营与发展,而且不利于营造一个良好的税制环境。"②

"量能负担原则"对于个人来说,就是个人所得税既体现公平,又不能过重原则。所谓公平,并不是人人有纳税的义务,人人就必须纳税,纳税义务与纳税资格或纳税数量是两个本质不同的概念。如个税起征点就很好地体现了这个区别。个税起征点调整应从个人普遍义务和社会特殊政策,"形式公平"与"实质公平"多重角度审视,防止"纳税义务"与"纳税数量"之间的混淆。根据"受益原则",围绕个税征收的经济学和法学理论基础还应审视不同人群对社会公共品的消费数量或受益程度,而不是像个别人所说的,仅仅是为了"均衡社会财富"。③ 所谓不能过重原

---

① 祝乃娟:《化解企业不偷税漏税就会倒闭的困境》,《21世纪经济报道》2011年12月21日。

② 同上。

③ 周林军:《经济规律与法律规则》,法制出版社2009年版,第209—212页。

则，即税后收入不是仅仅保持原有生活水平不变或薪资数额的绝对增加，而是个人依法纳税后，原有生活水平随经济发展速度的增长而相应地提高，表现为薪资数额的相对增加，即表现为薪资数额随经济发展速度的增长而相对增加。考虑到通货膨胀因素，相比政府 GDP 增长率，国家及地方财政收入增长率，个人的收入增长率也相应地增长，甚至略高于该比率的增长。但现实情况是，尽管一些年以来，个人薪资数额表现为绝对量的增加，但比之我国政府 GDP 的增长率、国家及地方财政收入的增长率，个人收入增长率是下降的。即使是 2008 年国际金融危机爆发至今，都保持着这一状况，体现了个人所得税的加重趋势。

如果企业、个人税负过重，就难以避免主观性违法行为，如果具有主观性违法动机，则带来的危害就十分严重。税收遵从机制的不当可能对纳税人财政地位带来消极冲击，会无意识地导致增加而不是减少逃税的后果。例如，如果采用的单一税率机制将大部分税收负担转移给了低收入群体，则可能使这部分纳税群体逃税增加。① 中小微企业要生存，却不能承受税负之重，必然利用发票造假；个人感到没有享受到改革发展带来的成果，利益被不合理的制度所剥夺，必然产生与国家利益、政府利益的激烈对抗情绪，也必然想方设法通过非法途径进行救济补偿，则利用发票偷逃税成为普遍的社会现象。

目前我国税收负担从公平性角度看，是有违量能负担原则的。"任何一项好的政策，都不应该是政策制定者制定它时预留了消解政策的弹性空间，也不应该是政策的实施对象有着各种弹性的对策。"② 因此，必须遵循税负的"量能负担原则"，进行合理的税负结构的制度性调整。

第二，统一专用发票的适用主体，杜绝制度性税率差导致的发票造假行为。

"专用"发票的好处就在于其抵扣制所带来的税收优惠。例如，某商场作为一般纳税人，从供货商那里购进 1000 元的商品，因此取得 1000 元的增值税专用发票，按 17% 的增值税税率计算税金，商场还需支付 170

---

① Kim M. Bloomquis, Tax Evasion, Income Inequality and Opportunity Costs of Complianc, the 96th Annual Conference of the National Tax Association, November, 2003.

② 祝乃娟：《化解企业不偷税漏税就会倒闭的困境》，《21 世纪经济报道》2011 年 12 月 21 日。

元税款，即进项税额。这样，在进货环节，商场实际支出了1170元。当商场按1100元销售这批商品时，按17%的税率计算税金为187元（1100×17%），即是销项税额，消费者实际支付的金额是1100 + 187 = 1287元。商场在该批商品一进一出过程中，按销项税额减进项税额的公式计算应纳税金，此时，增值税专用发票的作用就显示出来了，凭购进商品时取得的1000元发票，经认证通过后国家允许抵扣170元的税款，最终商场只缴纳本环节的税金17元（187—170）。

但是，专用发票所带来的税收优惠只为一般纳税人享有，而小规模纳税人却被排斥在制度之外。1994年税制改革后，我国一般纳税人数量逐年减少、比重下降，而小规模纳税人比重则由1994年的80%上升到1998年的90%以上，在数量上占有绝对比重，而且这种纳税主体结构严重"主次倒置"的状况至今还在延续。按照现行增值税专用发票使用管理规定，增值税一般纳税人可以领购和开具增值税专用发票，小规模纳税人不得领购使用增值税专用发票。小规模纳税人无权出具增值税专用发票，在扣税方面，不利于两类纳税人之间进行交易：一方面表现为小规模纳税人如果从一般纳税人处购货，因不得抵扣进项，购入货物进项税要记入成本，只能用包含价外增值税的价格购货，导致小规模纳税人不愿从一般纳税人处购货；另一方面表现为一般纳税人如果从小规模纳税人处购货，因小规模纳税人不得使用专用发票，只能向税务机关申请代开，且只能按征收率填开，则一般纳税人会因得不到彻底的抵扣而不愿意从小规模纳税人处进货，或采取直接压低价格的办法补偿。[①] 现实中小规模纳税人的大量存在，使得一般纳税人与小规模纳税人的交易不仅在所难免，而且大量存在。交易中，小规模纳税人不仅自身无法享受进项抵扣的税收优惠，对与其交易的一般纳税人来说，即使通过代开申请增值税专用发票，也无法使其享受税款抵扣的一致利益，这种发票抵扣制度阻碍了小规模纳税人获取正常交易的机会，促使小规模纳税人想尽办法获取专用发票的"合法权利"，则使用非法手段，借助专用发票偷税漏税以求生存和发展成为最优

---

① 参见范连玉、单颖辉《增值税专用发票管理改进建议》，《法制与社会》2008年10月（下）。

选择。① 增值税的抵扣制度、一般纳税人与小规模纳税人的划分合力诱使了大量小规模纳税人对增值税专用发票的需要,为社会上虚假发票的产销提供了市场,造就了合谋虚开、代开等大量偷逃税款的方式。正是增值税专用发票这种排他的专用性,阻碍了两类纳税人之间的交易,诱发了各种涉税犯罪活动。有学者因此指出:增值税专用发票制度的设计、使用,虽然对税收带来了巨大贡献,但也造成了长达10年(1994—2004)间的围绕增值税专用发票实施的犯罪猛增。这不仅表现为假增值税专用发票的制造、销售、购买方面,更表现为对真增值税专用发票的非法购买、出售行为。犯罪的原动力在于增值税专用发票的税款抵扣功能。一旦增值税专用发票成了有价证券,一经使用就成为犯罪分子非法牟利的工具,则增值税专用发票犯罪就必然成为经济领域中危害最大的犯罪,其危害表现为发案数高、特大案多、国家税款损失巨大。②

罗尔斯在其《正义论》中指出:由于社会合作使所有人都能过一种比他们各自努力、单独生存所能过的生活更好的生活,就存在一种利益的一致;又由于人们谁也不会对怎样分配他们的合作所产生的较大利益无动于衷(因为为追求他们的目的,每个人都想要较大而非较小的份额),这样就又存在一种利益的冲突。③ 利益的冲突必须用公平的制度化解。增值税率适用主体上的差异带来的收益上的差异,导致了利用发票最大化自己收益的大量造假行为,而这种造假恰恰是制度设计的不平等机会带来的,解除这种制度不平等是当务之急。

2. 弱化发票型税控功能

现行的发票税收制度赋予了发票太多的功能,发票即是税款,税款即是发票。但发票既不是货币又不是有价证券,却承担了货币和有价证券的职能,可以说功能与地位明显不对称。无论是手工方式,还是金税工程,在发票税收制度下,发票的运作无非是货币资金运作的翻版,始终是一种重复和浪费,不可能真正做到效率优先。④

---

① 参见李建琴、黄国良《增值税专用发票"身份证"管理模式探微》,《当代财经》2003年第3期。

② 参见施锐利、牛淑贤《论发票犯罪的立法完善》,《税务研究》2008年第7期。

③ [美]约翰·罗尔斯:《正义论》,何怀宏、何包钢等译,中国社会科学出版社1988年版,第167页。

④ 参见管强《从假发票案件看我国发票税收制度的合理性》,《会计师》2006年第1期。

第一，加大收入型税控功能的比重。

发票型税控直接体现在以增值税、消费税和营业税为主的流转税种的控制上。在我国，流转税作为实现税收的主要税种，占据了很大比重，使发票型税控功能比收入型税控功能的作用大得多。根据财政部的统计数据，2010年，企业流转税占七成，其中增值税占29%，营业税、进口税和消费税分别占15.2%、17%和8.3%。所得税占24.1%，其中企业所得税占17.5%，个人所得税占6.6%，财产税及其他税收加起来只占6.4%。从财税收入的结构来看，我国70%的税收来自企业的生产和流通环节。相比之下，美国、澳大利亚、法国、瑞典等发达国家60%以上的财税收入来自所得税和财产税，企业流转税在全部税收中占比不到三分之一。[①] 这种税收结构凸显了发票控制和管理在税收中的重要性，一旦发票失控或假发票盛行，税控性功能则显著丧失。值得注意的是，发票型税控表现为通过对发票的直接审核实现税的控制，因而是典型的只注重经营业务形式上的审查方式。这种往往从发票上所体现的经营范围而非经销关系的角度审查的方式，无从发现发票上记载的信息与实际经营有出入的问题。对于实际业务的发生难以考证，也就难以有效监管税款的流失。"根据发票显示的金额确定纳税人的经营成果，进而计算其应纳税额是我国'以票控税'征管思想的逻辑线路。利用发票减少销售收入而增加成本费用支出自然成为部分纳税人的潜在利益诉求，这就为发票制假虚开提供了生存的土壤。"[②] 如果加大收入型税控功能，至少产生以下三点效果：一是减轻了发票税控的沉重负担。二是收入型税控是通过账簿进行实际业务审查的主要手段，发票只是经营业务发生的形式审查手段之一，具有辅助性。这样，收入型税控，不但表现为可以通过发票进行经营业务形式审查，同时还可通过账簿进行收入实质审查，以实际监管经销关系来考证经营单位进销货物的内在数量关系，从而发现其中的问题。有学者因此指出：必须对出票单位的发票使用加强管理，看是否开具了与实际经济内容不符的发票。往往在这方面，许多人是按营业执照有无发票上发生的项目来界定其已发生的业务是否合法，忽视了其内在的数量关系。因此，这种

---

① 林采宜：《机构调整是财税改革的方向》，《21世纪经济报道》2012年2月20日。
② 秦鑫：《从发票管理角度看我国当前税收流失状况及改善措施》，《山西财政税务专科学校学报》2009年第4期。

管理是很难发现问题的。如果不从经营范围，而是从经销关系来研究，"必然对于进来的没有销售，没有进来的反而有销售的虚假业务的不匹配的数量关系的记载业务找到正确的考证途径，从而发现企业有开具与实际已发生的经济业务不符的弄虚作假的行为，有关部门可以据此予以严格查处"。① 三是比之发票型税控，收入型税控更具有实现公平性的效果。目前我们主要的税赋是对消费征收，而非来自于收入环节。对于按统一税率所征收的消费税，收入越高的人，流转税的税负越轻，这极易导致不公平，加剧贫富差距。如，"中国社科院财贸所税收研究室主任张斌举例，一个月入1000元的人，基本生活消费需支出800元，流转税赋以10%征收为80元，占收入比为8%；一个月入一万元的人，基本生活消费需支出5000元，流转税赋以10%征收为500元，占收入比仅为5%"。② 因此，在我国，发票型税控的比重很大，中低收入者成为财政税收来源的主体，而在西方，由于收入所得型税控所占的比重相对更高，富人成为实际纳税的主体。如，按照美国财政部2006年的数据，比例为5%的美国富人，其纳税额占联邦政府个人所得税收入的57.1%；而占全部纳税人50%的穷人，纳税额仅占所有个人所得税的3.3%。

第二，实行专用发票与账簿法相结合、以账簿法为主的税收计算制度。

正如有学者指出的：完全依托增值税专用发票来管理增值税已经是穷途末路。适应我国国情的进项税额抵扣制度，实际上只能是从发票法和账簿法结合点上去寻找一种次优方法。即，作为使用账簿法计算可抵扣进项税额的原始凭证，增值税专用发票可以保留，但不作为抵扣的唯一凭证和依据。由于淡化了发票在增值税制度运行中的作用，也必然降低了因经济利益乱开增值税专用发票的刺激性。③ 这样，就将发票型抵扣法从单纯发票形式上的税控机制，通过与账簿法相结合，成功实现发票形式与交易实质相结合的税控机制的转变。

就增值税的征收管理来说，单纯的"以票控税"难以完成。首先，

---

① 孟岳松、徐丽娟：《发票交易现象之解析》，《工业技术经济》2001年第2期。
② 郭芳：《媒体称民间和官方税负数据相差甚大致争论不休》，http://www.sina.com.cn 2011年12月27日01：05 中国经济周刊。
③ 参见杨斌《西方模式增值税的不可行性和中国式增值税的制度设计》，《管理世界》2001年第3期。

纳税人的销售额有开票收入和不开票收入。就不开票收入来说，有视同销售的收入、向小规模纳税人或消费者提供货物而取得的收入以及现金收入等，如果不同时结合纳税人财务核算，等于放任了这部分的税收流失。其次，在税收征管中，有六大项目不得从销项税额中抵扣，如固定资产价值中所含的税款。此外，购进货物税款的抵扣规定随企业性质的不同而不同。如工业企业要验收入库后，商业企业要付清货款后才允许抵扣。对于抵扣项目的确定只能依据纳税人的财务核算。再次，增值税由纳税人"自行申报"，"凭票抵扣"，缺乏审核的依据和佐证。最后，在税务部门管理手段还没有实现高度现代化的今天，交叉稽查还无法做到迅速、准确、全面覆盖，申报进项抵扣的核实难度大，比较而言，对财务核算的监控要更为主动、直接和及时。① 在国外，以票控税只是间接的一个管理手段。国外税务机关基本上没有强调统一印制、统一格式与纸质、统一开票方式等的管理规则。但是，国外对纳税人的会计核算要求却非常严格，例如严格要求纳税人记录与保管银行收支明细、债权债务明细、现金往来明细、小费收入登记等。在这种条件下，纳税人的会计核算登记、发票使用和管理如果不符合税务管理当局的要求，其自身利益将受到很大的伤害。因此，这些国家是通过间接影响与控制的手段来进行发票管理。②

第三，改进企业经营收支监控方式，将发票监控作为辅助手段。

一般情况下，有交易就有税收，经济交易不等于发票交易，发票只是证实经济交易事实的证明凭证，如果发票本身脱离了经济交易事实，现实经常如此，则发票监控就失去了意义。因此，发票监控只能作为监控经济交易事实的辅助手段。由于任何交易都必然涉及货币资金的交易，则监控资金流就保证了经济交易的真实性，进而保证了税收的真实性。"所谓'以资金流控税'是指以资金的流向确定税收的原则，较'以票控税'具有多方面的优势，即资金流的涵盖范围更加广泛，能全面地记录和反映生产经营者的经济活动全过程，资金流所反映的情况也更加真实。"③ 这样，以资金流控税就是将以往以单纯监控发票为主的方式转变为以监控企业经

---

① 参见刘启明、郭旗《以票控税要与财务核算监控并举》，《税收征纳》1999 年第 10 期。
② 参见叶少群《海峡两岸税收制度比较》，中国财政经济出版社 2008 年版，第 64 页。
③ 闫海：《我国发票管理的立法回顾与工作展望》，《湖南财政经济学院学报》2011 年第 8 期。

济交易为主、发票监控为辅的方式，实现了经济交易与发票交易的统一，真正实现了控"票"向控"税"的转变。

以资金流控税，实质就是监控发票背后的真实交易事实。则就必须借助一定的系统使交易公开、透明。这种公开、透明不是指买卖双方之间，而是对于买卖双方之外的主体能够清晰了解交易过程，则现金交易就难以满足这个要求。当所有的交易活动所发生的收支都通过银行交易系统完成，则税务部门就能够借助银行交易机制这个第三方交易主体实时监控买卖双方交易活动，而发票则自然退居为辅助性手段。这种方式真正体现了"控税"而非"控票"的本质。有学者因此研究认为，在一些西方国家，发票并不作为证明企业经营活动的唯一凭证。由于国家规定，企业在经营活动中不允许动用大数量的现金，企业经营活动中的资金流入和流出都必须通过银行进行，因此，税务机关不仅对发票进行监管，更通过银行对企业资金的流入流出状况进行监测，从而全面保证了企业经营活动的真实性，同时也就弱化了发票"一票千金"的地位，恢复了发票仅作为"书面证明"的作用。[①] 另有学者研究认为，只有牢牢抓住货币资金的往来运作，才能真正抓住市场经济发展的灵魂。电子化对社会经济领域所有货币资金全方位、全过程的管理和监控，才能全面有效地解决发票税收面临的诸多问题，真正保证现代意义上的税收实现。[②]

由于现金交易是在交易双方之间完成，资金流向缺乏第三方交易机制的监督，经济交易的真实性不是依赖于外在机制公开性的保证，而是依靠交易双方的自觉性，可靠性程度严重不足。就逃避增值税而言，关键在于避开增值税抵扣链条的监管，现金交易可以帮助企业实现这一目的。企业间采用现金进行交易，由于避开了银行等为中介的交易系统，除交易者之外，任何人都无从查知交易内容的真实性。在偷漏税对交易者双方都有好处，造假又不为外人所知的情况下，仅靠交易者提供发票来显示所谓的真实交易信息，则伪造发票交易信息，隐藏真实交易内容是必然的选择。目前，由于现金交易获得的收益在银行的记录之外，企业除了可实现增值税逃税，还可一定程度上实现所得税逃税，具有很强的隐蔽性。因此，企业间现金交易成为税务部门的监管盲区，纳税人借此可以很方便地进行转

---

① 参见李继友《从发票大案看中国税收制度的弊端》，《会计师》2006 年第 1 期。
② 参见管强《从假发票案件看我国发票税收制度的合理性》，《会计师》2006 年第 1 期。

移、藏匿和消费，从而形成银行体系外的资金链条。① 因此，目前税制本身的不合理是由于政府的收入管理水平很低造成的，高收入者征不到税，低收入者征了过多的税，都是由于收入管理水平低造成的。这就是目前交易结算大量使用现金结算，导致税务机关与银行、税务机关与企业之间的会计终端没有联通，征税的环节是脱节的。如此一来，现金结算导致结算与结算之间脱节，结算部门与社会机关脱节，这就造成征税中的一个很大的真空地带。必须设计一个尽量减少现金交易的企业、银行、税务机关联网的交易机制。

除了尽量减少企业现金交易，通过借助银行交易系统完成对企业交易活动的监控外，还可通过适时盘点企业库存的方式来检查企业是否账实相符，从而达到监控的目的。在一起对盐城市某鞋制品有限公司的全面税收检查中，当对其全部发票及账务情况全面详细检查没有发现问题后，对企业偷逃税的事实最终是通过实地盘点库存发现的。该案说明了，目前企业会计的"做账"水平越来越高，检查人员要单从账面上发现大问题越来越难。但"企业偷税手段无论如何掩盖，都有或多或少的蛛丝马迹。账内寻找疑点，同时使用盘库等账外检查手段才能全面查处企业存在的涉税问题"。②

3. 取消经费项目使用的以票报账功能

中国一直以来的制度设计都带有很强的"管理"思想色彩，即使我们已经实行了多年的市场经济建设，这种计划体制下所滋生的特有的"管理"思想并没有淡化，甚至有时更为强化。从这种"管理"思想出发，中国一直以来的机制设计都是一种不信任的机制：不信任市场、不信任企业、不信任个人，只相信政府。这种管理理念一开始就假定任何人都是与政府对立的甚至对抗的，因此，没有政府的管理是必然不行的。机制设计的"管理式"矛盾解决方式表现为自上而下的、强制的，政府与他人关系通常是紧张的、不和谐的，处理结果往往体现为接受的被动性、内心的不情愿性和抵触性。

---

① 丁光宗：《基于现金交易的企业间合谋逃避增值税研究》，华中科技大学硕士学位论文2007年。

② 陈鼎、储剑武等：《揭开偷税真面目——盘点库存》，《财会信报》2009年2月16日第B07版。

"管理式"机制设计存在的最大问题在于：往往忽视问题存在的客观性，人为改变客观事物运行规律，不但无助于问题的解决，在错误的道路上越行越远。我们目前的以票报账功能就是如此。国家、企事业单位对于经费项目的以票报账功能是两种矛盾机制并存的功能设计：一方面通过审核给予单位、个人项目研发、建设资金资助。既然已经通过了审核并进行了资金拨付，则这个拨款机制本身就意味着是个信任的机制，即相信使用人能够合理使用资金并完成项目建设。但长期"管理"思想的存在，似乎不管理就不能保证资金的正常合理使用，所以同时又赋予了项目的以票报账功能，即通过发票来实施对项目使用人的监管，这又是一个不信任机制。信任与不信任机制共存于一个矛盾体中，成为中国报账制度的一个特有现象。从现实情况看，以票报账功能不仅违背了该功能设计的初衷，更是极大地冲击了会计核算功能和维权功能等基本功能。

以票报账功能最大的问题就是：以票报账功能改变了项目审查的方向。经费项目重点在于项目建设，而不是项目资金本身，项目资金只是为项目建设服务的工具。因此，项目管理在于项目建设结果本身，而不在于资金具体使用。通俗地说，既然项目使用已经通过了审核，项目使用人在项目建设中如何具体使用资金就不再是管理部门的职责，也没有必要进行监督，只需在项目结果上验收把关即可。而以票报账功能则使款项拨付部门的重点不再关注项目建设结果本身，更为关注项目资金使用过程，认为管好了资金使用过程，就意味着项目建设能够很好地完成，因此，发票管理就成为了重点，项目本身就不再重要。现实中大量表现为项目资金使用人特别热衷发票报账，而不仅仅关注或不再关心项目建设。这是典型地认为通过物的管理（资金）能够达到行为、思想管理（许多项目建设带有很强的创新思想），用有形价值管理无形价值的管理理念。

既然以票报账功能是一种延伸功能，现实中又表现出对基本功能的冲突，则解决的办法就只有一个，取消发票报账功能。也许有人担心，如果取消发票报账功能，项目使用人偷奸耍滑不按要求完成项目又如何呢？其实，这种担心完全不必要：一是拨款项目既然已经经过了审核，则就是相信项目使用人有能力承担这个项目，并且该项目建设也确实需要所审核的资金支持，那本身就不必要再去监督资金如何使用。二是就每一具体项目而言，项目最终没有按预期完成也完全属于正常状态。任何项目的研发与建设本身都有风险，只要从总体项目而言，项目研发建设成功率保持在一个正常概率，失败率没有超出预期范围，则项目拨款就是有意义的，有价值的。对于项目审核部门来说，不可能预期到某一具体项目的成功还是失败，也就没有必要监督每一具体项目的资金使用状况。如果事实证明，项目资金使用有问题，比如，拨付太多或太少，导致资金使用浪费或项目建设不足，或总体失败率太高，那也只能说明项目初始审核拨付不严，存在一定问题，应当由审核部门承担责任而不是项目使用人。三是如果真的出现项目使用人偷奸耍滑现象，那么，事实证明，以票报账功能也根本无法避免。不仅如此，以票报账功能还助推了这种现象的大量出现：项目使用人热衷于发票报销，不关心项目建设。对发票报销的热衷带来了大量的虚构经济的发票交易。

因此，取消发票报账功能，将项目资金使用权完全下放给项目使用人，审核部门以项目结果实施验收，将杜绝大量虚构经济的发票交易的产生。

4. 取消辅助税控功能实现的彩票功能

因税控功能在现实中长期存在的问题不能解决，国家为此推出了彩票功能。彩票功能是国家政策设计、推动的结果，因而也是典型的延伸功能。由于彩票功能设计的初衷就是为了保证税控功能的实现，因而是延伸功能的再延伸，其依附性特点更为强烈。彩票功能是在以税控功能为中心的前提下推出的，在税控功能强大的管理地位作用下，彩票功能也一度取得了重要地位。但当我们将发票功能地位做了重新调整，税控功能回归其历史依附性地位时，彩票功能是否还有存在的必要？税控功能的依附性表明发票功能之间关系开始从冲突走向协调，税控功能的发挥开始从失灵走向有效，此时，彩票功能的依附性也就失去了存在的价值。

二　纳税人权利意识的培育

（一）西方的权利——税收成本观的借鉴

在西方，自古希腊始，就信奉私人产权至上，公权力是因私权利的存在而存在，并为私权利服务的观念。因此，西方当时的一个普遍观念认为，政府是社会成员通过一种契约的形式建立的，并且，政府的产生是为了满足社会成员的需要；人们之所以接受政府，也正是因为政府会给其带来益处。政府是因保护私权的需要通过公民契约形式而存在的观点，表明了私权与公权具有利益的一致性，政府任何不经许可对私有产权的侵犯都是对契约的违反，同时，对公民所认可的公权力的侵犯也就意味着对私有产权的侵犯。洛克因此认为，"人们联合成为国家和置身于政府之下的重大的和主要的目的，是保护他们的财产；……是为了人民的和平、安全和公众福利。为了实现这个目的，每个成员都必须付出相应的代价，即人们在参加社会时放弃他们在自然状态中所享有的平等、自由和执行权，而把它们交给社会，由立法机关按社会的利益所要求的程度加以处理。而个人之所以愿意这样做，是为了更好地保护自己、他人的自由和财产"。①

国家、政府是基于公民自由、财产保障的需要而产生的观点表明了没有公民的"授权"，一切政府运作行为都不具有正当性。但政府机构运作必须有一定的财政保障支持，这就是公民纳税收入。公民为何要向政府缴纳税收？基于公民"授权"产生的政府是为了向公民提供个人所无法提供的公共产品和公共服务，而税收则是政府提供公共服务所获得的报酬，成为公民享受政府供给公共服务的对价。税负高低则主要取决于政府提供的公共服务的数量和质量，二者之间应是均衡的和等价的。既然政府行为运作都是从公民根本利益出发，是为公众利益服务的，则支持国家、政府这个庞大机构运作的财政资金只能取自于公民，这就是税收产生的根源与合理性所在。税收既然是取之于民、用之于民，就将政府税收的"服务性"与公民纳税的"自觉性"很好地实现了统一，保障了国家与纳税人之间的双向良性互动。政府税收的"服务性"表明了征税要遵循简便、效率、公开原则，以保障公民利益。公民纳税的"自觉性"表明了纳税是出于内心对税的敬仰和对政府"服务"的信任，以实现公民的利益。历史上看，美国公民一直是政府税收的积极支持者，申报纳税人数超过90%，从全世界范围看，其申报纳税比例是最高的。因此，政府与公民征纳双方共同围绕公民利益的"保障与实现"这个点上实现了目的的高度统一。税收存在的合理性在于市民社会的内在功能缺陷和外在功能诉求，而政府依赖税收供养这一客观现实，再一次证明了国家作为社会共同体绝不是社会的压迫力量，而应是公民为了保障和实现自己的私人利益构造的政治结构体，"表现在税收关系上就是公民委托政府代为完成自己必需却又无力提供的公共产品"。②

---

① 洛克：《政府论》（下），商务印书馆1964年版，第77—80页。
② 杨力：《纳税人意识：公民意识的法律分析》，《法律科学》2007年第2期。

从表面看，对每一纳税个体来说，纳税的确意味着征税机关权力的强制行使和纳税人利益的强制剥夺，但从社会整体看，征税权力经过了公民的授权，征税是为了更好地为社会提供公共产品和服务，使人人能够公平地享有社会公共福利的权利。这样，纳税既是一项义务，更是公民权利的实现。"纳税人为政府提供税收支持与纳税人要求政府按照自己的意愿提供公共产品的权利就具有了内在的一致性。"[1] 政府与公民个人之间的关系，也就不是什么统治与被统治的关系，而是一种特殊的交易关系。任何不为纳税人所同意、所确定、所制约、所监督甚至所计算的公民义务，在法治国家都是无法容忍的。[2]

正是西方自古以来的税收成本观培育了纳税人权利意识与政府权力为权利服务的思想。在依法纳税意识培育中，西方始终将纳税义务与纳税权利统一起来，使纳税人时刻感受到纳税的同时也是权利的实现。例如，美国公民依法纳税意识强的一个很重要原因，在于美国税制有助于营造税收氛围，这种氛围营造的出发点都始终将纳税人权利放在首位。对纳税人权利的尊重首先表现为对纳税人的信任，如纳税申报制度。联邦的个人所得税、地方的财产税都是直接向个人征收的税种，由纳税人个人向税务局申报缴纳。其次表现为税的公开和透明。关于发票上所提供的信息，所有发票都必须清晰地表明价格、独立的税额、每一种税率下的相关税额以及免税额。[3] 发票应当清楚地表明不含税价、每一税率下的相关税额以及所有的免税额。[4] 这样，才能使纳税人时刻了解每笔交易所缴纳税款的多少及自己为国家所做的贡献，体现为自己作为国家主人的自豪感。在美国，有关州的销售与使用税实行的是价外税，即在经营者开具的发票上，是将价款、税款、价税合计额分别予以列明，这样，个人日常购物就能实时感受到缴税。就我国增值税而言，虽然实行的也是价外税制，但在零售环节，

---

[1] 杨力：《纳税人意识：公民意识的法律分析》，《法律科学》2007年第2期。

[2] 李炜光：《中国人有几个不逃税》，http://www.aisixiang.com/data/11164.html，2011-6-12访问。

[3] Hart, Craig A. European Community's Value-Added Tax System: Analysis of the New Transitional Regime and Prospects for Further Harmonization, *International Tax & Business Lawyer*, Vol. 12, Issue 1 (1994), pp. 1—62.

[4] Van Overbeek, Walter B. J. Electronic Invoicing in Europe, *EDI Law Review*, Vol. 1, Issue 4 (1994), pp. 263—276.

依然是按价税合计额标价，从商家开具给消费者的发票上看，支付的价款似乎全部都是货款，纳税人体会不到任何缴税的主人翁感。①

因此，借鉴西方权利——税收成本观，有助于我国纳税人权利意识的培育以及政府征税服务观念的形成，从根本上解决我国征纳双方从对抗关系走向和谐统一。

(二) 中国的权利——权力制约观的转变

中国几千年来，历朝历代都不重视私人产权。直到近几年，私人产权才开始受到重视。但几千年遗留下来的权力是对权利制约的观点依然有很强的市场，权力始终是作为权利对立面存在着的。公权天然就具有干涉、管理私权的地位，公权侵害私权被认为理所当然。私权对公权的服从表现为私益对公益的退让。私人产权与公共利益的对立表明私权对公益的侵害并不意味着对他人产权的侵犯。既然对公权力所保护的公共利益的侵犯不认为是对私有产权的侵犯，没有具体的受害人，只有具体的受益人，没有人认为对公共利益的侵犯就是侵害自己利益的时候，则人人在可能的情况下就会以自己私权谋取公益，并且没有人认为这种行为是可耻的。显然，在中国，权力不是起源于权利、不是因权利而存在的观点，导致了权力是对权利制约和管理而不是服务的观点，进而带来了两者利益上的根本对立，而不是一致。这样，私利对公益的侵害就无从避免，私人合谋对抗国家也无从避免。

税收对于单个纳税人是无偿的，但对于整个社会来说是有偿的，如果纳税人缴纳的税款能够"买到"令自己满意的公共产品和服务，纳税人就会主动缴纳税款，当然，还需政府及税务机关转变传统的征税观念，即以"服务者"而不是"主导者"的态度征收和使用税款。② 但中国长期的权力本位，使得征税机关高高在上，将纳税人置于从属和被动地位，并被认为理所当然，征纳关系始终呈现强制性、被动接受性，甚至带有一定程度的对抗性倾向。

"税收是一个历史范畴，它的历史轨迹映印着国家权力和社会政治、经济、文化的步履和足迹，折射出社会经济制度、生产方式、生产力发展

---

① 参见邱慈孙《美国税收管理的特点及启示》，《涉外税务》2006 年第 7 期。
② 刘华等：《税收遵从理论研究评述》，《经济学动态》2009 年第 8 期。

的程度和状况。"① 长期以来，我国各级政府及其部门均有向老百姓收钱的权力，而其中相当一部分却没有任何向老百姓提供公共服务的依据。在西方发达国家，如果没有明确的受益对象的向公民征税行为是被严格限制的，那就是，没有国会通过的法律，任何一级政府及其所属部门均无权要求公民纳税或性质上与税等同的费。因此，政府任何税费的收取，都是建立在缴纳者自愿基础上并向缴纳者明确提供公共服务来实现的。② 说明在西方，纳税意识的培育更注重权利，我国纳税意识的培育更强调义务。这样，在西方，政府服务性与公民权利性是和谐统一的。权利与义务的统一性表明，任何片面强调权力或义务的制度都将使社会主体之间产生对抗与冲突。在我国，由于政府只享有征税权力而无须付出任何代价，公民负有纳税义务而无权索取任何回报，政府公共职能的履行是不积极的，对公民应有权利是不尊重的；公民纳税是消极的，对政府权力是抵触的。这种政府权力本位观念下主导的征税体制，导致政府与公民之间的征纳关系始终表现为冲突与对抗也就不足为奇。"这样，一方面，造成我国纳税人行使权利的集体无意识状态；另一方面，也使得税收执法部门因缺少权利人的监督而弱化依法行政，反过来进一步加深了纳税人意识的失落。"③ 因此，"税收在西方的发展呈现西方社会民众纳税意识逐渐增强，而在中国的演进则呈现中国式嬗变，民众纳税意识逐渐削弱，税的意识与纳税意识逐渐分化"。④

中国目前的征管机制不仅没有培育出纳税人权利意识，更是通过拥有超越"私人权利"的"公共权利"抑制了纳税人权利意识的萌发。政府与纳税人始终是一种"支配"与"被支配"、"管理"与"被管理"的对抗关系。尽管纳税人所处的时代与奴隶社会、封建社会根本不同，在政治、经济上早已获得主人翁地位，但由于缺乏权利意识，在纳税人意识深处，依然没有改变税收是对个人利益的剥夺，是统治阶级"横征暴敛"的历史痕迹。在一个不尊重纳税人权利，甚至不知道纳税人权利为何物的

---

① 彭骥鸣：《试论税收执法的文化环境——兼评中西传统税收文化比较》，载靳东升《依法治税——税收执法环境研究》，经济科学出版社 2006 年版。

② 参见杨斌《关于我国地方税体系存在依据和房地产税费改革方向的论辩》，载郭庆旺《公共经济学评论》Vol.3, No.1，中国财政经济出版社 2007 年版。

③ 杨力：《纳税人意识：公民意识的法律分析》，《法律科学》2007 年第 2 期。

④ 崔志坤：《纳税意识：西方演进与中国式嬗变》，《探索与争鸣》2010 年第 12 期。

社会，怎么可能造就出自觉守法的纳税人来？2011年，我国某新闻机构曾组织了一次问卷调查，其中一个问题是：如果税务机关对你进行行政处罚，且处罚过重，你该怎么办？结果有89.26%的纳税人选择找人说情，8.42%的纳税人选择接受税务机关的处罚，只有2.32%的纳税人选择运用法律维护自己的权利。另据最高人民法院行政审判庭的人士披露，近年查出的与税收法律不符的涉税案件和不当的税务处罚决定数以万计，但每年法院审理的税务行政案件占当年全国行政诉讼案件的比例却不到2%。而在发达国家和大部分发展中国家，这个比例却一直很高，如我国台湾地区高达60%以上。当自己的合法权益受到非法征税的侵害时，人们首先想到的是托门路找关系，而不是想到用法律武器保护自己，从这个意义上，中国大陆还没有诞生真正的"纳税人"。①

因此，在中国，税务机关征管权力是通过对纳税人权利的制约中实现的。我国《发票管理办法》第一条中就明确规定了发票管理的目的，即是为了加强发票管理和财务监督，保障国家税收收入，维护经济秩序。这种权力对权利的制约而非服务为目的，既没有考虑到经营者纳税的便捷性、成本性要求，也没有考虑到消费者维权性要求，加剧了市场经济利益主体多元化需求的矛盾。"而作为这种矛盾的表现，发票自然是首选的工具，利用发票使不同的利益主体可以获得国民收入重新分配的效果。"②权力制约权利的关系，一开始就将权利主体置于权力主体的对立面，这种不信任机制的建立及不断地加强，一方面不断强化国家利益的同时，另一方面不断忽视权利主体的利益，使得权利主体将税收必然视为是对自己利益的损害而不是公共福利的享有。当发票作为一种权利凭证，有了变现这种权利实现自己利益机会的时候，利用发票实现各自利益是首要的选择。当各权利主体利用发票实现各自利益是首要选择的时候，各利益主体（权力主体与权利主体、权利主体与权利主体）之间的需求矛盾是不可调和的，纳税人利用发票改变权力主体预期的利益安排，所获得的国民收入重新分配的效果必然走向权力主体预期的反面。

从纳税人角度说，他是不是尽了太多的义务而很少享受到应有权利，

---

① 李炜光：《中国人有几个不逃税》，http://www.aisixiang.com/data/11164.html，2011-6-12访问。

② 孟岳松、徐丽娟：《发票交易现象之解析》，《工业技术经济》2001年第2期。

是衡量税收是否具有掠夺性的主要标志。纳税,不仅是向国家的应尽义务,更是法律对公民国家主人地位的确认。在与义务相对的公民纳税权中,融合着纳税人的责任、使命、尊严和荣誉。为此,政府必须树立良好的税收观念,营造良好的税收文化:公民作为税收的最终受益者,国家征税唯一的合法性权力源泉只能来自公民的授权。要使公民尊敬和遵从税收,就必须承认、尊重和保护纳税人的基本权利,建立起征纳双方之间的互信和共契。这种正义(平等、公平、中性、效率)、法治、人性的税收环境有助于培养公民自觉纳税的义务。国家税收在公开、透明,并接受纳税人的监督和控制中才具有可靠和持久的生命力。显然,好的税收,才有好的政府和好的纳税人。而真正体现纳税人意志、切实用于提高每个纳税人生活福利的税收才是好税收。①

因此,"当权利与权力发生冲突时,首要价值应当保障纳税人正当合理的权利,以维护公民的精神生存条件,较多地关注对政府税收权力的控制,以保持权力的次生性和服务性"。② 如果不能有效约束政府权力,也就意味着不能有效保护纳税人权利。如果不彻底改变中国自古以来的权利——权力制约观,就无法催生和培养公民自觉的纳税意识,和谐统一的税收征纳关系就无从建立,公民普遍的偷逃税风气依然会无尽地演绎下去。实践证明,对于公民普遍的内心不认可的制度,会以各种方式表现为普遍地不遵从,任何强制的外力制裁手段都不会是长久的、可持续的。"纳税人意识在内在精神上呈现为与民主政治和市场经济相适应的,以平等和自由为核心的正义价值追求的理性自律精神,必然要求遵守普遍有效的良法规则,以实现权力制约和权利保障。"③

(三)公民诚信纳税权利意识的培育还在于政府财政收入机制的根本改善

西方政府之所以能培育公民良好的纳税意识,除了源于其传统诚信文化、契约精神的信仰外,更主要是政府财政收入机制的有效设计和执行。税的合法性在于:增加政府收入与增加公共福利在结果上应该是竞合的。

---

① 李炜光:《中国人有几个不逃税》,http://www.aisixiang.com/data/11164.html,2011 - 6 - 12 访问。

② 杨力:《纳税人意识:公民意识的法律分析》,《法律科学》2007 年第 2 期。

③ 同上。

在美国，收入不平衡的加剧会诱使逃税的发生，即使是那些富有的纳税人，如果他们感觉他们的税收负担与他们所享有的公共福利不相符，也会导致机会主义遵从成本的增加。[①] 但在中国，除了显性的税收负担之外，纳税人还承担着大量的政府非税收入（行政性收费）、罚没收入等隐性税收负担，政府财政收入的增加与纳税人公共福利的享有不是竞合的，纳税人的不满就以偷逃税形式体现出来。如果一个社会，相当大一个比例的人都在设法逃避税收，则结论应该是明显的——我们的制度出了一些问题。如果相关的制度因素不设法消除，"征管水平"越高，纳税人就有越强烈的偷逃税动机，所形成的不良偷逃税社会风气也就不可能被真正遏制。[②] 政府财政机制对公民纳税意识培育的有效性在于，一是表现为税收使用机制的公开、透明，使得公民能够通过该机制有效监督政府税收收入的使用状况，切实感受到纳税带来的公共福利的享有和改善，才能真正体会到主动纳税、全民纳税是对个人产权的有效保障，才会将纳税视为一种自觉自愿的行为。当一个政府的税收行为还不透明时，税收就只能是国家维持自身运转或维护特权阶层利益的手段，与社会公平无关，与人民的权利无关。在中国，非法制售发票违法犯罪行为表面上看不像制售假币、假药那样直接危害广大群众的切身利益，甚至在一些单位和个人看来还能够为自己带来额外的经济收益，公众对非法制售发票的危害往往认识不足。因此，在当代中国纳税人所有权利中，税款使用监督权是最重要的，但也是最缺位的。而在美国，纳税人能够有效行使税款监督权。美国纳税人认为，正是他们养活了上至总统下至普通公务员等所有的国家工作人员，因此，政府有义务保护纳税人的利益，而政府是否尽了义务保护纳税人利益在于纳税人对政府税款使用监督权的行使。如2005年1月，布什总统公布了其宣誓就职周的大约4000万美元的总花费，不包括安保费用。费用之大，创下了历届美国总统就职典礼的纪录，但负责筹备庆典的总统就职委员会却反复声称，大典不会花费分毫美国纳税人的钱，所有开销都来自

[①] Kim M. Bloomquis, Tax Evasion, Income Inequality and Opportunity Costs of Complianc, the 96th Annual Conference of the National Tax Association, November, 2003.

[②] 李炜光：《中国人有几个不逃税》，http：//www.aisixiang.com/data/11164.html，2011 - 6 - 12 访问。

布什的支持者。此解释从一个侧面说明了美国纳税人受政府尊崇的地位。① 二是表现为税率设计的合理性。如果税率的设计使得个人、企业税收负担很重，不得不通过偷逃税来保证基本生活水平不致下降，来保证企业经营得以维系的话，则偷逃税成为必然的选择。自 2008 年世界金融危机以来，国家总的 GDP 却是在增长的，政府财政收入与支出也是在增长的，但公民工资涨幅率相比较而言并没有同比例增加，总体生活水平是下降的，企业生存也是举步维艰。令人难以接受的是，税负虽连年超常增加，人们却很少体会到它所带来的福祉，特别是广大中下层民众，生活忧患反而越来越多。所以，与公民切身关注的福利问题，如住房、失业、患病、孩子教育、赡养老人以及晚年的安享等问题，都没有或没有很好体现在中国的税制中。既然政府并不关注公民支付与其生活福利问题，公民也必然不愿更多支付。这就是当代中国税收的一个悖论：公民纳税的多少与享有的公共福利无关，而因为不能享受政府提供的公共福利，公民也不愿纳税。②

　　个人收入增长赶不上 GDP 的增长，更赶不上财政收入的增长，增长的收入部分绝大部分被国家拿走了，居民收入占 GDP 的比重越来越低。中国财政收入的增长远远高于 GDP、企业利润和居民收入的增长，这个趋势必然使国民收入的分配越来越向政府倾斜。根据耶鲁大学教授陈志武提供的数据，仅以预算内财政税收算，1995 年的时候，中国的财政税收相当于 GDP 的 11%，而到了 2010 年，则已经相当于 GDP 的 21%。在过去 15 年里，中国的税负越来越高，相对的财政税收负担几乎翻了一倍。换算后发现：2010 年的中国财政预算内税收相当于同年 4.3 亿倍城镇居民的人均收入，14 亿倍中国农民的人均收入。这一换算相当直观地反映了人们的税负感。如果此时，政府提供的公共服务水平没有随着税收的增长而相应提高，后果可想而知。为什么个人感觉税负负担过重更明显？现行的中国的个人所得税收入中，工薪阶层贡献率是 63%，包括大量的高收入人群的其他征税项目，贡献率只有 11%。国家税务总局提供的数据显

---

　　① 叶青:《中国人有几个不逃税》，http://www.aisixiang.com/data/11164.html，2011 - 6 - 12 访问。

　　② 李炜光:《中国人有几个不逃税》，http://www.aisixiang.com/data/11164.html，2011 - 6 - 12 访问。

示出，高收入者贡献的个税收入只占个税收入的35%。比之美国，美国收入最高的1%的群体贡献了个人所得税中的40%，收入低于平均水平的50%的群体只缴纳了个人所得税中的3%。所以我国的个人所得税就变成了工资税或工薪阶层税。甚至说个人税收存在逆向调节，即收入越高的人，征税越少，收入越低的人，征税越多。目前，是征得了易征之税，而没有征得该征之税。

就企业税收负担来看，中国目前企业税收负担到底高不高？有学者根据世界银行的一个研究去判断中国税负指数、宏观税负，得出一个结论（包括世界上福布斯调查），认为中国税负痛苦指数全球排名第二。世界银行统计表明，人均GDP低于785美元的低收入国家，其宏观税负的平均值一般为13.07%，人均GDP在786美元到3125美元的中下等收入国家，宏观税负的平均值为18.59%，而中国目前宏观税负达到19.39%，如果加上政府性收费和基金等非税收入，宏观税负约为30%（其中，国有土地使用权出让收入占4.2%，社会保险基金收入占3.8%）。中央党校教授周天勇曾专门研究财税体制改革，他指出，政府实际全部收入中，除公共财政收入之外，还包括收费、罚没、土地出让金、探矿权和矿产开采权拍卖和出让、社保费、国有企业上缴利润、彩票发行等方面。这样，中国全部政府收入占GDP的比例实际在34%左右，高于发展中国家适度税负率18%—25%的范围。耶鲁大学教授陈志武根据最近的统计测算表明，中国2011年的预算内和预算外财政税收全部加在一起，大概是GDP的35%。① 企业利润税收负担率是衡量政府与企业收入分配关系的重要指标。近几年来，世界各国的企业利润税收负担率总体呈现下降态势，不同类型国家呈现经济越发达，企业利润税收负担率越低的总体特征。有学者实证研究表明：中国企业利润的税收负担率大大高于世界平均水平、亚洲平均水平以及与国民收入相当的样本国家的平均水平，是世界平均水平的1.8倍左右，亚洲平均水平的2.1倍左右以及与国民收入相当的样本国家平均水平的1.9倍左右。从单个样本国家由高到低的排名来看，在所有171个样本国家和47个亚洲样本国中，2005—2009年间，中国分别位于

---

① 郭芳：《媒体称民间和官方税负数据相差甚大致争论不休》，http://www.sina.com.cn 2011年12月27日01：05中国经济周刊。

第 4 或第 5、第 3 或第 4 的名次。①

显然，中国政府参与企业分配的比重过高，过重的税收负担直接影响到企业的投资预期、经营效益以及发展前景，为谋生存而焦虑的企业不得已走上偷逃税这样一条有罪之路，并最终习以为常。如，根据我国的税务法规，餐饮业必须以营业额为基础，按一定比例缴纳营业税、企业所得税等四项税收。这些税率加起来要达到企业营业额的 40% 多，这对私营企业来说是不可能负担的。

事实上，如果考虑企业实际负担的各种费用，中国企业利润的税收负担率还远不止 80% 左右的水平。在我国政府的收入项目中，至少有九大项目：第一，税收，第二，行政事业性收费；第三，国有企业收入；第四，地方政府土地财政预算外收入，即土地出让为主要目的；第五，国债；第六，各级地方政府所欠债务；第七，社会保障收入；第八，外汇储备；第九，罚没收入。如果考虑到这些国家收入，则个人与企业的税收负担更重。虽然近年来，政府不断出台结构性减税措施，但有些地区一方面进行结构性减税，另一方面却在不断增"费"，减税的速度赶不上增"费"的速度，存在税负不降反升的情况。因此，"在我国，几千年的财政史就是一部正税之外的苛捐杂税史。正税之外的收费泛滥，主要表现为这些收费大多被作为政府一般性开支，没有与提供的公共产品相挂钩。在这种情况下，法外课征所造成的潜规则往往比以法律为依据的正式税收制度更具有强制性"。②

众所周知，税收是公民缴纳给政府用于购买公共服务的支出。衡量该项"支出"是高还是低不仅取决于其在公民可支配收入中所占的比重，还取决于公民支付这些费用之后所获得的公共服务，包括医疗、教育、安全及其他各项社会保障和公共福利。根据财政部发布的数据，2010 年，我国医疗、教育、社保就业三项支出在政府财政支出中的占比为 29.5%；而在美国，同样这三项的开支占联邦政府总开支的 60% 左右。③ 中国收入分配问题的根源在于：政府与国民间的分配关系严重失衡，政府收入取得

---

① 参见欧阳华生、余宇新《政企分配关系视角下企业税收负担的国际比较与启示》，《当代财经》2011 年第 11 期。

② 杨斌：《关于我国地方税体系存在依据和房地产税费改革方向的论辩》，载郭庆旺《公共经济学评论》Vol. 3, No. 1, 中国财政经济出版社 2007 年版。

③ 林采宜：《结构调整是财税改革的方向》，《21 世纪经济报道》2012 年 2 月 20 日。

过多，且增速极高；国民收入取得较少，且增速过慢。由此带来四个失衡：取与予的失衡；经济与社会的失衡；国家与国民的失衡；能力与负担的失衡。当公民个人与企业的税负负担的加重并没有带来公共福利的根本改善，纳税是对私人产权保障的观念难以令人信服，又如何能够培育公民的纳税意识？2006—2010年个人所得税负担趋势见下表：

表5.1　　　　　个人所得税负、税收结构与经济增长关系

年份	GDP	CPI	财政收入	城镇居民人均可支配收入	农民人均收入
2006	10.7%	1.5%	3.9万亿，24%	11759元，实际增长10.4%	3587元，增长7.4%
2007	11.4%	4.8%	51304亿，32.4%	13786元，实际增长12.2%	4140元，增长9.5%
2008	9%	5.9%	61330亿，19.5%	15781元，实际增长8.4%	4761元，增长8%
2009	9.1%	5.2%	68477亿，11.7%	17175元，实际增长9.8%	5153元，增长8.5%
2010	10.3%	3.3%	83080亿，21.3%	19109元，实际增长7.8%	5919元，增长10.9%

三　实施有效的针对交易过程的税控机制

（一）税控程序简单化、公开化

真实的税收来源于真实的交易，因而税控机制的设计应当针对的是交易活动的过程，而非发票本身。监管环节越多，漏洞就越多；监管主体越多，协调性就越弱；监管内容越多，共享性就越差。目前的监管程序就是如此，复杂、烦乱，不利于信息的有效传递、不利于成本的有效控制。对于国家目前推行"金税工程"来强化税控功能看，由于监管程序依然复杂，实际效果仍然不理想，由于发票交易的产业化运作，甚至后果更为严重。目前实施的金税工程，由于纳税评估中信息筛查工作不到位，税务机关的征、管、查还不能有效配合，税务中介的涉税鉴证还难以有效协查税务机关的发票管理等问题，使得虚假增值税专用发票依然泛滥。[1]虽然伴随金税工程的推行应用，国家先后推行了防伪税控系统、开票系统、认证

---

[1] 参见秦鑫《从发票管理角度看我国当前税收流失状况及改善措施》，《山西财政税务专科学校学报》2009年第4期。

系统、交叉稽核系统、发票协查系统等，之后又陆续推行了税控装置、"一窗式"比对、"四小票"比对、一机多票等一系列辅助软件等。但在客观上却造成了不同系统间较差的兼容性和连通性。此外，由于数据分散在不同部门、不同环节、不同岗位采集操作，相关的涉税信息也就分布在不同数据库之中。由于缺乏一个整合的、共享的数据平台，涉税信息为税收征管各环节所能发挥的效用必然大打折扣。①增值税防伪税控系统虽然具有防伪控税的诸多优点，但既要管票管人（指一般纳税人），还要管设施，管理头绪多，且操作繁杂。防伪税控系统到底有多大的作用？从长沙"1·13"特大制造、贩卖假发票、假完税证案可见一斑：长沙地税局花费了大量的人力和财力，最终研制了具有很高防伪性能的建安发票。这种新型发票由电脑开具，采用的是当时最新研制的带有特殊标志的防伪纸。不仅如此，票面上还增加了收、付款双方单位的名称、证件号码、税务局公章和税管员名单等详尽信息，而且必须与完税证配套使用才有效。此外，为确保税款及时入库，完税证号码就打印在发票上。可以说，发票研制成功后，由于其防伪设计性能很高，曾得到国家税务总局领导的高度肯定，并准备向全国推广。可即使是这样高防伪性能发票，从2004年1月1日在全市推行起还不到一年，假票不但流通到了市场，而且还用电脑成功开出了具体金额。②从实践统计看，国家税务总局2002年的监控统计显示，全国认证系统、稽核系统提供发票选票准确率还在一个比较低的水平，一些省（区、市）国税局认证系统、稽核系统提供发票选票准确率甚至为0，表明了增值税防伪税控系统的复杂性和执行程度。③

威廉·配第在其代表作《赋税论》中最早提出了税收的"公平、简便、节省"三原则，其中"节省"原则即应当实现征收费用最小，已经包含了提高征管效率的思想。德国官房学派经济学家尤斯蒂在《财政学体系》中提出了税收的六原则，认为捐税应当用最简便的方式进行征收，对国家和人民双方来说，所涉及的费用应减至最低度。在收集税款时所必须支出的费用要尽可能予以压缩，这对政府和人民双方都有利。收税时的费

---

① 参见皮本固《网络发票在涉税信息有效监控中的作用》，《税务研究》2008年第4期。
② 参见欧阳艳飞、向波《围剿国脉"抽血机"——长沙"1·13"特大制造、贩卖假发票、假完税证团伙案侦破始末》，《啄木鸟》2006年第3期。
③ 李建琴、黄国良：《增值税专用发票"身份证"管理模式探微》，《当代财经》2003年第3期。

用愈大，国家所能享受的税收愈少，人民在税款方面不必要的负担愈重。亚当·斯密在《国民财富的性质和原因的研究》中提出了良好税制四原则，即赋税平等、赋税确定、纳税手续方便以及征税额尽其所用原则。① 其中"确定"和"便利"原则意味着节省纳税成本，而"征税额尽其所用"原则意味着节省征税成本、税收社会利益公平和最大化。瓦格纳在《财政学》中提出了"四端九项"的税收原则，其中税务行政原则中包括"确实、简便和节省征收费"三项原则。马斯格雷夫在《财政理论与实践》中建立了较为完善的税收原则体系，明确提出了"管理和征纳费用应当尽可能地减少"的原则。②

（二）税控手段电子化、现代化

税控程序的简单化、公开化需要税控手段的电子化、现代化。在美国，中等收入的纳税人很少有机会逃税，那是因为美国国税局利用信息记录能够核实他们的大部分收入情况。③ 这些信息记录的获取是借助电子化、现代化管理手段实现的。

早在 20 世纪 60 年代，美国就开始了税收管理现代化的进程，国内收入局是当时全美第一批利用电子计算机技术的政府机构。此后借助信息化进行了精简改革，使美国当时不仅拥有 1 个总部税务信息处理中心，原有的 10 个征税服务中心也精简为 3 个，电子信息化网络开始延伸到各个角落。20 世纪 90 年代后期，特别是 1997 年后进行的系统化改革，进一步推进了美国的税收信息化建设。经过全面推行 C、A、D、E 四个系统，即 Customer（顾客）、Accounting（会计）、Date（数据）、Engine（发动机）管理等，使其在收入方面、支付方面、内部控制方面实现相应的目标：收入方面的目标，2007 年电子申报比例要达到 80%（目前为 60%）；支付方面的目标，要通过电子系统支付年退税额和审批纳税人分期支付的欠税等；内部程序控制方面的目标，税务电子管理要与电子政务的发展步伐相适应。④

---

① [英] 亚当·斯密：《国民财富的性质和原因的研究》（下），商务印书馆 1972 年版，第 195 页。

② 董晓岩：《税收征管效率研究综述与内涵辨析》，《税务与经济》2010 年第 6 期。

③ Kim M. Bloomquis, Tax Evasion, Income Inequality and Opportunity Costs of Complianc, the 96th Annual Conference of the National Tax Association, November, 2003.

④ 参见胡孝伦《对美国税收管理经验的借鉴》，《涉外税务》2007 年第 3 期。

在我国，目前有部分地区开始意识到税控电子化、现代化的重要性，并进行了实践性探索。自2008年起，昆山市地税局以省级3.0大集中系统全面上线为契机，以贯彻落实"两个减负"为主要目标，构筑起了一条安全、便捷、高效的"发票管理网上高速公路"。这种现代化发票管理手段具有三个特点：一是网上高速公路的"防护墙"：CA认证。二是网上高速公路的"服务区"：网上申购，EMS配送。三是网上高速公路的"加速器"：网上开票。CA认证、网上申购EMS配送、网上开票三者成套使用，真正实现了足不出户就可办理发票申购——开具——验旧——结报等全部涉税业务。①

显然，现代意义上的税控导致了电子化发票的产生和管理。电子化发票，从目前西方研究和立法看，是指无纸化发票，这与我国目前一些研究所指的网络化发票具有本质上的不同。我国目前关于网络化发票，是指通过计算机联网打印发票，实质上仍然是纸质发票，只不过传统上的纸质发票是手写实现的，这种所谓现代化的纸质发票是通过计算机打印完成的。如果从有纸化和无纸化标准划分的角度，无论是手写还是机打，其实都没有什么不同。如果说手写易于被人为操作，而机打同样难以避免这个问题。在西方，现代意义的电子化发票并不是指机打的纸质发票，而是无纸化发票。电子发票与机打的纸质发票是相对的概念。因此，西方关于现代意义上的电子发票研究已十分深入，在电子计算机技术的支撑下，电子发票不仅有其存在的必要，更有比纸质发票大大低廉的管理成本，还有比纸质发票更高的安全性等优势。当然，电子发票也有其不足需要更深入的研究予以解决，所以，西方不仅研究了电子发票的优势，也研究了电子发票的不足，所以在电子发票研究上，西方的研究显得十分全面和深刻。比如，电子发票与纸质发票的关系，是完全取代和保留的问题，许多国家的研究和立法规定是不同的，此外还有电子发票存在的合法性等问题。尽管如此，电子发票取代纸质发票，或者说成为比纸质发票更重要的发票形式却是世界主要国家立法研究中公认的一个发展趋势。

在我国，关于网络发票或电子发票的研究，从字义上来说似乎是相同的，但实际内涵完全不同。仅仅是关于如何予以计算机联网开具发票，至于电子发票是否是无纸化发票，与无纸化发票的关系都没有涉及探讨，也

---

① 杜龙生：《打造发票管理"网上高速公路"》，《中国税务》2010年第2期。

无这方面的任何立法规定，因此，从目前学界有关研究内容看，主要指的是一种机打发票，仍然是有纸化发票，不能称之为现代意义上的发票。既然我国目前所谓的电子发票仍然是传统意义上的，与西方相比，更没有关于电子发票适用的环境、适用的问题以及合法性等问题研究，因此，可以说，我国关于现代意义上的电子发票的研究和立法基本处于空白阶段。但从世界总体趋势看，有关这方面的研究和适用却是未来无法回避的。

要进行如西方电子化发票研究及其实施电子化发票管理，最根本的就是必须创造这种研究和管理的市场环境。那就是必须解除政府对发票识别的行政管理方式，恢复发票内涵的市场自发性确认方式，彻底铲除政府不当干预所致的虚假发票交易系统，还原只有一个经济交易系统的市场状态。这样，使学界和立法部门对电子化发票的研究从一开始就走向正确的研究轨道，使政府对电子化发票的管理是基于经济交易事实，而非发票本身。否则，即便是现代化的电子发票，按照现有的立法，依然存在着有政府监制章和无政府监制章之分，在国内，表现为政府对电子发票的监管依然集中在形式真假的判定上，而不是经济交易本身，大大复杂化了电子发票管理；在国外，表现为国际间贸易因电子发票内涵的不同，在税收管理程序上可能要设计更为复杂的确认方式，使国内、国际间原本复杂的税收管理变得更为复杂和混乱。

四 实施违法行为的严厉惩罚措施

（一）避免政策导向性的"运动式"执法，建立具有法律威慑力的长效性、持续性惩罚机制

"运动式"执法表现为政策的命令性、指向性特点，带有很强的阶段性、波动性、暂时性、覆盖的不全面性等行政色彩。运动发起时，指令是明确的、行动是快速的、惩罚是严厉的、结果是十分有效的。但是运动结束时，混乱秩序或者违法行为又恢复到运动之前的状态甚至是更为严重的状态。运动式执法往往为了追求快速有效，可能出现违法性执法与惩罚，从而损害法律的权威性。如中国自20世纪80年代初以来的几次"严打"，即从重从快从严的执法原则，将无罪判有罪、轻罪重判、重罪判死罪（为了所谓审判的效率，许多死刑复核程序都下放到省高院，同时审判时间也缩短，犯罪嫌疑人的应有权利没有得到法律保障，错案冤案在所难免）的情况时而有之。因此，运动式执法与法律规范并不一致。而且从效果上

看，在运动期间，违法行为确实大大降低，一旦运动结束，违法又会卷土重来，所以这种执法方式只是暂时的、无法治本的。近些年的发票打假运动可明显体现这一点，正所谓道高一尺魔高一丈，每一次的打假在暂时恢复良好的交易秩序的同时，又为下一次埋下了更为艰难的打假隐患。因为每一次打假之后，造假不但没有消失，而且以更为隐蔽的方式表现为更加猖狂的造假。运动的暂时性、波动性、不长久性、不全面性注定了惩罚对象的不可预期性，面对超额利润的诱惑，运动式惩罚所带来的侥幸心理，注定了这是一种永无止境的猫捉老鼠的游戏。因此，必须建立具有法律威慑力的长效性、可持续性惩罚机制。

（二）改进以"发票数量"为依据的违法标准

我国现行关于发票违法的惩罚机制存在巨大漏洞。以长沙"1·13"特大制造、贩卖假发票、假完税证案为例，长沙地税局花费了大量的人力和财力，研制了防伪性能很高的电脑版建安发票，其特点是：每笔金额都很大，少则几十上百万元，多则千万甚至上亿元，而且还有一个特点，那就是不限额，一张发票可开出的金额可以达到几十甚至上百本其他发票所能开出的金额总和，一旦被违法犯罪分子所利用，其危害特别大，损失无法估量。但是，不法分子依然轻易地就找到了制假路径，将电脑版建安发票以每套300—400元的价格销出，利润则高达十几倍，这甚至比毒品利润还高，但是其风险非常小。因为根据我国现行的法律，出售假发票必须要达到50份以上才能追究其刑事责任。利用该漏洞，不法分子每次最多销几张，根本够不上刑事处分，公安机关对此毫无办法。①

此外，我国《刑法》对偷税罪采数额加比例的二元主义。②"评判标准具有内在的逻辑矛盾，它制造了偷税罪认定过程中的不合理、不公平等诸多困境，给予了纳税人规避法律的空间，致使对连续犯的处理陷于两难，不利于对偷税犯罪进行有效的预防和惩治。而如果采用一元主义的数

---

① 欧阳艳飞、向波：《围剿国脉"抽血机"——长沙"1·13"特大制造、贩卖假发票、假完税证团伙案侦破始末》，《啄木鸟》2006年第3期。

② 我国《刑法》第201条规定，"偷税数额占应纳税额的百分之十以上不满百分之三十并且偷税数额在一万元以上不满十万元的，处三年以下有期徒刑或者拘役，并处偷税数额一倍以上五倍以下罚金；偷税数额占应纳税额的百分之三十以上并且偷税数额在十万元以上的，处三年以上七年以下有期徒刑，并处偷税数额一倍以上五倍以下罚金"。

量标准则根本不会产生上述弊端。"①

(三) 制裁性程度需要切实有效地加强

在西方，税收惩罚措施不仅有经济惩罚，严重的还同时要接受刑事惩罚。通过严厉的税收惩罚措施往往促使公众形成高度自觉的纳税意识，也是防止税收流失的成功经验。由于税收执法严格，对偷逃税处罚严厉，加之舆论监督的力量，即使偷逃税现象依然屡禁不止，但是纳税人的纳税义务意识、普遍守法的观念，以及偷逃税的耻辱观念却得到了根本树立。②例如，在美国，公司纳税人如果逾期申报，不仅要接受应缴税额5%—25%的罚款，还要接受因每次拒绝税务人员审计所引起的500美元的罚款。不仅如此，所查处的偷税额及其利益不但要全部收回，还要处以75%的罚款，更有甚者，还可能面临财产被查封及判刑5年的严厉惩罚。这种严查重罚的做法，确实起到了杀一儆百的作用。③

本章小结

从交易事实的证明凭证到税收利益的保障凭证，诚然，发票之所以具有这么多功能，发票功能之间关系的改变，无疑是制度强制性赋予的结果。纠正制度强制性所导致的发票功能的紊乱，就必须基于发票功能有限理念。发票功能的有限性理念不仅体现在功能数量的有限性上，即延伸功能所添加的数量应是有限的，而且还体现在功能作用的有限性上，即延伸功能的作用不能超过，更不能替代基本功能。基于发票功能之间关系的准确定位，转变目前发票功能无限的错误理念，树立发票基本功能优于延伸功能理念，是今后发票制度改革的目标。

政府以立法确认发票内涵，并对发票实施全程性管理，奉行的是"公权万能的假设"，在该假设基础上的立法安排，存在着过度使用公权使问题复杂化和忽视私权的利益倾斜性配置现象；被忽视的利益主体作为法律规制的对象并非是静态的，在与立法者、执法者的动态博弈中，往往采取

---

① 应飞虎：《我国偷税罪评判标准的再分析》，《法律适用》2006年第5期。

② 参见杨斌《西方模式增值税的不可行性和中国式增值税的制度设计》，《管理世界》2001年第3期。

③ 胡勇辉：《借鉴国外经验治理我国税收流失》，《当代财经》2004年第3期。

自身利益取向的"法律对策化"行为，从而降低法律的绩效。①"公权机关并非万能，它也有自身的能力边界。如果把公权机关设想为无所不能完全理性的组织，那是非常危险的。无所不能的公权机关必然是无能公权机关，最后必将是一无所能。"②

德国伟大的法学家萨维尼在他的名著《论立法与法学的当代使命》中提出，法的精神深植于一个民族的共同信念和共同意识之中，同时民族的共同信念和共同意识也会随着时代环境的变迁而变迁。因此，一个好的制度必然有利于培养公民的良好守法意识，一个有漏洞的制度不但无助于加强公民的守法意识，反倒促使机会主义行为发生。现有的发票立法制度突出了国家对发票的全能型管理职权，对发票的功能关系予以了制度颠倒，使得发票交易系统及其税控系统能够脱离经济交易系统本身独立运行，导致大量假发票交易的盛行，发票税控系统、报账系统失效。可以说，正是目前发票立法的制度设计，创造了大量的税控漏洞、报账漏洞，激发了利用税控漏洞、报账漏洞进行偷漏税和虚假报账的机会主义行为。

法律并非是立法者任意意志的产物，人之行为的产生有其惯常的遵循秩序，正如费孝通先生在其《乡土中国》一书中所观察分析的，中国乡土社会长期遵循着我们可称之为"礼"的传统文化习俗，其完全不同于西方意义上的"法律"，但千百年来，中国依据这种"礼"而演化成的差序格局社会始终能维持良好的社会秩序运转，在这样的传统社会，法律不起作用或者说无须起作用。从另一种意义上，法律对人之行为的作用首先要探求行为遵循的内在规则，据此作出相应的规定，进而达到调适的目的。

对政府来说，设计一个有效的发票制度，关键不在于通过"控票"参与经济交易本身，而在于如何设计一个发票监控机制克服交易信息的残缺问题，从而达到控税的目的。

目前发票立法制度的改进在于：废除发票的"全能型"国家管理职能，恢复发票功能的本来面目。现代国家干预理论和实践为各国法律制度的改革提供了新的佐证：政府干预的最重要任务并不是去取代市场机制，而是去改善和维护市场竞争秩序。从干预方法和内容上看，涉及市场、企

---

① 参见应飞虎、熊帅《错误假设与法律绩效》，《广东社会科学》2005年第3期。
② 应飞虎、熊帅：《错误假设与法律绩效》，《广东社会科学》2005年第3期。

业和消费者等个体或特定经济单位的，属于微观经济层面的干预。这时的干预属于一种"保障性干预"，即运用政策和法律手段维护市场秩序，起到市场机制的"校正器"作用。[①] 发票既然是应市场的需要而产生，发票的功能运作也应由市场决定。政府职能不是对发票本身的管理，而是帮助恢复建立良好市场经济秩序，这就决定了政府监管的重点在于经济交易活动本身的真实性。解除发票的"全能型"国家管理，意味着发票的制度设计属性才能与发票应有属性保持一致：原始性与合法性的一致，合法性与真实性的一致，真实性与税控性的一致，税控性与特定性的一致。这样，发票交易系统及其税控系统才能依附经济交易系统运行，发票形式真实性才能依附实质真实性运行，发票税控功能的作用才能真正发挥。也只有这样的制度设计，才能促使各交易主体之间的经济交易活动在良性的轨道上运行。

但无论是从发票税控功能存在的价值，还是意识形态的转变上看，发票功能关系的调整及实现都还需要一个循序渐进的过程。我们可以通过过渡期和剥离期两个阶段予以实现。发票功能的过渡期是为剥离期做制度上与思想上的准备。首先通过发票立法目的纠正，在制度层面纠正错误的立法导向、政策导向，还原发票依附于交易事实的本来面目。其次通过政府与发票的偏向性法律关系调适，解除发票基本功能依附于延伸功能的错位法律安排。

发票功能的剥离期实质上是体现发票功能协调运作的具体实现过程，即通过发票功能关系的重新调整、纳税人权利意识的培育、实施有效的针对交易过程的税控机制、实施违法行为的严厉惩罚措施等来实现。特别值得注意的是，剥离并非是将延伸功能从基本功能完全剥离，而是将延伸功能数量可添加的无限性思想剥离；将税控功能中国家的管理思想剥离；将税控功能目前的中心地位剥离。剥离的目的就是要将发票延伸功能真正还原为基本功能的附属性地位，从而真正实现发票功能之间的协调化运作。

[①] 周林军：《经济规律与法律规则》，法律出版社 2009 年 7 月版，第 249 页。

结　　论

　　基于发票发展的历史及其满足不同使用者需求的作用，目前的发票已经形成了本源功能第一性、衍生功能第二性与延伸功能依附性的层次性功能秩序。因此，具有交易信息证明性价值的本源功能是发票最基本、最重要的功能，其他功能都依凭该功能产生和发展，没有发票的本源功能，发票的存在就失去了意义，其他功能也不可能产生和发展。基于主观见之于客观的需要，发票本源功能决定着衍生功能、衍生功能决定着延伸功能、本源功能当然决定着延伸功能的存在和发展，这种功能秩序不能被颠倒。

　　中西方不同发票制度的历史演进，以政府介入发票关系的两种模式表现出来：一是交易自治型发票制度中的"税控"模式。二是政府识别型发票制度中的"管理+税控"模式。在中国的"管理+税控"模式下，随着政府对发票的强制统一管理，发票在所有承载的功能中，税控功能取得了强大的中心地位，使得发票基本功能不适当退居到延伸功能之后。这种以发票形式真实性审查间接确认交易事实真实性的制度，使得发票交易系统脱离经济交易系统独自运行，事实表明，正是导致我国发票乱象日益纷呈的根源。

　　从现行立法制度设计上看，中国的政府识别型发票制度，使得当初的"交易—发票—政府"的发票监管关系，变成了"交易—税收—发票—政府"的发票税控关系，通过管票来达到管税的目的。政府在履行管理发票的职能上，是同时作为发票的发行者、监管者及利益分享者存在的，不可避免地因角色多重导致角色错位，致使职能不当延伸导致发票税控失控问题。而在目前的营业税改征增值税的税制改革中，随着增值税的主体税种地位进一步强化及增值税对发票的特殊依赖性，进一步凸显了发票税控的作用，同时也带来了对发票税控制度设计上的更大挑战性。显然，"税收"与"政府"的双重嵌入，对发票发生了质的影响，需要重新设定政府在发票法律关系中的角色。那就是：尊重并回归交易自治型发票制度，从而政府选择介入发票关系的"税控模式"，而不是"管理+税控"模式。这样，无须立法以发票形式上的限定重新界定发票的合法性，也没有《税收征收管理法》对发票指明的特别服务政府税收的目的，更没有了《发票管理办法》对发票形式上的方方面面设定。那么，《会计法》中对会计核算所依据的原始凭证的要求，以及《消费者权益保护法》中对消费者维权依据的所谓购货凭证或服务单据的要求，当然就回归了交易事实这个本质。

因此，在我国，基于发票在历史发展中形成的层次性功能秩序，治理因现行发票功能的冲突所致的发票乱象问题，首先必须基于发票功能有限理念，通过发票立法目的纠正，在制度层面纠正错误的立法导向、政策导向，还原发票依附于交易事实的本来面目。其次通过对政府在发票法律关系中地位与作用的调适，解除发票基本功能依附于延伸功能的错位法律安排，从而根本恢复发票的应然功能秩序。最后进行发票延伸功能的制度改进。

参考文献

一 法规类

1. 《全国发票管理暂行办法》（1986年8月19日财政部颁布）
2. 《中华人民共和国发票管理办法》（1993年12月23日财政部颁布）
3. 《中华人民共和国发票管理办法实施细则》（1993年12月28日国家税务总局）
4. 《中华人民共和国发票管理办法》（修订草案）（征求意见稿）（2007年7月31日）
5. 《中华人民共和国发票管理办法》（2010年12月8日修订通过）
6. 《中华人民共和国发票管理办法实施细则》（2011年2月1日施行）
7. 《中华人民共和国税收征收管理法》（1995年2月28日通过并施行）
8. 《中华人民共和国税收征收管理法》（2001年4月28日修订通过，5月1日施行）
9. 《中华人民共和国税收征收管理法实施细则》（2002年10月15日施行）
10. 《中华人民共和国刑法》（1997年10月1日施行）
11. 《中华人民共和国会计法》（1985年1月21日通过，分别于1993、1999年修订）
12. 《中华人民共和国消费者权益保护法》（1993年10月31日通过）
13. 《全国人民代表大会常务委员会关于惩治虚开、伪造和非法出售增值税专用发票犯罪的决定》（1995年10月30日通过并施行）

14.《国家税务总局关于对外商投资企业和外国企业发票管理的暂行规定》(1991年12月27日颁布)

二 著作类

1. 高献洲:《中国发票史——发票源流探考记》,中国税务出版社2010年版。

2. 高献洲:《漫话老发票》,中国税务出版社2007年版。

3. 李胜良:《发票撷趣》,经济科学出版社2004年版。

4. 曹雪琴:《税收制度的国际比较》,学林出版社1998年版。

5. [德]马克斯·韦伯:《论经济与社会中的法律》,张乃根译,中国大百科全书出版社1998年版。

6. 周林军:《经济规律与法律规则》,法律出版社2009年版。

7. 罗伯特·D. 考特、托马斯·S. 尤伦:《法和经济学》,施少华,姜建强等译,上海财经大学出版社2002年版。

8. [美]理查德·A. 波斯纳:《法律的经济分析》(下),蒋兆康译,中国大百科全书出版社1992年版。

9. [美]艾伦·A. 泰特编:《增值税:管理与政策问题》,刘翠微译,中国财政经济出版社1995年版。

10. 税务总局政策研究处:《各国增值税》(上册),中国财务会计咨询公司编译,中国财政经济出版社1987年版。

11. [美]爱伦·泰特:《增值税——国际实践和问题》,国家税务总局科研所译,中国财政经济出版社1992年版。

12. 叶少群:《海峡两岸税收制度比较》,中国财政经济出版社2008年版。

13. [美]路易丝·谢利:《犯罪与现代化》,何秉松译,中信出版社2002年版。

14. [美]约翰·罗尔斯:《正义论》,何怀宏,何包钢等译,中国社会科学出版社1988年版。

15. [德]柯武刚、史漫飞:《制度经济学:社会秩序与公共政策》,韩朝华译,商务印书馆2000年版。

16. [澳]布伦南、[美]布坎南:《宪政经济学》,冯克利等译,中国社会科学出版社2004年版。

17. ［美］格尔哈特·伦斯基：《权力与特权：社会分层的理论》，关信平、陈宗显等译，浙江人民出版社1988年版。

18. ［英］洛克：《政府论》（下），叶启芳、瞿菊农译，商务印书馆1964版。

19. ［英］弗里德里希·冯·哈耶克：《自由秩序原理》（上），邓正来译，生活·读书·新知三联书店1997版。

20. 李昌麒：《经济法理念研究》，法律出版社2009年版。

21. ［英］弗里德里希·冯·哈耶克：《法律、立法与自由》（第二、三卷），邓正来等译，中国大百科全书出版社2000年版。

22. ［英］弗里德里希·冯·哈耶克：《法律、立法与自由》（第一卷），邓正来等译，中国大百科全书出版社2000年版。

23. 盛洪：《宪政经济学与宪政改革——〈宪政经济学〉》中文版序，载［澳］杰佛瑞·布伦南，［美］詹姆斯·M.布坎南著，冯克利等译：《宪政经济学》，中国社会科学出版社2004年版。

24. 梁朋：《税收流失的经济分析》，中国人民大学出版社2000年版。

25. 刘新利：《税收分析概论》，中国税务出版社2000年版。

26. 贾绍华：《中国税收流失问题研究》，中国财政经济出版社2002年版。

27. ［美］满瑟尔·奥尔森：《集体行动的逻辑》，陈郁、郭宇峰等译，格致出版社·上海三联出版社·上海人民出版社1995年版。

28. 魏琼：《西方经济法发达史》，北京大学出版社2006年版。

29. ［日］丹宗昭信、伊从宽：《经济法总论》，吉田庆子译，中国法制出版社2010年版。

30. 龙建民：《市场起源论》，云南人民出版社1988年版。

31. ［美］E.博登海默：《法理学——法律哲学与法律方法》，邓正来译，中国政法大学出版社2004年版。

32. 费孝通：《乡土中国 生育制度》，北京大学出版社1998年版。

33. 董平：《中国传统文化与现代化》，中国政法大学出版社2001年版。

34. ［英］亚当·斯密：《国民财富的性质和原因的研究》（下），商务印书馆1972年版。

35. 方恨少：《偷税与反偷税——税务稽查案例与分析》，中国商业出版社 2006 年版。

36. ［美］伯尔曼：《法律与革命》，贺卫方等译，中国大百科全书出版社 1993 年版。

37. ［英］梅因：《古代法》，沈景一译，商务印书馆 1984 年版。

38. 杨世忠：《企业会计信息质量及其评鉴模式与方法研究》，立信会计出版社 2008 年版。

39. ［法］卢梭：《社会契约论》，何兆武译，商务印书馆 2003 年版。

40. 《芬兰刑法典》，于志刚译，中国方正出版社 2005 年版。

41. 储槐植、江溯：《美国刑法》，北京大学出版社 2012 年版。

42. ［日］金子宏：《日本税法》，战宪斌，郑林根等译，法律出版社 2004 年版。

43. 苏力：《法治及其本土资源》，中国政法大学出版社 1996 年版。

三 学位论文

1. 李冠男：《发票功能的法律分析》，上海财经大学硕士学位论文 2010 年。

2. 肖文：《我国有奖发票制度的政策效应研究》，西南财经大学硕士学位论文 2009 年。

3. 孟少鹏：《对发票犯罪的实证考察与思辨——以长春市发票犯罪的刑侦实践为对象》，吉林大学硕士学位论文 2010 年。

4. 吴东华：《定额发票的宪政解读》，郑州大学硕士学位论文 2006 年。

5. 邵学峰：《政府税收质量：不同经济发展水平国家比较分析——兼论我国税收制度及其目标模式》，吉林大学博士学位论文 2004 年。

6. 丁光宗：《基于现金交易的企业间合谋逃避增值税研究》，华中科技大学硕士学位论文 2007 年。

四 期刊、文集、报刊类

1. 焦辉东：《中国特大虚开增值税发票案备忘录》，载《法律与生活》1998 年第 8 期。

2. 孟岳松、徐丽娟：《发票交易现象之解析》，载《工业技术经济》2001 年第 2 期。

3. 赵芳：《不对称信息对税收征管的影响》，载《税务研究》2003年第11期。

4. 管云根：《论发票控税》，载《现代经济》2008年第11期。

5. 刘鑫：《当前虚开增值税专用发票犯罪的特点、原因与对策》，载《犯罪研究》2006年第2期。

6. 王军荣：《1元奖励背后的制度性羞辱》，载《中国新闻周刊》2011年总第534期。

7. 皮本固：《网络发票在涉税信息有效监控中的作用》，载《税务研究》2008年第4期。

8. 熊惺：《强化普通发票管理的对策》，载《税务研究》2006年第7期。

9. 梁俊娇、王颖峰：《美国联邦税务局的内部机构设置及对我国的借鉴》，载《中央财经大学学报》2009年第4期。

10. 郝春虹：《中国税收流失规模估测》，载《中央财经大学学报》2004年第11期。

11. 何翔舟：《论政府成本》，载《中国行政管理》2001年第7期。

12. 吴思、刘兵：《团购的税务黑洞》，载《走向世界》2011年第24期。

13. 李晓彬：《对"以票管税"的理性思考》，载《理论界》2005年第12期。

14. 本刊编辑部：《发票的悲与幸》，载《人民公安》2010年第14期。

15. 杨斌：《西方模式增值税的不可行性和中国式增值税的制度设计》，载《管理世界》2001年第3期。

16. 杨斌：《增值税制度设计及运行中若干重大问题研究》，载《财贸经济》1995年第12期。

17. 程力行：《"虚假发票报销问题"审计的实践与思考》，载《交通财会》2010年第3期（总第272期）。

18. 孙承：《美国税收征管的几个显著特征》，载《吉林财税》2000年第1期。

19. 孙一冰：《发票穿透经济万象》，载《中国税务》2004年第8期。

20. 王祺元：《增值税专用发票十年回眸》，载《中国税务》2004年第 7 期。

21. 欧阳艳飞、向波：《围剿国脉"抽血机"——长沙"1·13"特大制造、贩卖假发票、假完税证团伙案侦破始末》，载《啄木鸟》2006 年第 3 期。

22. 陈飞：《增值税专用发票虚开乱象及治理》，载《现代商业》2010 年第 33 期。

23. 李胜良：《论税收征纳关系下的寻租现象》，载《税收与社会》1998 年第 6 期。

24. 乔应平：《税收寻租行为与治理对策》，载《广东审计》2000 年第 9 期。

25. 梁锦辉、范晓峰：《从麦德龙现象看我国发票管理的弊端》，载《福建论坛》2010 年第 4 期。

26. 王红茹：《企业负担大清查》，载《中国经济周刊》2010 年第 39 期。

27. 郑猛：《税收减速考验》，载《财经》2012 年第 12 期。

28. 龚小澎：《行政事业性收费"三多、四乱、两缺位"告诉我们了什么》，载《资源导刊》2008 年第 3 期。

29. 单飞跃：《经济宪政：一个宪政新命题的提出》，载《湖湘论坛》2005 年第 3 期。

30. 张维迎：《从特权到产权》，载《中国民营科技与经济》2012 年第 Z1 期。

31. 朱俊生：《以规则正义促进制度公平》，载《中国社会保障》2012 年第 2 期。

32. 安徽省财政厅政府非税收入管理考察团：《美国、加拿大政府非税收入管理考察报告》，载《财政研究》2007 年第 11 期。

33. 应飞虎、熊帅：《错误假设与法律绩效》，载《广东社会科学》2005 年第 3 期。

34. 应飞虎：《我国偷税罪评判标准的再分析》，载《法律适用》2006 年第 5 期。

35. 杨玉辰：《发票的功能》，载《湖北社会科学》1991 年第 3 期。

36. 李莉、樊迎革等：《发票在加强税源管理中的作用——西安地税有奖定额发票改革分析》，载《税务研究》2005 年第 2 期。

37. 管强：《从假发票案件看我国发票税收制度的合理性》，载《会计师》2006 年第 1 期。

38. 李文美、陈尊明：《假发票泛滥的原因分析及治理途径》，载《税务研究》2006 年第 7 期。

39. 叶少群：《台湾"统一发票制度"对大陆的启示》，载《发展研究》2009 年第 8 期。

40. 刘峰、李丽：《加强会计监督，规范发票管理》，载《中山大学学报论丛》2004 年第 5 期。

41. 施锐利、牛淑贤：《论发票犯罪的立法完善》，载《税务研究》2008 年第 7 期。

42. 陈万强、汪愉：《转动发票"魔方"》，载《税收科技》2003 年第 4 期。

43. 宋霄、蒋正：《对有奖发票制度的几点思考》，载《法制与社会》2007 年第 5 期。

44. 范伟红：《商事凭证证明力问题探析》，载《人民司法》2006 年第 7 期。

45. 闫海：《我国发票管理的立法回顾与工作展望》，载《湖南财政经济学院学报》2011 年第 8 期。

46. 贾小雷：《关于有奖发票制度与我国税收法律的几点思考》，载《中央社会主义学院学报》2003 年第 6 期。

47. 李静宇：《浅析我国市场化政府经济行为之"有奖发票"制度》，载《法制与社会》2007 年第 10 期。

48. 张运峰、赵华文：《税务机关、商家与消费者的三人博弈分析》，载《数量经济技术经济研究》2004 年第 2 期。

49. 范坚：《发票管理需要标本兼治》，载《中国税务》2004 年第 8 期。

50. 李继友：《从发票大案看中国税收制度的弊端》，载《会计师》2006 年第 1 期。

51. 王如林：《对"以票管税"的思考》，载《扬州大学税务学院学报》1999 年第 3 期。

52. 范连玉、单颖辉：《增值税专用发票管理改进建议》，载《法制与社会》2008 年第 30 期。

53. 侯卉：《增值税专用发票监控的反思》，载《税务研究》2005年第3期。

54. 夏志琼：《假发票何以能如此猖獗》，载《中国房地产金融》2008年第12期。

55. 秦鑫：《从发票管理角度看我国当前税收流失状况及改善措施》，载《山西财政税务专科学校学报》2009年第4期。

56. 夏建邦：《假发票何以如此猖獗》，载《新财经》2008年第10期。

57. 陈德炎：《有奖发票——利在国家功在人民的改革》，载《中国改革》1990年第11期。

58. 张璐怡：《有奖发票利弊辩》，载《法制与社会》2007年第5期。

59. 唐琳：《论有奖发票的产生及其对税收征收管理的作用》，载《消费导刊》2008年第8期。

60. 葛伟章：《餐饮业有奖定额发票推行有"五难"》，载《税收与社会》2002年第12期。

61. 高海威：《发票环节税收流失的经济学思考》，载《税务研究》2006年第7期。

62. 李燕：《"有奖发票"法律性质之探析》，载《行政法学研究》2008年第3期。

63. 李建人：《有奖发票若干法律问题思考》，载《法学》2003年第3期。

64. 龙稳全、李国献：《"有奖发票"的法律经济分析》，载《广东商学院学报》2005年第5期。

65. 李洁、李晓欧：《我国假发票犯罪刑罚立法的反思及评判》，载《政治与法律》2010年第10期。

66. 刘丽丽：《有奖发票引出的经济学话题》，载《经济论坛》2003年第14期。

67. 周邦明：《"以票管税"存在的问题及对策》，载《江西财税与会计》2002年第4期。

68. 李建琴、黄国良：《增值税专用发票"身份证"管理模式探微》，载《当代财经》2003年第3期。

69. 邓力平、邓永勤：《会计信息失真的基本类型：税收视角的分析》，载《税务研究》2005 年第 8 期。

70. 田瑞霞：《发票管理中多发性问题及应对措施》，载《科技信息》2009 年第 1 期。

71. 沈腊梅：《美国诚信纳税意识培养体系探析》，载《扬州大学税务学院学报》2003 年第 8 期。

72. 潘新梁：《"以票控税"的完善途径浅探》，载《中国城市经济》2011 年第 9 期。

73. 刘启明、郭旗：《"以票控税"要与财务核算监控并举》，载《税收征纳》1999 年第 10 期。

74. 凌晨：《电子发票管理平台在发票管理中的应用》，载《湖南税务高等专科学校学报》2010 年第 6 期。

75. 尹耀：《强化普通发票管理的对策》，载《中国税务》2003 年第 11 期。

76. 张磊：《发票犯罪新特点及治理路径》，载《中国税务》2011 年第 3 期。

77. 宋军、曹建宇：《假发票违法犯罪活动屡禁不止的原因及对策探析》，载《中国税务》2010 年第 12 期。

78. 赵中华：《浅析发票引起的财务信息失真问题》，载《时代经贸》2008 年第 5 期。

79. 章立凡：《发票上的"中国特色"》，载《中国周刊》2009 年第 2 期。

80. 刘增和：《清末印花税的筹议与实施》，载《安徽史学》2004 年第 5 期。

81. 齐银昌：《印花税史》，载《北方经济》2002 年第 2 期。

82. 毕明波：《我国增值税发展与改革历程》，载《交通财会》2008 年第 12 期，总第 257 期。

83. 周立华：《地方政府在税收领域中的寻租行为及治理对策》，载《江苏科技大学学报》2005 年第 2 期。

84. 刘慧琴：《关于政府职能缺失与税收流失的相关分析》，载《财政研究》2004 年第 5 期。

85. 吴金春：《关于税收征管中寻租的几点看法》，载《经济经纬》2005 年第 1 期。

86. 邱慈孙：《美国税收管理的特点及启示》，载《涉外税务》2006年第7期。

87. 张玉晔：《美国为何不征收增值税》，载《财务与会计》2003年第4期。

88. 曾飞、葛开珍：《国外税收信息化管理的经验及借鉴》，载《税务研究》2001年第8期。

89. 胡世文、王铭远：《日本的国税征管制度》，载《中国税务》2000年第4期。

90. 杨引晓：《当前地税发票使用管理中存在的问题及建议》，载《财经界》2008年第11期。

91. 安体富等：《西方国家税源管理的经验及借鉴》，载《税务研究》2002年第4期。

92. 胡勇辉：《借鉴国外经验治理我国税收流失》，载《当代财经》2004年第3期。

93. 周秋光、曾桂林：《儒家文化中的慈善思想》，载《道德与文明》2005年第1期。

94. 柏志宏：《电子发票控税分析》，载《中国税务》2009年第10期。

95. 郑殿林、李治强：《中法增值税的比较与启示》，载《重庆税务》2002年第11期。

96. 叶姗：《应税事实依据经济实质认定之稽征规则——基于台湾地区"税捐稽征法"第12条之1的研究》，载《法学家》2010年第1期。

97. 李晶：《纳税服务的国际借鉴与创新》，载《涉外税务》2008年第5期。

98. 张小平：《企业所得税管理当中发票的证据效力》，载《税务研究》2006年第12期。

99. 刘剑文：《纳税人权利保护：机遇与挑战》，载《涉外税务》2010年第5期。

100. 姚新华：《契约自由论》，载《比较法研究》1997年第1期。

101. 郑仲兵：《话说我国税收文化传统》，载《中国税务》2000年第8期。

102. 高德步：《西方市场经济三维结构的起源与确立——英国经济史

实例考察》，载《中国人民大学学报》1997 年第 3 期。

103. 严冰：《虚开增值税发票透视》，载《中国市场》2005 年第 7 期。

104. 王丽萍：《对契约自由及其限制的理性思考》，载《山东大学学报》2006 年第 6 期。

105. 孙学致：《契约自由、"契约自由权"与契约权利———个私权逻辑理论视角的分析》，载《吉林大学社会科学学报》2006 年第 5 期。

106. 罗海平、陶一桃：《经济特区与市场经济的形成——基于市场起源论比较的理论启示》，载《学术论坛》2011 年第 10 期。

107. 曹廷贵、孙超英：《中国市场化改革的困境与出路——基于马克思市场起源说的逻辑展开》，载《理论与改革》2007 年第 2 期。

108. 王贵民：《试论贡、赋、税的早期历程——先秦时期贡、赋、税源流考》，载《中国经济史研究》1988 年第 1 期。

109. 祝宏俊：《斯巴达的税收制度》，载《西南大学学报》（社会科学版）2008 年第 3 期。

110. 徐信艳：《中国古代流转税思想及其当代意义》，载《人民论坛》2011 年第 7 期。

111. 陈玄、王建超：《我国税收征管中契约精神的构建》，载《吉林工商学院学报》2008 年第 1 期。

112. 苏号朋：《论契约自由兴起的历史背景及其价值》，载《法律科学》1999 年第 5 期。

113. 蔡斌：《从一起合同纠纷谈增值税发票的付款证明效力》，载《财会月刊》2009 年第 9 期。

114. 陈丽君、王重鸣：《中西方关于诚信的诠释及应用的异同与启示》，载《哲学研究》2002 年第 8 期。

115. 谢永清、满海英：《从中外增值税的比较看我国增值税制的完善》，载《辽宁财专学报》2001 年第 5 期。

116. 刘启明、郭旗：《以票控税要与财务核算监控并举》，载《税收征纳》1999 年第 10 期。

117. 陈贺菁：《台湾与大陆增值税的比较》，载《涉外税务》2001 年第 2 期。

118. 刘华：《税收遵从理论研究评述》，载《经济学动态》2009 年第

8期。

119. 宁国税：《五成市民不会举报偷漏税行为》，载《金陵瞭望》2006年第15期。

120. 杨力：《纳税人意识：公民意识的法律分析》，载《法律科学》2007年第2期。

121. 崔志坤：《纳税意识：西方演进与中国式嬗变》，载《探索与争鸣》2010年第12期。

122. 欧阳华生、余宇新：《政企分配关系视角下企业税收负担的国际比较与启示》，载《当代财经》2011年第11期。

123. 董晓岩：《税收征管效率研究综述与内涵辨析》，载《税务与经济》2010年第6期。

124. 胡孝伦：《对美国税收管理经验的借鉴》，载《涉外税务》2007年第3期。

125. 杜龙生：《打造发票管理"网上高速公路"》，载《中国税务》2010年第2期。

126. 邓力平：《税收与会计信息失真治理：文献回顾与展望》，载郭庆旺：《公共经济学评论》Vol.3，No.1，中国财政经济出版社2007年版。

127. 杨斌：《关于我国地方税体系存在依据和房地产税费改革方向的论辩》，载郭庆旺：《公共经济学评论》Vol.3，No.1，中国财政经济出版社2007年版。

128. 彭骥鸣：《试论税收执法的文化环境——兼评中西传统税收文化比较》，载靳东升：《依法治税——税收执法环境研究》，经济科学出版社2006年版。

129. 神秘人（国内某旅游咨询机构代表）：《不见了的发票》，载《21世纪经济报道》2011年11月7日。

130. 祝乃娟：《化解企业不偷税漏税就会倒闭的困境》，载《21世纪经济报道》2011年12月21日。

131. 宋青：《广东财政大幅减收，收支矛盾渐显》，载《21世纪经济报道》2012年5月30日。

132. 石伟、吴木銮：《"假发票案"凸显税收管理漏洞》，载《经济日报》2004年4月3日。

133. 宋尤然：《"春雷行动"剑指假发票"顽疾"》，载《天津政法报》2010年3月12日第001版。

134. 施莺：《3亿元假发票大案暴露庞大买方市场》，载《南通日报》2010年5月19日第A04版。

135. 李斌：《300亿元假发票背后的利益链条》，载《经济参考报》2010年10月27日第005版。

136. 季涛：《台州打击制售假发票：打"进"打"出"》，载《人民公安报》2007年9月12日第004版。

137. 周英峰、朱峰：《天量假发票："打疼"买方才能治本》，载《新华每日电讯》2010年10月15日第004版。

138. 白世平、曹琳：《普通发票犯罪呈上升趋势应引起重视》，载《检察日报》2009年7月26日第003版。

139. 李国栋：《企业取得境外收据应注意哪些问题?》，载《中国会计报》2010年3月26日第013版。

140. 林采宜：《机构调整是财税改革的方向》，载《21世纪经济报道》2012年2月20日。

141. 陈鼎、储剑武等：《揭开偷税真面目——盘点库存》，载《财会信报》2009年2月16日第B07版。

142. 李涛：《遏制非法制售发票犯罪要多管齐下》，载《人民公安报》2008年1月2日第004版。

143. 曲哲涵：《发票打假：根治是关键》，载《人民日报》2009年8月3日第018版。

144. 张彬：《公安部公布一批发票犯罪典型案例》，载《人民公安报》2009年10月28日第004版。

145. 张望：《7月风暴：出口退税"寄生链"调查》，载《21世纪经济报道》2012年6月20日。

146. 张望：《4千万出口退税成空，四企业罕见起诉福州国税局》，载《21世纪经济报道》2012年6月20日。

147. 何泽：《造假爱马仕的秘密："神奇"的香港发票》，载《21世纪经济报道》2012年6月28日。

148. 肖明：《建筑业"请愿"：发票难寻，增值税率降为8%为宜》，载《21世纪经济报道》2012年10月23日。

五 外文文献资料

1. Elias, Lieve, The Dematerialisation of the Invoice, *The EDI Law Review* 2: 117—124, 1995.

2. Wright, Benjamin, Auditing the Electronic Invoice, *Journal of State Taxation*, Vol. 9, Issue 4 (Spring 1991), pp. 51—52.

3. Buyer Accepting Goods Bound by Terms of Invoice, *Business Law Journal*, Vol. 7, pp. 457—461, 1926.

4. van Overbeek, Walter B. J. Electronic Invoicing in Europe, *EDI Law Review*, Vol. 1, Issue 4 (1994), pp. 263—276.

5. Varga, Katalin, VAT-Is It Really so Simple, *Studia Iuridica Auctoritate Universitatis Pecs Publicata*, Vol. 144, pp. 311—332.

6. Cheung, Bolivia S. W. ; Chui, Alice P. L. Comparison of the International Monetary Fund and the People's Republic of China VAT Policies [J], *International Tax Journal*, Vol. 30, Issue 2 (Spring 2004), pp. 10—16.

7. Lindholm, Richard W. VAT Lessons from Overseas [J], *Tax Executive*, Vol. 32, Issue 2 (January 1980), pp. 132—151.

8. Tikku, Kaushal; Li, Chun, China's Tax Reforms Fall Short [J], *International Tax Review*, Vol. 5, pp. 13—16.

9. Yang, James G. S. ; Zheshi, Robert, Problems Implementing the VAT in China [J], *International Tax Journal*, Vol. 30, Issue 1 (Winter 2004), pp. 46—64.

10. Armen alchian, Harold Demsetz. Production, Information costs, and Economic organization. *American Economic Review*, vol. 62, 777—795.

11. Luigi Mittone. Motivations and collusion among agents in the evasion of indirect taxes: an experimental approach, Trento: Paper of University of Trento, Computable and Experimental Economics Laboratory. 2002,: 204.

12. Turnier, William J. Designing an Efficient Value Added Tax, *Tax Law Review*, Vol. 39, Issue 4 (Summer 1984), pp. 435—472.

13. Parker, Seth K. Compliance Costs of the Value-Added Tax, *Taxes-The Tax Magazine*, Vol. 54, Issue 6 (June 1976), pp. 369—380.

14. Sommers, Amy L. ; Phillips, Kara L. Assessing the Tax Administration

Law of the People's Republic of China, *Loyola of Los Angeles International and Comparative Law Journal*, Vol. 18, Issue 2 (February 1996), pp. 339—370.

15. Grinberg, Itai, Where Credit is Due: Advantages of the Credit-Invoice Method for a Partial Replacement VAT, *Tax Law Review*, Vol. 63, Issue 2 (Winter 2010), pp. 309—358.

16. Bogan, Eugene F. Federal Tax on Value Added-What's Wrong with It-Plenty, A, *Taxes-The Tax Magazine*, Vol. 49, Issue 10 (October 1971), pp. 600—619.

17. Childs, James W. Commentary: Does the United States Need an Alternative Tax Base, *Akron Tax Journal*, Vol. 3, pp. 155—204.

18. Value-Added Tax Electronic Invoicing, *EDI Law Review*, Vol. 2, Issue 4 (1995), pp. 319—324.

19. Joel Slemrod. Cheating Ourselves: The Economics of Tax Evasion, *Journal of Economic Perspectives*, Vol. 21, Number 1 (Winter 2007), pp. 25—48.

20. Kim M. Bloomquis, Tax Evasion, Income Inequality and Opportunity Costs of Complianc, the 96th Annual Conference of the National Tax Association, November, 2003.

21. Hart, Craig A. European Community's Value-Added Tax System: Analysis of the New Transitional Regime and Prospects for Further Harmonization, *International Tax & Business Lawyer*, Vol. 12, Issue 1 (1994), pp. 1—62.

六　网络电子文献

1. 罗羡辉：《反思定额发票管理的制度瑕疵》，http://www.chinesetax.cn/tax/fapiaoguanli/200911/5480750.html2009-11-22:30:07，2011年5月25日访问。

2. 梁峰：《浅谈发票管理中的几个特殊问题》，http://www.taxchina.com/shiwu/2009/12/08/cms707224article.shtml，2011年5月30日访问。

3. 陈洪涛：《"发票变脸"要不得》，http://www.chinesetax.cn/tax/fapiaoguanli/200911/5480861.html，2011年5月30日访问。

4. 人民网——人民日报：《购物卡考验反腐调适能力》，http://business.sohu.com/20110407/n280164894.shtml，2011年5月2日访问。

5. 新华网—北京晚报:《贪官为何青睐购物卡》, http://news.xinhuanet.com/politics/2011-01/05/c_12949499.htm, 2011年1月10日访问。

6. James Alm:《Tax Evasion》, http://www.urban.org/books/TTP/alm.cfm, 2012年3月21日访问。

7. 胡云根:《发票制度的改革与税控制度的创新》, http://www.mxlt.gov.cn/html/2009-07/5741.html, 2011-11-4访问。

8. 顾向东:《假发票地下经济的市场营销分析》, http://www.chinaacc.com/new/287/294/348/2006/2/ma83337311111260021687-0.htm, 2011年6月12日访问。

9. 方勇:《加强地税发票控税管理》, http://www.chinesetax.cn/tax/fapiaoguanli/200911/5480412.html, 2011年6月3日访问。

10. 朱崇霞:《异常资金流引"曝"虚开发票案》, http://www.chinesetax.cn/tax/fapiaoguanli/200911/5480818.html, 2011年12月10日访问。

11. 黑小普:《中国人有几个不逃税》, http://www.aisixiang.com/data/11164.html, 2011年6月12日访问。

12. 评论:《慈善会卖的不是发票》: http://gongyi.sina.com.cn 2011年08月19日11:32 信息时报。

13. 郭芳:《媒体称民间和官方税负数据相差甚大致争论不休》, http://www.sina.com.cn 2011年12月27日01:05 中国经济周刊。

14. 李炜光:《中国人有几个不逃税》, http://www.aisixiang.com/data/11164.html, 2011年6月12日访问。

15. 叶青:《中国人有几个不逃税》, http://www.aisixiang.com/data/11164.html, 2011年6月12日访问。

16. 中共竹溪县纪委、竹溪县监察局主办:《周某的行为如何定性处理?》http://jjjc.zhuxi.gov.cn/xxlr1.asp?id=1657, 2010年10月14日访问。

17. 庞文彬:《公安税务联手重击发票造假犯罪行为》, http://www.chinesetax.cn/tax/sheshuianli/200911/5497564.html, 2010-6-30访问。

18. 郭宏鹏:《发票造假家族曝出造假新伎俩》, http://www.chinesetax.cn/tax/sheshuianli/200911/5497574.html, 2010-6-30访问。

19. 《建材公司老板为央视大火涉案公司虚开发票被判刑》, http://news.xinhuanet.com/legal/2010-12/26/c_12919061.htm, 2010-6-30

访问。

20. 杜晓:《山东"6·30"特大虚开发票案涉案 22 亿》,http://www.legaldaily.com.cn/legal_case/content/2011 - 03/10/content_2508241.htm?node=20772,2012 - 10 - 6 访问。

21. 吴渤:《涉及 23 省市百余企业的虚开增值税发票案》,http://www.chinesetax.cn/tax/sheshuianli/201002/5570093.html,2010 - 6 - 30 访问。

22. 中立诚会计师事务所:《青藏铁路项目查出问题发票 涉及金额高达 1.28 亿元》,http://www.chinesetax.cn/tax/sheshuianli/200911/5497548.html,2010 - 6 - 30 访问。